民间金融法律制度研究

王苏野　著

光明日报出版社

图书在版编目（CIP）数据

民间金融法律制度研究 / 王苏野著 . -- 北京：光明
日报出版社，2016.9
ISBN 978-7-5194-1459-7

Ⅰ.①民… Ⅱ.①王… Ⅲ.①金融法—研究—中国
Ⅳ.① D922.280.4

中国版本图书馆 CIP 数据核字 (2016) 第 173373 号

民间金融法律制度研究

著　　者：王苏野
责任编辑：李　娟　　　　　封面设计：海星传媒
责任校对：戎佳雨　　　　　责任印制：曹　净

出版发行：光明日报出版社
地　址：北京市东城区珠市口东大街 5 号，100062
电　话：010-67022197（咨询），67078870（发行），67019571（邮购）
传　真：010-67078227，67078255
网　址：http://book.gmw.cn
E-mail：gmcbs@gmw.cn lijuan@gmw.cn
法律顾问：北京德恒律师事务所龚柳方律师

印　刷：三河市华东印刷有限公司
装　订：三河市华东印刷有限公司
本书如有破损、缺页、装订错误，请与本社联系调换
开　本：710×1000　1/16
字　数：200 千字　　　　　印　张：11.75
版　次：2017 年 5 月第 1 版　　印　次：2018 年 9 月第 2 次印刷
书　号：ISBN 978-7-5194-1459-7
定　价：36.00 元

前　　言

进入 21 世纪以来，我国经济飞速发展，市场经济地位的确定和国内市场的开放，使得资金需求量和配置格局都发生着巨大变化，作为经济发展中重要的影响因素——金融在优化资源配置、调整经济格局和促进经济增长方面，理应发挥着不可估量的作用。但是，根据有关数据显示，在我国经济发展的进程中，金融与经济增长之间却存在着不对称关系：低水平的金融体系与高速度的经济增长并存。特别是改革开放期间，市场经济中出现一大批特殊的非国有经济部门——中小企业，这在发达国家和新兴工业化国家都被称为"新发展现象"，其数量已经超过万家，这些企业为当地提供了大量的就业机会。而我国现存的金融体制设计却是滞后于经济增长，由此，一连串反思性的问题迸发而出：我国高速发展的实体经济大量的资金支持来源何处？中小企业强大的竞争活力支柱在何处？我国农村经济发展的金融支持又在何处？

对此，我国现有的国有金融经济格局已无法给出有效解释，因为提供了以上的经济增长贡献的中小型企业从国有金融部门获取的外源资金支持微乎其微，农村金融资源供给与需求比例更是严重失衡。这种现代金融与经济增长研究理论预期的不一致反应促使研究者必须关注民间金融，促使其成为国有金融体系有力的补充力量，成为金融市场中竞争活力的重要元素，成为金融体系中重要的一部分。可以说，正是民间金融的存在才满足了非国有经济部门自身发展所需的资金需求，缓解了政府对农村信用社改革不完善，以及农业生产弱势所导致的农村金融资金供给与需求不平衡的深层次矛盾。也只有通过民间金融将当地部分闲散资金用于当地建设，使其资金分配达到合理优化状态，并且在一定程度上丰富农户投资渠道，才能推动了农村经济的高速发展。

然而，民间金融议题在我国却是极具争议性与戏剧性的议题。民间金融从存在以来一直未得到法律正名，其活动总是游走于制度界限之间。这种境况引起诸多专家、学者及监管部门的担忧：一则担心由于缺乏规范引导的活动行为一旦逾越边界，将会引发一系列经济问题，干扰正常的经济运行和社会稳定秩序；二则担心未正名的民间金融会无序地分流金融市场中稀缺的货币资金，影响国家货币宏观调控政策实施。但是，民间金融存在性的不容忽视和对我国经济发展的重要现实意义也是有目共睹的。而真正的民间金融法律制度规制却处于真空状态，活动主体所享有的权利和义务明显失衡，往往其活动结局都是以"非法集资"或"非法吸收公众存款"的悲剧收幕。

面对民间金融这种夹缝中求生存的困境，我们不得不进行制度层面的深层次反思。民间金融产生并得以长存的原因是什么？如何客观看待民间金融的利弊？为何我国政府对民间金融的态度和管制方式不相吻合？又如何在认可其合理性的基础之上确立合法性地位与构建有效的民间金融法律监管体系？

2008年央行起草并向国务院提交了《放贷人条例（草案）》，这一举动成为民间金融法制进程中的具有划时代性的一幕，让民间金融如沐春风。但如若要使民间金融真正成为金融市场中的一员并有序运作，仅仅依靠一部可能即将出台的条例远远不够，条例所体现的意义更大程度上可能在于对民间金融合法性地位的认定。除此之外，我国更需要建立一套真正适合于民间金融活动的法律规范体系。因此，本书的研究意义相对现实层面而言，在于通过对我国民间金融活动的实然与应然状态分析达到客观评价民间金融存在价值的效果，并直视我国民间金融在现有法律制度之下所遭遇的法律困境，以期尝试性地构建一种合理而有效的法律制度框架，使之提供民间金融活动可预期的行动标准和选择，进而将其风险掌控在可控范围之内。另一方面相对理论层面而言，致力于从应然状态中抽象出理论基础并验证实然状态下我国民间金融法律制度运行现状的合理与否及实施绩效问题，并提供理论层面的法律制度设计理念、价值和原则的技术层面支持。

目　录

第一章　民间金融的概况

第一节　民间金融的概念界定

"民间金融"一词已是众所周知，不仅学者们在理论研究中使用，金融界、商界人士在金融活动和商业往来中使用，我国一些相关规范性文件中也早已使用该词。例如，在我国行政法规及国务院文件中：2007年6月发布的《国务院办公厅转发发展改革委关于2007年深化经济体制改革工作意见的通知》就2007年深化经济体制改革工作在第17点意见中提出"银监会、人民银行牵头引导和规范民间金融发展"、2009年12月国务院发布《国务院关于进一步促进广西经济社会发展的若干意见》第36点提出"规范发展民间金融机构，依法拓展直接融资方式"；在我国部委规范性文件中，2009年3月发布的《中国人民银行、中国银行业监督管理委员会关于进一步加强信贷结构调整促进国民经济平稳较快发展的指导意见》在其第三点"多方面拓宽中小企业的融资渠道，对中小企业的金融服务要精细化"中指出要"规范、引导和发挥好民间金融在支持中小企业发展中的积极作用"。因此，"民间金融"一词已为我国社会公众、政府机关接受为规范用语，而非口语用语或非规范用语，据其派生出的"民间金融机构"一词，亦为规范用语。尽管"民间金融"一词已为社会普遍使用，尤其在2011年爆发大范围的民间借贷危机以后，"民间金融"一词在国家规范性文件中频频出现，在各类机关文件中更是屡见不鲜，然而该词至今没有一个官方的释义，我国也没有一部法律或者全国人大文件的名称或内容中含有"民间金融"一词，因而该词尚无法律界定。

民间金融在中国存在已久，而相关的理论研究起步较晚。直到近年来地方经济发展较快，经济发展对民间金融的需求增加，推动着民间金融的快速发展，官方和理论界逐渐关注民间金融领域，出现了一些相关的理论研究成果，但官方和理论界对"民间金融"一词的认识均未达成共识。首先，就"民间金融"的名称而言，理论界的态度莫衷一是，官方规范性文件中的用语也不一致。我国理论界和实务界对发展民间金融持正反两方面的态度，主流观点对发展民间金融持积极、肯定的态度，认为民间金融是我国金融体系中不可或缺的组成部分，具有正规金融体系不可替代的作用，应该发展民间金融作为正规金融体系的有益补充，并从法律特征和金融监管的角度又称其为"非正式金融""非正规金融""民间借贷""草根金融""隐形金融""场外金融""体制外金融""体外循环金融"等；对发展民间金融持消极、否定态度，主张取缔、限制其发展或在理论研究中强调民间金融的消极面的，又称其为"地下金融""灰色金融""黑市金融""高利贷"等。近年来，对民间金融的规范与促进成为我国政府工作的重点之一，为此出台的较多相关规范性文件中，从不同角度使用"民间金融""民间融资""民间资本"等表述。政策法规中已然区分合法与非法的民间金融活动，出台规范性文件取缔"私人信用社""无证银行"、"地下钱庄"等非法金融机构，打击"高利贷"、民间"非法集资"以及其他"非法金融活动"，保护、规范、引导和促进"民间投资""民间融资""民间资本"的发展。其次，就"民间金融"的概念，我国学界对其内涵和外延的认识尚不统一，官方未曾做出规范层面的界定。我国部分学者在其相关著述中对"民间金融"下了定义，据笔者略做检索，找到如下诸种定义：（1）相对于官方正式金融的自发形成的民间信用；（2）相对于金融体系中的正式金融，是金融体系中非正式的、未被登记的、未被管制的和未被记录的部分；（3）我国对于在国家金融体系外运行的金融活动的统称；（4）泛指个人之间、企业之间、个人与企业之间的借贷行为以及各种民间金融组织（如合会、标会、各种基金会等）的融资活动，属于非正规金融范畴，外延相当宽；（5）自然人、非金融企业和组织所从事的金融活动；（6）非金融机构的社会个人、企业及其他经济主体之间的以货币现金为标的的价值让渡及本息还付；（7）不受政府金融监管机构（一般为中央银行）控制，以私人借贷、合会、私人钱庄为代表的传统金融组织及其资金融通活动的总和；（8）相对于官方金融而言，主要是指在我国银行、保险系统、证券市场、农村信用社以外的经济主体所从事的融资活动，属于非正规金融范畴；（9）与官方金融相对应的概念，它是指个人、家庭、企业之间通过绕开官方正式的金融体系而直接进行金融交易活动的行为。中国人民银行在相关报告中认为，民间金融是相对于国家依法批准设立的金融机构而言的，泛指非金融机构的自然人、企业及其他经济主体（财政除外）之间以货币资金为标的的价值转移及本息支付。"民间金融"一词面临越来越广泛的使用，必须在国家规范性文件甚至法律层面对其做出界定，以使社会公众、政府机关在同一层面上理解和使用该词，统一理论界和实务界的认识，便于学术交流和理论研究，更好地推动民间金融的规范发展。

要界定何谓"民间金融"，首先应厘清"民间"的概念。《现代汉语词典》（第五版）有两种释义：（1）人民中间，如民间文学、民间音乐；（2）人民之间（指非官方的），如民间贸易、民间往来。《中国百科大辞典（第五卷）》中收录了"民间歌谣、民间故事、民间美术、民间审计、民间说唱、民间文学"等12个含有"民间"

的词汇。其对"民间"至少有两种解释：（1）非政府的，非官方的。例如，其对"民间审计"的解释是"政府审计的对称，非政府审计机关所进行的审计"；（2）人民群众的，非正式的（非成文的）。例如，其对"民间文学"的解释是"人民群众的口头创作"。《经济与管理大辞典》在注释"政府审计"与"民间审计"的区别时指出前者是"依法律而进行的强制性审计"，后者是"职业会计师接受委托对私人企业进行的公正性审计"，此时"民间"的含义为：政府以外的，非由法律规定的。《简明不列颠百科全书（第六卷）》收录了"民间传说、民间会社、民间剧团、民间文学、民间音乐、民间小戏"等9个含有"民间"的词汇。总结一下，其认为"民间"至少有如下含义：（1）地方（区）的，相对于国家的；（2）非正规的、业余的，相对于官方的、正规的；（3）非正式的、口头的，相对于正式的、书面的。《国际贸易与金融词典》将"民间贸易"译为"Nongovernmental Trade"，将"民间交流"译为"People to People Exchange"，将"民间企业"译为"Private Enterprise"。所以其对"民间"的释义为：非政府的，非管辖的，非政治的，民对民的，私人的。《社会科学百科全书》在注释"民间宗教"时指出"美国的民间宗教与基督教和犹太教交织在一起，具有自己的准神话学的历史和精神，以及准神圣的民族节日和公共礼仪"，这里"民间"的含义是：非主流的，非传统的。《法律辞海》中仅收录了"民间调解"一个含有"民间"的词，将其解释为"人民调解委员会的调解"。可见，《法律辞海》对"民间"的释义是"人民的"。而其他法律类辞典基本未收录含有"民间"的词。还有学者认为，"民间"的概念是相对于"国有"而言的，"国有"的概念为：所有权归国家所有的国有独资公司和最大股东是国家的股份有限公司。而"民间"即是除了上述两种情况以外的部分。综上所述，"民间"的内涵因学科领域、语境，以及国别认识差异的不同而存在差异。从金融学的角度来看，"民间金融"一词中的"民间"主要是与"正式、正规"相对应的一个概念，是非正式、非正规的意思；而从法学的角度来说，更多的是与"官方、规范"相对应的一个概念，是非官方、非规范的意思。综合来说，"民间金融"一词中的"民间"是非官方、非规范的、缺乏国家金融监管的意思。

对于"金融"的概念，国内已经形成较为统一的认识。例如，《现代汉语词典》（第五版）中的解释为：货币的发行、流通和回笼，贷款的发放和收回，存款的存入和提取，汇兑的往来及证券交易等经济活动；《现代法律词典》中的解释为：货币资金的融通，泛指与货币流通和银行信用有关的一切活动。举凡货币的发行、流通和回笼，存款的吸收和提取，贷款的发放和收回，国内外汇兑的往来，贴现市场和证券市场的活动等皆是。然而，当"金融"和"民间"结合在一起，即成为非官方的、缺乏监管和规范的金融活动，则与其原有内涵有所不同。在我国，民间金融主要有四个方面的特征：其一，金融活动非由政府主导，不含有被政府掌控的关系国家经济命脉的部分，例如银行、证券市场的金融活动；其二，金融活动的范围有限，不包括只能由官方、正规金融机构开展的金融活动，例如货币的发行、存款的吸收和提取、国内外汇兑的往来、贴现市场和证券市场的经济活动等；其三，金融活动非基于官方、正规金融机构（例如银行）信用，非采用标准化合约的金融工具作为交易对象，金融活动主体承担的风险相对较大；最后，金融活动的主体不包括正规金融的主体，例如政府机关、银行、非银行业金融机构（证券公司、保险公司）等，因而缺乏金融监管，金融活动的开展也不够规范。

通过上述分析，可以得出结论：法律认可的"民间金融"是指在官方、正规金融市场以外发生的，非基于国家或正规金融机构信用、缺乏金融监管的货币资金（为主的）融通活动。民间金融在我国的存在形式主要包括自然人之间的借贷活动、自然人与非金融企业或其他组织之间的借贷活动、民间信用组织形式下的融资活动、非金融机构融资中介的融资活动、非公开募集的民间集资活动、依托机构开展的民间融资活动以及其他正规金融以外的融资活动。

民间金融在我国存在由来已久，既是一个现实问题，又是一个理论问题。各领域专家和学者分别从不同视角、采用不同研究方法对此问题进行了深入探讨和分析。目前，虽然业内研究已取得一定的成果，但是对于某些层面的问题认识仍未达成共识，众说纷纭。民间金融概念的界定即是争议焦点之一，研究者们出于自身研究目的和方法需要，给出各种不同的定义和分析，这就难免出现术语不完善、内涵不确定的情况，人们使用时模糊不清。因此，概念的界定也就成为了深入研究本课题的开始。本书通过对民间金融相关概念的辨析，进一步从内涵和外延两方面入手对我国民间金融概念进行了较为明晰的界定。

一、相关概念辨析

1. 民间金融与非正式金融

非正式金融是相对于正式金融而言。在正式金融形成之前一直都是以非正式金融存在。国外对非正式金融研究较国内要早许多，并且其研究水平和成果也已较为成熟和丰硕。由此，基于已有成果的整理，发现国外各学者主要从金融监管和非正式金融组织自身属性方面为视角进行研究。如世界银行认为，非正式金融是那些没有被中央银行监管当局所控制的金融活动，而且非正式金融大多可分为以下三类：（1）即非信贷机构，也叫非储蓄机构。（2）专门处理个人与企业关系的金融交易机构；（3）在借贷双方之间提供完全中介服务。Anders Isaksson 认为非正式金融部门就是某些经济部门的金融活动没有受到国家的官方监督和控制。Krahnen 和 Schmidt 认为正式金融和非正式金融之间的区别在于交易执行时依靠的对象不一样。正式金融活动依靠的是社会法律体系，而非正式金融活动依靠的是社会法律体系以外的体系。认为非正式金融就是借贷双方和储蓄者之间存在着从简单信用安排到复杂金融中介机制的联系。Kropp 认为正规金融市场和非正规金融市场是同一国家中同时并存着的两个相互割裂的金融市场。Mark Schreiner 认为非正式金融是基于未来现金承诺而制定的不依法定体系为依据并可追索的合同或契约。其外延范畴主要包括：自由借贷、钱庄、轮转基金、批发商、信用合作社以及某些非政府组织等。

目前国内学界已经开始非正式金融研究，同时在此含义基础之上采用相同的研究方法对我国存在由来已久的类似于非正式金融特征的民间金融进行深入研究，并对两者含义界定和外延范畴提出各种不同的看法。有些学者认为民间金融与非正式金融具有同一含义，民间金融等同于非正式金融，并没有对两者做出严格区分。有些学者则认为民间金融与非正式金融具有内涵和外延范畴上的差别性，不能等同视之，须做出区分。现今，国内学界已基本认可和接受了国外学界的非正式金融与民间金融含义相似性的界定，但对其所涵盖的形式与国外的界定有所差别，早期争议焦点在于农村信用社是否属于非正式金融形式。经过学者探讨后对此问题基本达成一致意见，认为应当将其划入正式金融体系。现今关于两者主要争议的焦点是民间金融与非正式金融范畴的包容性问题。有学者认为我国非正式金融应该由民间金融（私人借贷、互助会、农村合作基金等），银行间不规范的拆借，地下金融（高利贷、地下经济交易等）组成。有学者认为我国非正式金融包括民间自由借贷、民间合会、私人钱庄和私募基金等广泛范围。另有学者则提出了与之不同的见解，认为我国非正式金融主要包括狭义非正式金融与广义非正式金融之分，狭义非正式金融主要包括犯罪金融与违法金融，广义非正式金融则是包括民间金融与地下金融。

通过对国内外学者研究成果的归纳和比较研究，笔者认为民间金融与非正式金融既具有活动的同一性特点，也存在活动的差异性特点。非正式金融是相对于正式金融而言，其体系主要包括非正式的金融中介（如货币经纪人、货币贷款人、私人储蓄协会等），非正式的金融市场（如场外市场、平行市场、地下市场、被分割的市场等），非正式的金融产品（非正式银行类产品、非正式保险类产品、非正式股票类等），非正式的金融规则（非正式金融进入、退出、调控等）。非正式金融的活动影响一般分为体系内和体系外，体系内活动一般不对正式金融产生直接影响，体系外活动则对正式金融产生重要影响，包括干预、争夺地位、填补空缺等，是一种过渡性制度。所以，它的产生主要是正式金融制度深化不足，导致原体制下的金融空间出现"真空"或者"缺位"，金融市场出现不健全和不完善。同时，这种非正式活动的产生又往往难以获得合法经济地位，其形成的规范就往往很容易和地下、灰黑色经济相联系，并显示出与民间金融相联系的表征。

而民间金融与非正式金融不一样，更多的是带有一般性特征，不仅是发达国家、发展中国家，甚至是落后国家都存在以民间借贷为主要表现形式的民间金融活动。

它是主流金融体制之外而生的金融形式，是经济发展过程中自下而上发起的对自上而下的主流金融资金形式供给的一种有力补充方式。因此它比主流金融更具经济活力、良好竞争效应和更能反映市场的真实性。它的资金融通活动主要是私人资金的操作过程，产权属于私人所有制，性质上是属于没有经过官方金融机构注册的，游离于金融监管之外的私人资金融通活动。而非正式金融活动包括正式金融主体和未注册的个人的半合法和不合法的各种交易形式。其主体包括经过正式注册的金融组织、机构和未经过正式注册的个人。由此可以看出，非正式金融的外延范畴要大于民间金融，民间金融是非正式金融活动中的一类。

2. 民间金融与官办金融

随着国内学者对民间金融研究的不断深入，研究方法也逐渐从早期的直接移植国外研究经验转向结合我国国情特点的研究方式，对内涵认识也日益充实。如部分学者鉴于当时计划经济时期所有权体制的考虑，从经营权、产权关系界定民间金融内涵，指出民间金融主要是为民间经济活动融通资金的非公有制、非官方的资金运动。显而易见，在这个定义里，民间金融的相对方是官办金融。同时在此理论背景和政策之下，这一时期的民间金融所涵盖的范畴也相当宽泛，包括一切进行资金融通活动的私人借贷、合会、基金会、私人钱庄、地下钱庄和各种形式的集资等交易活动。

然而，经济形式往往不是一成不变的，以至于金融形式也必须根据经济变化适时做出调整。在转变计划经济体制，建立市场经济目标确定之后，我国的所有制结构也相应转变成以公有制为主体、多种所有制成分并存的形式。这就使得早先以所有制成分界定民间金融的内涵出现了严重的局限性，导致在改革开放时期，民间金融与灰色金融、黑色金融等除官方以外的一切金融活动形式混为一体，合法的金融活动与非法的金融活动无从区别。

为此，为适应新的经济形式需要，给予民间金融健康的生存环境，国内学者意识到必须重新对其内涵界定进行修正。不再以官办金融的对立范畴提出来，而是以是否符合公司法和商业银行法的规定来判断是否属于民间金融，凡未经过工商行政部门注册登记的各种金融组织形式、金融行为、金融市场和金融主体都属于民间金融范畴。分析修正之后的定义发现我国学者界定的目的在于清楚地区分我国金融市场内存在的各种金融形式与金融体系组成部分。因此，学者们对民间金融与官办金融采用的是完全不同的区分标准，民间金融强调的是活动的合法性，即从法的角度来界定，官办金融则强调的是以所有制形式来界定。同时，这种标准所体现出的差异性也就使得两者所涵盖的范畴出现不同。即官办金融与民间金融显然有别，但是非官办金融并不一定是民间金融，非民间金融也并一定就是官办金融，二者并不是金融体系的全部。

3. 民间金融与地下金融

之所以民间金融与地下金融会被讨论是否属于同一对象，源自于一则早年研究的实际情况使然，二则由于地下金融本身所表现出的不同形式和特点。

早年学界对民间金融的研究一直处于不断探索阶段。同时，金融市场内存在的各种金融活动方式也有不同的划分标准。因此，人们通常也就将正式金融制度之外的各种金融活动统称为民间金融、地下金融、黑色金融、灰色金融、非正规金融或草根金融等称谓，并未做出清晰的区分。加之我国的地下钱庄隐蔽性极强，规模难以估计，内部运作了解也甚少，从而出现业务方面的多面性，有些地下钱庄主要经营非法买卖外汇、高利贷和洗黑钱等非法业务，其活动性质应划入非法金融活动范围。有些地下钱庄则主要是经营传统合理的存贷款业务，其活动体现出民间金融的特点。

目前，有些学者对二者的区分在于认为民间金融是指社会自发产生的金融活动或金融组织，如私人之间拆借、企业之间不以商业票据为基础的拆借、互助基金组织、合会等，它是与银行、信用社、证券机构、保险机构等正规金融相对应的范畴，这种金融活动是有关部门或法律没有明确限制的，经常是打"擦边球"，钻国家政策的空子，具有一定的创新性，对私营经济发展具有一定的支持作用。而地下金融则是地下金融活动和组织没有合法的身份，属于无牌照、无资质的信用机构，并处在隐蔽状态，如地下钱庄、高利贷等。这类金融活动可能是合理的，有市场需求，但法律禁止这类金融形态。

作者认为二者并不是完全相互独立，毫无关联的两个概念，二者之所以出现活动形式和内涵的争论，也是源自于时代背景下的历史原因和学者们对各自研究视角的把握，无须刻意要求作出严格区分。

二、民间金融的内涵与外延

1. 民间金融的内涵

民间金融内涵的演变与我国经济发展过程是一脉相承的，体现出我国经济各个不同时段的特点。早期改革开放时期激活了私营经济的潜力，也带来了民间金融的复兴与繁荣。但是由于当时并不存在与国外私有制形式相似的非正式金融一说，为了与当时经济背景相契合，学界普遍将民间金融界定为与官办所有制形式相对立的金融活动。由此，民间金融一词的用法作为我国一种特殊的文化代表和国情特色被确认与延续下来。其后，在我国经济深入发展，金融体制改革大幕拉开之时，我国之前所沿用的民间金融内涵逐渐无法适应时代经济发展的需求，大量的民间金融活动形式都被否定，学界意识到必须寻找更为完善的内涵界定方法。于是结合市场经济的发展特点，一改传统的所有制研究视角，从法律角度出发进行界定，将其定义为未经过相关部门登记注册的所从事的各种资金融通活动的总和。这种内涵的研究视角和阐述的确体现出我国民间金融研究的不断进步与向金融全球化意识的靠近，但是仍然存在不足之处。按照此定义，我国典当行已经公开在工商部门登记注册，却不能纳入民间金融范畴。事实上，典当行属于民间金融的高级形态。可见，此种定义方式可能过于狭窄，不能囊括民间金融的某些特殊存在形式。

然而，通过对其认识脉络发展的梳理发现，虽然目前我国学界对民间金融内涵的界定仍然可能各执一词，但是其研究方法和认识程度已日渐深化和完善，逐渐体现出对其行为内在本质和市场经济发展规律的深刻把握。同时又因为存在国内外学者之间的多番交流，我国民间金融内涵的界定其实已经非常接近国外的非正式金融的内涵意义了。但是需要强调的一点是所谓接近并不必然代表等同，之前讨论中以证实依然存有异同之分，而民间金融本身的界定与其他相类似的行为界定就存在易混之处，如不加以仔细分析，极易出现偏差。因此，为正本清源，本书结合国内外研究成果和我国实际国情之特点对民间金融内涵做出如下界定：在经济活动中自发产生的，处于国家监管的正式金融体系之外所从事的以货币价值为标的的各种资金融通活动的总和。其主要表现为民间借贷活动，一般具有以下五个特征：

（1）民间金融的自发内生性

民间金融的法律关系主要是指从事和参与民间金融相关业务的自然人、机构之间所发生的债权债务关系。这种法律关系的建立是民间金融主体自发产生的，并非由政府主导，因而其主体不包括正规金融机构和行政机构。民间金融的资金供给者一般多是手中具有闲散资金的自然人，如亲朋好友，或者是资金实力雄厚的私人企业，再或者是专门以营利为目的的食利人员。而资金的需求者则是在正规金融体系中无法获得资金安排的弱势经济群体，如各类企业、个体工商户、农作物种植户和外出务工经商的农户等成为主要的借款者。这种供给与需求之间的关系是经济体自身内在需求催生而出的，具有内在性。根据信息经济的理论，如果一种内在金融安排自发产生并长期存在，必定是符合经济发展规律，并对信息的不对称问题处理有相当优势。

（2）游离于国家金融监管体系之外

所谓游离于国家金融监管体系之外是指没有与之相对应的专门成熟的监管体系。我国的正规金融市场中银行、保险、证券等都具有较为完善的监管体系，而在这之外所从事的民间资金融通活动却缺乏相应的监管体系，即使是对存在已久的典当行等类似允许公开运行的民间金融，也只是授权于某些部门和当地政府管理，并未实质纳入金融监管体系，导致我国有些民间金融活动既无法归入官方金融监管统计报表与计划，也无法纳入金融监管机构的日常管理范围，这势必对民间金融活动的规范性造成影响。

（3）广泛存在于信贷市场

目前，我国民间金融的主要表现形态是以资金的融通活动为主，即一方主体是资金的殷实者，一方是资金的稀缺者，双方之间的交易或者通过银行等中介，或者以交易双方直接协商，最终达成以还本付息协议为特点的活动。其中，交易的载体主要是货币，交易的法律关系是债券债务关系。

（4）资金融通方式的多样化和表现形态的多层次

我国民间金融的交易形式随着金融市场的深化呈现出多样化的特点。从传统的"一对一"的不计息或低息的私人借贷逐渐过渡到"多对多"的互助会、储蓄会、民间集资，最后发展为具有间接信用特点的银根银背、私人钱庄、代办人、信贷代理机构、典当行等多种形式。近几年，我国民间金融的日益活跃也促使信贷市场中出现利用银行借贷后的"转贷"谋取利差的对缝业务、寄卖行的"利滚利"方式高息放贷、"调剂商行"的利用存款和流通物资的抵押方式进行资金调剂的地下钱庄机构、以会员制封闭管理方式打造资金链的"商业信用交易体系"新兴机构等新的交易方式。同时，这种交易形式的多样化也相应表现出形态演变的多层次。主要分为三个层次：第一层次是无组织结构特点的私人之间的自由借贷；第二层次是初具组织结构特点的准组织化民间金融；第三层次是具有内在严密组织结构的民间金融。其层次演变方向是由简单形态向高级形式转变、互助性向营利性转变、无序状态向内在规范化转变。

（5）利率具有较大弹性

我国民间金融的利率指数通常以官方利率为基准，采用的是风险和交易费用加成的定价法，利率弹性较大，并呈现出区域性、分散性和层次性特点，这是由我国民间金融市场的区域分割性和交易方式多样化所决定的。利率形式主要表现为零利率或低利率、中等利率和高等利率三种。零利率或低利率是民间金融活动中利益主体间长期进行关联博弈的结果，常发生于以互助互济为借贷基本原则的友情借贷之间。中等利率是民间金融的主要利率形式，代表了民间资金的真正价格，具体高低视期限的长短而定，但最高一般不会超过银行利率的4倍，经常适用于合会、私人钱庄、民间集资以及互助会、农村互助储金会等。当然，典当行、私人借贷也存在中等利率，但相对较小。高利率多伴随高利贷产生，虽然在目前的民间借贷中所占比重不大，却是民间金融活动中的典型化利率形式。高利率的合理性一直备受争议，有些学者认为是资金贷方的剥削手段，有些认为是民间金融市场自我选择的结果。但根据目前金融发展的现状来看，高利率主要倾向于某些非法典当业、高利贷、非法标会和非法集资等活动中，这种高利率不利于经济发展，的确有必要进行监管。

2. 民间金融的外延

关于我国民间金融的外延，绝大多数专家学者都赞同只要是游离于国家金融监管体系之外的并具有合理性的资金融通活动即属于民间金融。但是，由于我国民间金融活动的具体表现形式多种多样，所能掌握的详细数据和信息尚未完全统计和建立起来，因此，本书的外延研究主要集中于民间金融市场中的几种典型的交易形式，包括私人借贷、私人钱庄、合会、企业连结贷款、典当行等。这些常见的交易形式也已被学界的专家学者们所认同，在随后的探讨中将会加以详细阐述。在此，需要我们关注的是现今研究中关于民营金融是否属于民间金融外延范畴的分歧点问题。

对于民营银行而言，其判断标准应该采用辩证的眼光看待，它与民间金融的关系是既有区别又相互联系，不能简单地划入其范畴。民营金融是所有权属于非国有、经过国家工商行政管理部门批准设立的各种金融组织和实体，这就可能包括国有民营和非国有民营，即所有权和经营权为非国有，运作方式在正规金融体系之外的，即使经过工商行政机关注册，仍然属于民间金融。换言之，所有权为国有，经营权为非国有，运作方式不管是否纳入正规金融之内，则不属于民间金融。因此，民营金融更加侧重于所有权性质及其运作方式。民间金融则侧重于经营权和所有权都属于民有、且在正规金融体系监管之外的活动。但是，民间金融与民营金融之间并非不可逾越。相反，二者之间的关系十分紧密，根据不同的情况，前者有可能演化为后者，如日本、韩国和中国台湾地区就是如此。

第二节　民间金融的产生

关于民间金融的产生，学界各个学者结合自身研究领域的知识背景和需求从不同理论角度给出各种不同的解释和分析。而现实中，民间金融的存在是与各国的经济制度环境、经济发展水平、经济政策、各国政府对金融的管制程度和各国社会文化背景息息相关。因此，作为一个正值转轨时期的发展中国家，我国民间金融的产生和发展环境主要包括以下几个方面：

1. 转轨时期的多元经济格局并存

根据本国国情，我国政府通过改革开放将经济体制逐步从计划经济向市场经济转变，以进一步推进经济深化改革，增加经济增长速度。而改革中树立的一个重要目标是改变传统计划经济体制下的国有经济一统天下的局面，逐步降低国有经济的比重，在保持体制内国有经济平稳增速发展的同时培育体制外的非国有经济部门的形成和高速发展。因此，可以看出，我国经济改革的宗旨其实质是在保持国有经济绝对主导地位的同时促进非国有经济发展。至此，在改革进程的20多年里，国有经济的绝对增加量的确一直保持增长态势。在我国经济发展的关键行业和支持性产业中，国有经济的占比也一直保持着较大分量，尤其是在某些国家的基础性行业、垄断行业或者是某些特批行业中，国有经济成分更是处于垄断地位或者绝对控制力。

但这种垄断地位的保持和国有经济总量的平稳增长并非是自然而然地通过市场经营获得，而是在强制性制度安排为前提条件下的实现。

我国政府实行计划经济时期的税收体制改革之后，国家的财政扶持政策便日渐衰弱，政府便不得不运用行政权力建立起国有金融体系以便吸收社会储蓄以扶持国有经济成分的维持和增进。虽然以乡镇企业、私营经济和外资企业为代表的非国有经济在改革开放的20多年里对于打破国有经济的垄断地位、促进市场的竞争力度、培育市场经济主体和扩大生产就业方面做出了巨大贡献，但是由于我国一直潜在存在金融压抑制度下的所有制和规模歧视、偏见，造成在信贷市场和资本股票市场上的信贷配给上存的偏好和苛刻的挑选机制，使之本来就不丰实的资本市场更多资源流向政府所偏爱的国有金融部门，非国有部门所获资源有限，更加不可能获取与国有经济部门相匹配的资源。因此，为寻求自身的经济发展和弥补巨大的资金缺口，非国有经济部门在依靠自身内源资金之外另寻求外源性民间金融的支持，自然也必定促进市场中民间金融相关制度安排的产生和发展。

同时，除了上述经济改革过程之中所产生的所有制偏好原因之外，也必须要关注另外一个推动因素，即经济发展不平衡特点所引致的资金短缺问题。由于历史原因，我国的经济结构呈现出城乡之间经济发展差异、地区之间的经济发展差异、传统农业和现代工业同时并存格局。新中国成立之时，我国为兴邦建国大力发展重工业项目，此过程中则必然受到有限资金与赶超时目标实现之间的矛盾，政府为解决此矛盾便采用集权配给政策，将所有聚集的资金投入重工业，此举的后果之一便是拉开了城乡之间的差距。虽说在后来经济改革之中有缩小差距之效果显现，但是随着改革向城市转移的深入，反而使得农村经济发展速度滞后，城乡之间的经济收入差距颇大，尤其在金融支持方面更是缺失，资金需求无法得以满足，不得不依靠基于自身内在的人缘、地缘等优势，开展民间金融的自我援助金融活动。另一方面，随着近几年我国经济区域发展的重点向沿海城市靠近，实现沿海经济带动战略，从而促使沿海区域的非国有经济发展和居民收入迅速发展和提升。这种效应不仅造成我国东、中、西三个区域的经济发展指数愈加不平衡和差距拉动，同时也促使发达地区的资金需求量加大、欠发达地区资金需求缺口出现，以及居民资金的投资意识加强，在双重影响之下继而也带动我国民间金融市场的产生与发展。

2. 政府对金融的管制政策

正如之前的分析，我国在转轨时期仍然主要依靠国有经济来推动市场化改革的进程，这必然要求资金上的大力支持，而昔日的财政拨款扶持政策早已不合时宜，在居民收入大幅增加的条件之下，政府只能以建构强制性金融体系吸收资金来扶持国有经济的垄断地位。而为实现此战略目标，我国政府必然选择通过行政权力对金融活动和金融系统的发展进行干预，人为进行低利率和汇率管制、市场准入机制的严格控制、高准备金率和特别信贷机构建立等管制要求，最终使得我国金融体系中的严格利率管制政策形成和信贷市场结构的非均衡性表现出现。

所谓严格利率管制指的是低利率的价格性抑制和歧视。由于我国实行的并非是市场利率，而是法定利率，即国家制定大量相关的法律法规，如《商业银行法》《银行业监督管理法》等予以法律上的利率明确规定和严格监管。这种严格的法定利率管制方式其结果必然使利率指数无法真实反映市场资金价值，加剧金融市场上资金供给和需求之间关系信号失真，偏离资金消费者的时间偏好，压制金融消费者的利润追求愿望，导致其寻找金融体制外的民间市场营利机会的动机出现。同时，利率严格管制之下的贷款利率水平也并未真实反映市场资金的规模。政府以行政性强制手段廉价吸收资金进而分配给其指定的发展部门，并对部门之间实行利率价格歧视态度。一些特殊认可的低收益和低风险行业部门潜在存在利率优惠政策，相反对具有生产性或高风险获利的项目由于银行不能根据风险程度决定利率，为减低自身风险性不得不采用控制利率条件之下的信贷配给。换言之，银行会在一个低于竞争性均衡利率但能使银行预期收益最大化的利率水平上对贷款申请者实行定量配给，在配给中得不到贷款的申请人即使愿意出更高价格也不会被批准。由此，这种信贷配给所导致的资金缺口和市场利润机会出现，那些在信贷市场内无法从正规金融体系获取贷款资金的需求者将会求助于民间金融的外源性支持，从而也就推动了民间金融的产生与发展，以及提供了金融消费者的金融利润创造空间。

结构的非均衡性是与严格利率管制具有同一性的金融抑制现象，是指政府运用行政力量主观性的对金融市场结构组成所做出的干预安排。改革以来，政府对国有经济体系的资金扶持和巩固必将会大力扩张金融市场内的国有金融体系组织和机构的规模，通过对金融市场的准入限制与金融体系资源垄断方式的建立加强金融市场内资源掌控和国有金融信用垄断地位，达到将市场内的大量居民储蓄和民间金融剩余资金集中于国有金融体系进而运用政策性信贷控制与信贷规模控制分配于政府所要支持的既得利益集团需要的目的。因此，即使在我国经济主体出现多元化使得借款主体的组合形式开始发生变化之时，放贷主体组合却依然未有改变，金融体制的改革仍然是伴随着国有企业改革跟进，国有金融主体的放贷对象仍然主要是国有企业和国有产业。这种现状导致金融与经济之间发展不协调，金融市场表现出双重垄断局面，即信贷市场垄断金融市场，国有金融又垄断信贷市场。这点从有关学者对我国金融机构绝大部分的金融资产和金融业务集中存贷市场，银行占绝对支配地位的程度大于 LLSV 的 49 个样本国的平均程度的实证数据调查中得以一见。特别是我国四大国有商业银行的整个资产额与业务额几乎占据了整个金融体系的半壁江山，而民间金融主体的生存与发展却屡遭禁足和排斥，这种鲜明差别使得我国金融信贷市场结构出现严重的非均衡性。

　　由此，那些被排斥在金融市场结构之外的民间金融主体自然为自身利益据理力争。通过在供给和需求不平衡的状态之下为资金需求者提供资金短缺援助，以推动信贷市场结构的多层次构建，也为消解正规金融系统中积累的风险与缓解资金获取困境提供有效途径，并在这一过程之中逐渐形成与国有金融体系相对的自身结构体系。换言之，民间金融的产生与发展是对扭曲的金融政策和金融抑制的理性回应。

　　3. 独特的文化因素

　　新制度经济学认为，制度作为一个社会的规则，是对人们在交往过程之中所形成关系的一种制约与调整，包括正式规则和非正式规则。社会交换理论也认为人们基于不同的行为方式将会形成不同的信任机构。其中，正式规则是以个人的行为能力和履约能力为前提下的法律制度和市场信用制度为主的方式。非正式规则具有文化的契合性与嵌入性，是基于特殊的社会关系形成的社会风俗、行为规范和准则、传统等方式。而这些特殊的信任结构和非正式的约束制度为我国民间金融的产生与发展提供了丰厚的文化滋生土壤。

　　我国秉承上下五千年文化，费孝通先生曾经善言：我国是一个基于血缘、地缘、人缘和族缘为根基，历来重视亲情、人情和面子的乡土性社会结构。以家庭为核心的亲缘网络或熟人圈子，具有安全可靠、风险共享、互惠互利等综合功能，以亲缘、地缘为中心的人际关系网络成为民间经济活动最根本的信用基础。因此，在这种特殊信任文化背景之下建立起的以人际关系和亲属网络等初级群体为主要特征的民间信用方式成为人们民间资金活动的既存宝贵资源。任何圈内与之相关的人都不愿破坏这种潜在的规则，圈内人易信任、易合作、易避险，圈外人则不易信任、不易合作、不易避险。由此，与之相关之人深知如果出现自我行为违约或失信之事，必定面临社会声誉和信用损毁，将被逐出与之相系的网络，违约成本与风险付出极大，任何人都不敢轻易而为之。而现代金融体系完全是依靠信息化的信用处理、现代技术性的信贷工具等方式，使得人们的交易双方的范围与规模被无限扩大，社会关系的直径延伸度无限扩张，社会关系的固定化必然会被突破，圈外人接触机会越来越大。就此也就不难解释为何我国国有金融体系的贷款违约率要高于民间借贷违约率，为何在金融治乱时对民间金融的严格管制期，以互助形式的合会组织、私人钱庄依然较为普遍存在。这说明以特殊的人际关系和信任结构为特点的资金融通活动在我国信贷市场里具有长期的供给和需求关系，也为我国民间金融的产生与延续给出了一个合理的解释。

第三节 民间金融的主要形态

如要实现对我国民间金融活动的法律引导并建立一套合理和完善的法律体系，则首先需要充分了解我国民间金融存在的主要形态及现有的法律地位，清晰区分我国民间金融交易行为的法律特征。我国民间金融的形态主要包括具有"一对一"交易关系特点的私人借贷、"多对多"交易关系特点的合会、民间合作组织和民间集资等中间形态，以及将分散资金集中进行融资的具有中介作用的银根或银背、典当行和私人钱庄等高级形态。其中，私人借贷、合会、钱庄等形式在我国古已有之，存在的历史较为悠久，只是由于时代变的迁原因曾经一度销声匿迹，如今随着现代经济的发展又再度地兴旺并浮出水面。民间集资和民间合作组织等形式则是现代新型经济体制下的产物，弥补了传统民间金融形式在市场经济条件下无法满足的各类经济主体的资金需求。随着金融市场的不断放开，我国民间金融将会为满足不断出现的新需求而不断进行创新。

一、民间金融的简单形态

私人借贷通常是指狭义的民间借贷，包括民间个人或者家庭以及企业之间具有一对一形式的资金融通活动，它是民间金融的简单形态，也是民间金融最原始的形态。其特征是直接、无金融中介进入、借贷双方都是以自由意愿行事，具有灵活、方便、金额小、速度快、利率差别较大等特点。

在民间个人借贷方面主要表现为三种形式：友情借贷、普通关系借贷和高利贷。其交易形式分别表现为：一是口头约定型，基本上发生在关系亲密的亲朋好友之间，完全是以相互之间的信任关系为主，其利息关系几乎表现于零状态或者利息约定相当低；二是普通履约型，基本上发生于关系较为不亲密的交易双方之间，以一张契约借据或者一个中间人做担保人的形式借贷，其利息一般把握在正常的法定利息之内；三是高利贷，属于我国非法的，应予以取缔的放贷行为，基本上发生在具有富足资金的所有者与资金需求者之间，不论亲疏远近关系，以高于法律规定的利息界限之上获取高额回报的营利目的。

相对于民间个人发生的借贷行为，企业之间的借贷也较为活跃，经济主体主要是业务往来较为密切，相互信任程度较高的企业，多发生在企业大规模需要资金投入的生产时期或收购时期，其利息一般依企业之间业务关系的紧密度而有所不同，但基本维持在正常的利率水平上。目前，企业之间的借贷存在一种联结贷款的创新形式，是通过将贷款条件和资金供需双方所从事的商业活动联结起来，利用双方的产品的相关性和交易信息对称性降低融资风险。其优点在于具有单笔交易金额较大、期限较短、利率较小、风险较小等特点。如处于上游的公司企业向处于下游的公司企业提供贷款，下游企业以生产上游所需产品进行还贷，我国近几年推行的"公司＋农户"的模式就是一个典型的例子。

虽然这种古老的信用资金融通简单形态以其自身优势从产生之日起就一直存续至今，并且依然相当活跃，却也仍然存在着不足之处，主要表现为：首先，对于借贷资金的数额不大，往往根本无法满足大额资金的需求。其次，对于信息匹配要求相当严格，必须要求交易对方在信任程度、资金供求的期限和额度方面都具有一致性。再次，信息的使用效率偏低，由于私人借贷的信息获取和处理只限制于"一对一"交易形式中使用，这导致信息并不能反复使用，从长远的社会整体利益来看，并没有提高信息使用的效率。

正是由于私人借贷行为的历史性与普遍性，我国法律上对此种交易行为给予了一定的承认和行为规范引导，但需要说明的一点是我国法律并非无限制条件地承认私人借贷的合法地位，主要体现在关于利率范围的规定。正如前文所言，我国金融业实行的是法定利率，相关法律法规明确规定超过4倍利率的借贷行为则为法律所禁止行为。这实则暗含着4倍利率的界限将是判断自然人借贷行为是否具有合法地位的关键，只要自然人之间的借贷未超过银行规定的4倍利率即为合法借贷行为。而对于企业之间的借贷行为，我国法律上的态度则显得强硬得多，不但不承认其合法性地位，甚至将之划入禁止行为之列进行严格规制。时至今日在高速经济发展下的多元需求出现之时，我国法律的态度依然未有转变，以至于各个企业为规避法律的禁止性规定不得不进行交易形式的变相转变方式。

二、民间金融的中间形态

中间形态民间金融是简单形态逐渐向高级形态专业路径演变过程之中所存在的一种形态，主要包括以下几种：

1. 合会

合会是指一种基于血缘、地缘关系，带有互助性质的资金融通方式、集轮转储蓄和贷款为一体的一种独特的网状交易组织形式。其基本的运作方式是通过若干人等（一般都是基于同一资金需求目的个体）以入会的形式，每人每期（每月、每季、每半年、每年等）缴纳一定的会费，并且在每期中选出一个会员能够有机会得到全部的会款和支付相应的利息。组织中的成员（会首和会脚）权利与义务都较为平均，资金规模和来源都较为广大，单个会脚所承受的风险不大，组织的信息来源广，使用效率高，并且形式多种多样，例如轮会、摇会、标会等。合会在各国都普遍活跃存在，如在墨西哥、埃及、尼日利亚、菲律宾等发展中国家，包括像美国、英国发达国家也存在合会组织。我国合会组织得以发展源自于农村金融市场的不完善与对资金融资的极度渴求，随着市场经济的深度发展，这种古老的资金融通方式逐渐被引入市场经济体系之中，在浙江、福建、广东、江苏等沿海地区以多种形式得以发展。一般表现为三种行为发展趋势：一种是具有非法性特点的旨在应对突发性的消费、博彩等营利性的地下合会组织，表现形式原始、无序和非公开性，甚至在一些贫困地区受到黑势力的控制，已严重影响到社会的安定。一种是具有一定的传导性的连锁性组织形式，以会养会的运作方式，以投机营利为目的，组织结构庞大且呈现无序状态，给当地经济和家庭带来了不稳定影响。另一种则是为解决生产生活资源短缺进行的资金投资互助性活动，其表现形式是资源资金所有者基于自发所产生的一种金融创新，它的存在为当地民营经济和资金短缺者提供了重要的金融支持。其中，前两种形式由于未受到法律制度约束，往往导致利用合会组织实施金融诈骗、犯罪等事件，如浙江等多地的倒会风波所引致局部金融风险，造成地区经济和社会动荡。最后一种形式虽然其运作本身缺乏成熟模式而使得其可能存在各种问题，但是迄今为止未出现过大规模的挤兑或破产事件，证明其运作方式仍然具有可取之处，只是由于未受到法律制度的承认和引导而使之长期游离于金融监管体系之外。

目前，我国法律对合会也未赋予明确的合法性地位，更未对具体表现形式做出法律上的任何区分。现存的合会本身也无一套统一的运作规范，各地合会基本上都是根据自我运作需求、本区域传统文化和当地存在已久的惯例进行运作。这种困境使得一些有利于经济发展的合会形式被不加区分地与其他非法的合会形式混为一体遭受到严厉打击。

2. 民间集资

民间集资是以私人借贷为基础形式逐渐向高级专业形态演变过程中的一种中间形态的交易形式。20世纪80年代，民间集资形式在我国相当盛行，它孕育了债券股票等金融资产的初始形态，也创造出合作制和股份制的萌芽，对我国居民金融意识的觉醒发挥过重要的作用。一般而言，集资按用途形式分为生产性集资、公益性集资、互助合作办福利集资等，另外也包括以劳带资、入股投资、专项集资、联营集资和临时集资等。实际生活中的集资现象主要表现在以民营企业为主要发起人，以还本付息为条件向社会不特定对象或者向企业内部员工进行有偿集资的方式。特别是近几年，我国非国有经济迅猛发展，民间集资方式更是活跃，不仅解决了中小型企业在购置先进技术设备时的资金短缺问题，也为企业扩大规模提供了资金来源。

同时，由于我国民间集资方式具有资金总额较大、期限较长和利率较高等特点，集资者容易受规模集资的诱惑而盲目地提高利率，投资者则在信息极有可能不是很充分的情况下加入风险项目行列。一旦缺乏法律规范引导就容易导致利息成本增加，偿债负担加重，投资权益受损和资金偿付风险。更为严重的是，社会中有些人利用民间集资的方式进行资金诈骗，使信贷市场出现信用危机，严重干扰了金融市场的正常秩序，这些现状也更加剧了民间集资行为在我国被列入禁止的行为倾向。此次的温州民间借贷风暴则真实地再现了存在由来已久的民间集资现象缺乏法律引导和法律建设滞后所导致的温州企业资金链断链的后果。因此，对于民间集资行为，尤其是企业集资行为必须加以区分，合法形式的集资行为，法律应该予以明确认可并加以引导、保护，同时对非法形式的集资行为予以严厉打击和制裁。然而，从目前的法律规定来看，在民间集资方面一直缺乏详细定性，未对具体行为方式做出区分。唯一能够触及法律层面的散见于各地政府对当地企业的支持性文件中的原则性话语，并未上升至立法层面及正面确认其地位。

3. 民间合作金融组织

民间合作金融组织是指由合作组织的成员组成，实行一人一票的民主管理经营模式的组织形式。20 世纪 80 年代初至 90 年代中期，我国存在的农村互助储金会、农村合作基金会和农村金融服务公司等金融组织虽然在名义上以合作社的形式出现，但其实质运作方式和内部结构并不具备合作金融的形式，从产生之初就是在国家的行政政策指导之下，具有国有金融的特点，并非是由民间自发产生而形成的合作金融组织，不能被视为真正具有实质意义的民间金融。不过，这并不代表着我国就没有民间自发形成的具有合作性质的金融形式，在此，本书以一个自发形成的民间合作金融组织案例加以说明。

湖北省荆州市监利县王境村的 5 个老人，于 2006 年发起成立了一个养老基金会，吸纳同村老人股金，向村民发放贷款，利息用于分红。2006 年 86 人入股，股金总额 27.2 万元。年底分红，每位老人拿到 280 元。至 2010 年底，协会股金总额 103.8 万元，包括村委会出资 50 万元，湖北大学中国乡村建设研究中心垫本 10 万元，219 位老年人的股金 43.8 万元。2009 和 2010 年，每位入股老人分别得到分红 650 元和 500 元。这个由老年人承办的互助合作金融相当具有现实可行性，因为年轻人欠老人的钱，是有道德压力的，所以借了钱一定会还，而且一旦遇到政策风险，政府也不便强制关闭和解散养老基金会。并且养老基金会运行过程中好处体现也很明显，一是资金投放本地，增加年轻农民的就业；二是让年轻农民不必背井离乡外出打工，能跟父辈和子女在一起生活，有利于社会和谐。三是通过老年人股东每年的分红收入，缓解养老问题；四是减轻政府的养老负担，帮助解决"三农"问题。五是通过自发产生的形式充分体现出农民金融自由权的行使。

显然，这类具有互助性质的基金会属于民间合作金融组织，虽然得到了政府和相关社会团体的扶持，但并不是由政府发起的，而是由当地农村农户自发产生形成的。这种金融自由创新的民间合作方式是完全符合经济发展要求和金融市场发展需求的，有利于社会经济的合理和可持续发展，理应从政府获得支持。然而，像这样一个对个人、社会和政府都属于多赢的养老基金会，却在 2007 年和 2011 年两次被勒令取缔，理由是该基金会未经有关部门审批。具体依据是 2007 年 1 月 22 日开始施行的银监会《农村资金互助社管理暂行规定》，规定农村资金互助社的筹建申请须由银监分局审批，取得金融许可证，方可按工商行政管理部门规定办理注册登记。2008 年 6 月 27 日施行的《中国银行业监督管理委员会农村中小金融机构行政许可事项实施办法》中再次将农村资金互助社列入银监系统的监管范围，再次强调必须获得银监会的批准。

从这一案例的结果可以看出目前我国法律除了承认具有国有性质的合作金融之外，对于其他由合作成员自发组织的各类民间金融交易形式都未给予法律地位上的确认和行为监管的法律制度支持。尤其是从 2003 年以来，每年中央的一号文件中都包括强调发展农村金融，更是在 2010 年中央一号文件明确指出"支持有条件的合作社兴办农村资金互助社"，但实际运作之中却面临银监会体系下的对农村金融机构的区域、股东资格、资金门槛等设立的诸多限制，使所谓的新型农村民间金融合作组织的设立举步维艰，以至于据中国人民银行统计，到 2010 年末，全国数万个乡镇中，已开业的新型农村金融机构才 395 家，其中村镇银行 349 家，贷款公司 9 家，农村资金互助社 37 家。大多数农村金融机构只能通过工商渠道注册，获得"准身份"，打"擦边球"，这些自发金融机构随时可被定性为"非法集资"。这严重压制了经济主体的金融自由权和创新权，不利于金融市场的深化和可持续发展，而早期的农村合作基金会的产生、发展和灭亡的历史也给了我们一个教训，如果金融需求的发展未能按照市场经济规律发展运行，而是行政权力主观干预，必定造成金融发展的滞后与曲折道路。

三、民间金融的高级形态

高级形态的民间金融是指具有专业性质，所经营的业务和运作方式都类似于正规金融机构的形式。其优点在于克服了单笔资金借贷数额不足，信息反复利用率偏低，内部运作结构非系统化等缺点。现实生活中，高级形态的民间金融主要包括以下几种：

1. 银根或银背

银根或银背，实际上就是所谓的"捐客"，它是金融中介的最原始形态。其运作方式通常是不以自由资金放贷，而是主要利用自我信息资源掌握和信用优势，发挥中介作用为资金的需方和供方牵线搭桥以促成借贷交易，并向借贷双方收取介绍费、手续费或者担保费。如在纠纷出现时，中介人必须承担起担保人的角色。随着经济的多元化发展，现今有些银背、银根破除地域限制，人员和贷款数额也相应增加形成了一定的规模化，使其逐渐发展成为经营存贷业务、收取利差的"信贷专业户"。

目前，我国法律对类似于银根或银背的交易形式并未正式确认其合法地位，更无对其具体行为的详细区分。法律规范上的空白极易诱使某些非法获利者利用信息的欺诈损害资金供需方之间的经济利益，同时也严重影响了社会信用体系的形成。

2. 私人钱庄

私人钱庄是指没有经过政府授权且不受政府金融监管约束的，以自有资金从事经营存、贷款，以及其他业务的金融组织。它一般由大的银背演变而来，在我国很多地区，钱庄都是建立在合会的基础之上。其运作方式是以低息借入，高息贷出。通常是由个人所有或者几个合伙人拥有，专门从事吸纳存款、发放贷款、结算和外汇交易，出资者以出资的财产承担无限责任，而有些私人银行是股份制的，出资者仅以其出资额为限承担有限责任。因此，私人钱庄一般都具有半机构化或机构化的特点，并且私人钱庄的活动一般处在金融监管当局监管范围之外，一部分是处于地下经济的发展状态，另一部分是注册成非金融机构却从事金融活动。

同时，笔者认为在进行私人钱庄研究时必须厘清与之相似的两种形式比较，因为这些行为的区分将有利于法律监管制度上的行为定性与构建。一种是私人钱庄与合会的异同之处，两者往往被人混为一谈，虽然两者都有存贷款业务，但是合会更多带有互助性质，并且只针对会员。而私人钱庄储蓄资金来源和贷款对象可能不一致，以营利性为主要目标，更多偏向于银行运作特点，具有高利率和大规模的特点。另一种是钱庄与地下钱庄之间的概念区分。通常而言，在我国所指的地下钱庄是指未经过国家金融监管部门的批准，为谋取非法利益擅自从事类似于非法买卖外汇、非法吸收资金并放高利贷、洗钱等一类的非法金融业务的非法金融机构。地下钱庄的非法经营行为严重扰乱了我国金融市场的秩序，甚至威胁到了我国的经济发展安全。本文所指的私人钱庄则是在法律规定的合法利率范围内从事经营借贷行为和储蓄业务的民间金融主体，是符合金融市场发展规律和有利于提供经济发展资金支持的金融组织形式。

在对待私人钱庄的态度上，一些国家的政府直接将其纳入监管范围，另一些国家的政府则采用强行法令禁止运作。查阅我国的各项法律法规发现并没有对私人钱庄的任何明确规定和定性，以往仅靠少量临时性的政策进行指导，且就连这少量的政策也是处于不明朗状态。但是根据我国金融法明确规定，未经过国家金融监管机关批准，任何个人与组织不允许向公众吸收存款。从这条法条所映射出的法意暗示着我国目前仍不存在合法的私人钱庄，更无私人钱庄法律上的地位一说，致使我国一些当地政府为适应当时的经济形势发展以政策性方式同意"阳光化"的私人钱庄在经营一段时间之后不得不由"地上"转入"地下"或直接被摘牌。只有一些经营好影响大的钱庄经过政府特批之后才得以幸存下来，如温州的"方兴钱庄"，在经过温州市政府的大力支持后曾经繁荣一时，但最终由于种种原因被关闭了。另一方面，由于我国政府为肃清金融市场的秩序，对地下钱庄这类非法金融活动历来都持否定态度并坚决严厉予以打击取缔，这就使得未被法律所区分的私人钱庄也极易受到打击非法地下钱庄时的牵连，特别是在刑法第七修正案中第225条第3项扩大对非法金融业务的范围时，既扩大了对非法地下钱庄的打击也相应扩大了对合规的私人钱庄的牵连打压。加之私人钱庄本身就受到正规金融的排挤，发展空间相当狭小，一旦在传统的地缘、人缘关系上进行扩张，如若缺失规范化发展和金融监管构建就会出现信用基础薄弱，内部风险暴露，引起资金危机，更加加深监管部门对私人钱庄的误解。但通过对私人钱庄的介绍，我们已经认识到它既有正效应，也有负效应，且在现实中一直存在，无法消除，因此，我们考虑更多的应该是如何对其改造，使其合法化，减少所产生的负效应，同时补充正规金融的不足。

3. 典当行

典当是指出当人将其拥有的所有权的物品做抵押，从当铺取得一定当金，并在一定期限内连本带息赎还原物的一种融资行为。典当行在我国的民间金融业中曾经扮演着重要的角色，它与钱庄、票号被称为中国古老的金融融资三方式。它作为我国一种民间金融机构，之所以能够生存并长期得到发展，是由于它具有一定的社会经济价值，能够满足不开放的金融市场中对资金紧张的需求。第一家典当行是1988年在四川挂牌成立的华茂典当行，此后，受利益驱动之下，典当行如雨后春笋般地在全国兴起，目前已经超过千家。随着岁月的更迭，现代的典当行突显出与以往典当行不同的特色，传统典当行的光顾主体都是穷人，以解决生活贫穷为目的，现代典当行的光顾主体则是企业、个体经济、居民个人，发挥的主要作用是融资，其目的是解决个人资金需求，并且现代典当行的融资原则是当事人之间的市场公平交易、自愿协商合意，早已脱离了古老的封建盘剥现象。现代典当行的经营特点是手续方便快捷，贷款迅速，发放的数额相对于银行贷款额度要小，期限较短，费率往往较高，贷款收益巨大。

在管理方面，古老的典当行缺乏有效的管理机制，而现代的典当行具有规范的行业设立标准，更突出强调金融市场的资金融资中介作用。因此，虽然我国的典当活动一直与民事活动中的抵押、担保等行为处于交叉状态，并为学界所津津乐道，但本文认为这两者是存在相区别之处的。典当行为整个交易过程的完成是借以民事法律关系中的抵押或质押来实现，但最终交易的目的和所发挥出的效应在于满足资金短缺者的需求，融通资金的金融意义明显。正是鉴于此点，我国典当活动尽管处于金融监管范畴之外，但是本书仍将其归纳于民间金融之列。同时，典当活动虽然获得了法律意义上地位的确认，但仅停留于位阶较低的规章层面，这不利于加强典当行在金融市场深化过程中的金融自由权和创新权的实行，使其业务开展极易受到其他相关金融法律法规的制约，重新清晰定位我国典当行的行为属性并在法律层面上给予地位确认才能有利于完善我国民间金融市场体系的建立。

第四节　民间金融与经济发展

一、民间金融与中小型企业

不管是发达国家或者是发展中国家，中小企业的存在和发展都是备受关注的群体，它们都是推动国民经济的发展、技术创新能力的实现、国际贸易的繁荣、增加市场经济的竞争活力、促进社会稳定的中坚力量。尤其我国改变传统的计划经济模式，从实行改革开放以来，中小企业便成经济飞速发展的主力军，在扩大就业、增加进出口贸易和技术创新中发挥着不可估量的作用。特别是乡镇企业、个体私营企业的迅猛发展态势和强劲的活力，对打破国有经济垄断地位和加速企业改革进程，促使要素配置趋向于市场机制化具有重大意义。因此，从发展层面而言，我国中小企业是计划经济向市场经济转轨时期进行体制创新和积累经验的最佳场所。我国政府在对经济发展进行深度调控的过程之中也充分意识到其优越性，并制定了大量相应的促进中小型企业健康成长的宏观政策扶持方案。但是依据目前相关的经济数据显示，我国中小型企业仍然面临发展的瓶颈阶段，制约条件来自于长年困扰中小企业的融资困难问题，并且随着我国对金融机构监管强度加大、国有商业银行的经营方式转变、农村信用社角色的转换，以及我国对金融公有制产权的偏好，使得现阶段我国中小型企业融资困境表现得尤为突出，而为中小型企业提供全面金融支持的服务体系却尚未完全建立，造成资金供需之间出现严重失衡。

因此，为了寻求自身长远发展，中小型企业融资通常采用内源和外源相结合的方式。当内源融资无法满足要求时，企业就会选择外源融资。而外源融资又包括直接融资和间接融资，直接融资主要是以股权和债券方式融资，其特点是投资者与资金使用者之间信息较为对称和充分，能有效弥补信用风险问题，但是此种方式是以个体信用为基础，只能在小范围的小额度的适用，无法满足企业发展所需的庞大资金量。由此，间接性外源融资成为了企业主要的资金来源方式。而正如之前所言，在正规金融体系之下，国有金融机构出于自身各种利益的考量无法提供与中小型企业所需的资金对称供给。面对如此困局，民间金融的出现无疑为中小型企业雪中送炭。它以信息成本优势在一定程度上解决了中小企业信息不透明的障碍，民间金融参与主体与当地企业的长期合作过程中，提高了对借贷企业的经营能力、还款能力和品质的甄别，减低信息交易成本，有助于减少贷款的监督成本；以信用约束优势在一定程度上解决了中小企业道德和逆向选择行为，借贷的参与双方均是基于当地的熟人熟事环境，经济活动中渗入信用交易的经济性，违约成本大于守约成本，借贷企业不敢轻易冒险；以操作程序简捷、交易成本较低优势在一定程度上有效解决了企业缺乏贷款抵押品的现实，增加了资金的可获得性；针对不同企业的经营状况、资金用途、信用状况、抵押担保情况设计个性化的信贷合同，从而满足了企业创办初期资金量少和后期规模扩展时的资金多频和急需的特点。

二、民间金融与农村经济

我国经济发展的不平衡和二元结构的特点使得地区之间经济差距较大，特别是农村和城市之间的经济差距尤为明显，农村经济的发展一直处于我国经济发展中的薄弱环节。因此，我国政府为获取支持农村经济发展的强大资金支持，继续沿用强制性构建和培育国有金融体系方式铺设农村金融体系网络。政府以政策指导方式将四大国有银行的网点覆盖整个农村区域，最大化吸取农村地区的存款以集中闲散资金进行农村基础建设，发放农村贷款业务以支持农村个体或集体经济发展需要。对此，就其政府宏观政策设定的初衷而言本是无可厚非，但实际行动之中缺乏考虑农村的现实情况和经济成本问题。我国农村地区分布广而散，资金需求主体是农民和乡镇企业，资金需求具有形式灵活和资金额度要求偏小，这与为工业和商贸服务的企业大额度资金量需求相区别，从而造成正规金融的金融供给与农村经济主体实际需求不相符合，诸如对贷款抵押物要求甚高、依然对农村贷款设定上限、单纯发放短期生产性贷款等国有银行非农化现象，使得广设银行网点而带来行政成本和交易成本剧增，一些地区的分支网点从一开始就处于亏损的状态，并未显现出对农村经济的资金支持作用。随后，为改善农村金融毫无起色的局面，国有商业银行进行商业化改革，将大量网点从县域基层撤出，贷款权也随之上收，行动的巨大反差骤然使得农村金融体系又回到了真空状态。而留以待命并起到代替金融角色作用的农村信用社自新中国建立以来进行多次深化改革之后仍未真实体现出本身合作制的特点，行政色彩相当浓重，造成信用社服务对象错位，成为政府利益的需要，并非农村经济主体利益的需要。以江西省为例，与"十五"初期比较，2006 年末江西省县及县以下银行业金融网点即减少了 30.4%，而"十一五"期间，全省每年新农村建设的资金需求缺口多达 420 亿元。另据估算，未来 15 年内我国新农村建设的资金缺口在 13 600 亿元至 39 200 亿元之间。由此，这些官方金融机构的存在与发展并未实现政府最初设定的增加农村经济主体资金供给的愿望，反而变成从农村抽取了大量货币转移到发达地区进行工业化建设的结果，农村金融发展也沦落为城市经济发展的牺牲品。

此时，我国民间金融的存在与发展则弥补了由资源的稀缺性所引起的金融机构信贷不足与交易成本过高的问题，增加了农村资金总量扩充、加速了资金流动，优化了农村资金的调配，缓解了农村金融资源供给不平衡状态，有效解决了农户和乡镇企业的资金需求的多样性与复杂性，填补了农村资金的巨大缺口。同时，民间金融的存在与发展也加快了农村金融创新的步伐，以期自身优势克服正规金融经营方式和特点不适用农村经济发展的缺陷，以多种符合于农村本土传统特色的交易形式最大化集中本地区的农村经济主体的闲散资金，并将集中资金回流投入当地的农村建设项目之中，推动了农村的经济建设，一定程度上也拓宽了农村经济主体的投资渠道，扩大了农民的经济收益。

三、民间金融与商业银行

我国当前的金融体制已严重滞后于经济现实。在现实经济生活中，既有的合法金融体系已出现巨大真空并无法顾及。有真空自然就会有人去填补，政府制度安排填补不了或者不去填补，必然就会由民间的或者地下的力量去填补。因此，作为我国正规金融体系中的核心角色，即对经济发展具有资金支撑作用的国有银行主体无须屡屡排挤和压制我国民间金融主体，完全可以将自身能力受限而无法顾及的部分市场交由民间金融主体填补。虽然我国民间金融是强制性制度变迁下的结果，其产生过程是自下而上的市场内部的诱致性需求表现，与占经济统治地位的自上而下的政府安排的国有银行呈相对状态。但相对并非代表绝对的对立性矛盾，应该是具有内在的同一性，即我国民间金融主体与国有银行主体之间在金融市场中不仅存在竞争关系也存在合作关系。

的确，我国国有银行主体基于自身利益和风险、外部政治性需求的考虑、既得利益集团的顾忌和内在管理成本与交易费用等缘由，倾向于业绩可观和良好声誉的大型企业或者国有企业，忽视业绩一般、规模较小、利润平平的中小型企业，并借以国家资本的行政权力化垄断资金市场的来源与分配格局，挤占其他经济主体的经济空间。但是，就此客观纯粹从经济市场化运作规律分析，暂且撇开制度的因素的影响而言，这个结果基本上可以理解和接受。因为国有银行主体毕竟仍然是具有逐利性的市场经济人角色，并非完全政策化，国有银行主体在自身条件无法达到掌控面临的经济风险时，确有追求自身利益最大化的权利，做出有利于自己的经济决定。而民间金融主体也恰好弥补这种由于市场细分而出现的真空地带，并帮助国有金融主体从她的政策性角色中解脱出来，使其更清楚地定位于市场经济发展之中。民间金融以其国有银行主体所欠缺的优势面服务于当地的资金需求者，弥补国有银行主体触角不及的领域，并能以反映市场化利率形式迅速集中社会闲散资金，转而高效率地将集中资金转化为对本地经济项目的投资，促进地方经济的发展。只是在这种填补过程之中必然会对现存的资金分配格局进行重新分配，民间金融主体必然分流国有银行主体一部分资金来源，与国有银行主体形成资金市场占有争夺战。而这种争夺关系并非是兵戎相见的市场负效应经济反映，通过金融市场化竞争的优点各自再次重新进行资源分配以增进市场的最佳配置效果，有利于加快利率市场化、打破一股独大的国有体系地位、加强国有银行主体的自我竞争和忧患意识，从而促使国有银行主体逐渐以市场化角色定位为主参与金融市场活动，构建金融市场的多元竞争主体格局。

另一方面，竞争并不必然排斥合作。相反，经过双方之间各种业务合作可再次将重新分配的资源进行重整组合，以达到社会资金总量的最大化利用的经济福利效果。国有银行主体与民间金融主体之间可通过信息互享、业务合作、内部运作互补等模式共同规划市场资本份额优化配置问题。民间金融主体完全可以承担起资金市场信息情报员工作，既能给国有银行提供资金市场真实的资金流动循环数据，也能作为一个代理行机构，透过民间金融主体，国有银行主体可参与当地确认可靠的中型或大型贷款项目。民间金融主体则可通过国有银行主体完善的内部治理和管理经验以及多年的市场资金运作分析能力，逐渐提升自我市场化能力的专业性、资本市场的分析能力、抗风险能力和事后应急处理能力。可尝试性地与国有银行建立一条完整的资金链，民间金融主体将一部分盈余资金存入国有银行，国有银行主体则可以通过与之合作的民间金融组织进行项目考察，关键时刻对民间金融主体进行业务风险指导和消除在结算方面的问题，加强双方协调合作，减少利益冲突。在现实实例中，浙江台州民间资本进入银行业的成功经验为我国实现两者合作提供了可行性模板。浙江台州是全国城市商业银行法人机构数量最多的城市，辖内集中了台州银行、浙江泰隆商业银行、浙江民泰商业银行三家法人城市商业银行，而地方政府股权分别只占5%、0.5%，民间资本已占主导地位。三家银行累计向小企业发放贷款120多万笔，近5000亿元，共扶持15万家小企业，直接或间接创造了逾百万个就业岗位，截至2010年6月末，小企业贷款余额达434.29亿元，占各项贷款余额的81.81%。同时，三家银行在2007年至2009年期间也取得了骄人的经营业绩：缴纳税款17.93亿元，2010年6月末，不良贷款率为0.54%，净资产收益率达43.94%，资产利润率居同质同类机构前列，排名亚洲最大300家银行第1位，多次被银监会评为小企业金融服务先进单位。

四、民间金融与经济效益

作为一个具有高效益的经济体，必然拥有一个高效率的金融体系，而作为一个高效率的金融体系则必然具有一个有效的资源配置市场。众多的经济学家一直把资源的有效配置作为经济增长的研究对象，强调市场机制在资源配置中的作用，他们通过数理分析证明：在完全竞争的条件下，由市场供求形成的均衡价格，能够引导社会资源的有效配置，使任何两种产品对于任何两个消费者的"边际替代率"相等，任何两种生产要素对任何一个生产的"边际转换率"与"边际替代率"相等。由此可以验证市场机制是实现资源配置的最佳方式，金融市场化机制则是金融资源配置优化的最佳途径，通过提供支付体系、资金动员体系与投资体系等金融市场化竞争体系扶持金融市场的高效率运转，进而扶持经济的高效率运行和经济的高增长。换言之，通常一国的金融效率相关比例与一国经济增长指数是呈正比关系，当金融效率指数偏高时，经济效益指数呈上升趋势，反之亦然。而一个有效率的金融体系则必然是一个市场资金循环流动相当顺畅、竞争相对充分的金融市场。因此，在特定的经济环境下，金融活动形式是否具有现实的合理性，主要从两个方面进行判断：一是是否有利于在总量上最大限度地将国有储蓄资源转化为有效益的国民投资，鼓励官方或非正式的金融市场提供丰富的投资工具和投资形式；二是是否能够缩短储蓄资源转化为现实投资的周期，并引导有限的国民储蓄资源流向政府鼓励的发展产业。

目前就我国经济发展的现实情况分析我国正值转轨时期，虽然确立了市场经济发展的目标和路径，但是改革方式仍然遵行的是自上而下的强制性制度构建方式。某些计划式的资源配给方式依然渗透于市场机制建设之中，金融信贷分配体系、利率控制和贷款规模都是属于行政政策干预，并未真实反映市场机制的竞争规则，这就从本质上排斥了市场对资源的配置作用。加之国有银行的垄断和竞争惰性的原因更加加深了整个金融体系的被动局面和低效率运行状态，造成国有金融中大量的资金都流向了经济效益偏低的国有企业，创造经济高效益的非正式部门资金使用空间则被强行挤占，严重扭曲了市场经济的发展规律，违反了合理的金融资源配置规则，扰乱了市场正常的竞争秩序，进一步影响了整体社会的经济增长和效益。为此必须对此种金融行为进行纠偏和进行金融方面的创新、突破。

民间金融产生与发展则正是作为对原有制度缺陷的一种市场化弥合与纠偏，也是现代金融制度的一种创新源。推动民间金融市场与正式金融市场二者的有效结合，改变传统的货币政策性投资方式，引导市场经济主体按照市场机制运行规律进行投资活动，并且满足于市场中资金所有者的多种投资需求和资金需求者的多种融资要求将有利于将部门盈余资金转向资金短缺部门，提高资金的高效循环和资源的高效配置，进而提高整个金融系统的高效率。而进一步清晰区分资金所有者和资金需求者之间在资金供求上的区别，以培育民间金融市场予以弥补群体资金要求的差异性，则能够有效实现社会资金向投资领域的最佳转化分配过程，带动社会经济中的各行业的高效益发展。同时，我国民间金融的存在和发展也促使那些被资金排斥或无法获得资金来源的新兴行业重新获得新的发展机会和资金供给来源，这在一定程度上对国有金融机构在资金的集中上形成了一种强烈的竞争关系，确实地争夺了国有金融主体的存贷业务，迫使国有金融主体不得不进行战略调整与内部改革，增强在金融市场中的竞争意识。

　　总之，金融市场应是充满竞争活动的资源市场，无论是正式金融市场抑或是民间金融市场，只要拥有高效率的竞争机制存在，就必然能够形成优化的金融资源配置环境，给予经济合理且有效率的金融供给，进而促进整个社会的经济效益提升。

五、民间金融与地方信用体系建立

　　信用是以偿本付息为条件的价值运动的特殊形式，它是基于经济人最基本的可信赖的社会经济地位为基础所进行的有关经济活动。马克思曾在资本论中指出在生产者和商人之间进行的商品预付和货币转化过程之中，商业信用机制便会应然而生，并会带动银行信用机制的出现。马歇尔经济学家在《货币、信用和商业》中也对资本主义以前的信用及资本主义时代信用分别做出了考察，并且就两者之间信用体系的区别加以分析，最后还指出资本主义初期发放信贷的商人经过对社会信用的积累，并随着商业资本向工业资本的转变，信用体系也开始转变，最后它们走向了现代银行。因此可以看出，商业信用是整个信用经济活动的基础，并以此形成一系列相关的社会经济信用体系。同时这种信用体系的发展也并不是一层不变的，而是随着时代特点的不同表现出不同的信用体系特点。然而需要说明的一点是，马克思和马歇尔等经济学家最早对信用的考察都是以工业时期的资本发展的信用背景为基础，这种信用模式的建立是符合发达国家的市场经济的趋势并取得一定的成效。对于发展中国家的信用体系而言，经济制度发展的不完善所带来的经济不平衡，以及本国国情的特点，使得呈现出与发达国家不同的模式，从而在进行相关信用体系的分析时必须特别关注经济发展的差异性所带来的信用体系的差异性。我国经济发展基础不同于西方国家市场化根基，早年处于计划经济时期，信用体系是以政府信用方式为主。随后市场经济制度确定，信用体系逐渐发生变化，而新的信用体系又未完全形成，造成转轨过程之中整个社会的信用体系过渡和衔接不协调问题，信用市场一片混乱，亟待尽快完善我国信用体制。然而，基于我国经济发展不平衡和二元结构的特点，若要建立全国性的信用体系，绝不能忽视我国信用体系的基础——地方个人信用体系的建立，这点也与信用体系自下而上的产生方式是相契合的。因此，为了顺利进行市场经济的建设，我国新信用体系的建立除了需要政府必须适时转换角色，尽快打破以政府信用为主的模式之外，也要考虑到地方经济发展的特点，只有两者相结合才能有效建立适应于我国市场经济建设的全国范围内的信用体系。但是，由于我国经济发展不平衡，经济水平差异性较大，特别是我国落后地区的农村经济的发展，在其金融活动中更是突显出与发达国家的经济信用体系相区别的特点，各自形成独有的信用模式差异性特点。这表现在落后地区的信用方式建立可能更具地方传统习俗性，人的主体信用属性相对更强，发达地区的信用方式则更具现代金融经济性，即以财产属性的信用的物化和可鉴别性为主要特征的法律制度。由此，种种经济上的差异性导致信用市场的冲突与协调性问题更加突出，出现正式金融信用方式可能很难融入农村传统的信用方式，落后地区的信用方式也无法使用发达地区的信用方式，进一步造成全国信用市场的割裂和难以协调。所以，在市场经济条件下，必须重新审慎各个地区小范围信用特点的差别，不能强行将现代金融信用方式强加于那些不适用的小范围地区，不能漠视渗透于我国经济发展之中的独特的几千年伦理文化，只注重于现代金融经济信用方式。

因而，现代信用体系模式的建立可采取信用差异性弥补方式。而民间金融的存在与发展则有效地整合了符合市场化的信用体系资源协调性。以特殊的社会嵌入性概念和基于特殊的信任主义的关联博弈为信用基础，使经济主体经过交易域和社会交换中的关联博弈的特殊声誉机制的重复博弈过程，促使每个经济主体在融入经济活动之中必须进行经济成本和人际关系成本的双重考虑。民间金融提供的信用方式不仅保留了传统的信用基础，又超越了传统的信用理念，有效地为某些无法融入现代市场金融运作方式的经济地区提供了一个平台和空间，以及提供了一种现代金融体系逐渐渗透那些无法触及的地区的尝试性途径。同时，通过正式金融机构与民间金融之间的合作，完全可以将经济不发达地区所具有的依赖于传统的个人声誉机制积聚成整个民间信用资源，掌握更为广泛的信息来源。随后通过民间金融组织的信用转化，将其融入现代正式金融的可物化的信用网络之中。正如研究者们所阐述的：在一个几乎完全是贸易导向的社会中，信用是个人人格最重要的一个方面，不仅仅是经济事务中需要考虑的一种品质。信用不仅是指赊购，即提供货物或劳务而不要求立即付款，同意对方以后偿还，也不仅指信用评估，即贷方对给某一特定的个人所冒风险的估计，信用还意味着一个人是否值得信任的全部名誉，既是一个人的社会和心理特征，也是严格的经济上的可靠性。

第五节　民间金融存在形态的类型化研究

对民间金融的存在形态根据不同的标准进行类型化研究，一是有利于全面认识我国民间金融的发展现状，使得民间金融的法律规制更加具有全面性，更好地维护金融秩序和促进民间金融的发展；二是有利于我们准确把握不同形态的民间金融的具体特征，使得民间金融的法律规制更加具有针对性和有效性，提高法律规制措施的经济效果、法律效果和社会效果；三是有利于明确民间金融法律规制的具体任务和内容，设定完整、合理的规制目标，改革不适应民间金融发展需要的各种制度，建立符合民间金融发展规律的经济、法律和社会制度，制定有效、可行的规制措施。

一、以法律效力为类型化依据

根据民间金融活动是否符合现有法律规范，可将民间金融从法律效力上划分为合法的民间金融与非法的民间金融两类。合法的民间金融从理论上来说是属于正常形态的民间金融，而非法的民间金融从理论上来说则属于异常形态的民间金融。个别情况下的民间金融活动的合法性评价较为模糊，须结合现有规范进行综合推断。例如，在民间借贷的利率超过银行同类贷款利率的四倍（包含利率本数）、民间借贷的债权人将利息计入本金计算复利使得利率超过银行同类贷款利率的四倍（包含利率本数）等情况下，根据1991年《最高人民法院关于人民法院审理借贷案件的若干意见》（下文简称《审理借贷案件的意见》）第6条、第7条的规定，超出银行同类贷款利率的四倍（包含利率本数）这一限度的，超出部分的利息不予保护。虽然这两条只是司法解释条文，但实践中可作为我国司法审判的依据，事实上具有法律同等的约束力。上述规定仅明确"超出银行同类贷款利率的四倍（包含利率本数）部分的利息不予保护"，并没有直接否定民间借贷的法律效力，也没有直接否定超出部分的利息的合法性。但结合1986年《民法通则》第90条：合法的借贷关系受法律保护，可推断：不受法律保护的即为不合法的借贷关系。据此，上述列举的个别情况下的民间金融活动中超过银行同类贷款利率的四倍（包含利率本数）部分的利息的合法性为非法。2009年《江苏省高级人民法院关于当前宏观经济形势下依法妥善审理非金融机构借贷合同纠纷案件若干问题的意见》（下文简称《江苏高院审理非金融机构借贷合同案件意见》）确定了江苏省"当前形势下审理借贷合同纠纷案件的原则"，从法律效力上将民间借贷区分为合法借贷和非法借贷两类，在第1条、第2条对两类不同性质的民间借贷采取了区别规制：（1）保护合法借贷行为，畅通融资渠道。人民法院在审理借贷合同纠纷案件过程中，要充分发挥审判职能作用，保护合理合法的民间借贷和企业融资行为，依法支持金融创新，维护债权人合法权益，拓宽中小企业融资渠道；（2）制裁非法借贷行为，维护金融安全和社会稳定。人民法院在审理借贷合同纠纷案件过程中，要积极履行维护金融安全和社会稳定的司法职责，注意区别以各种合法形式掩盖的非法金融活动，防止少数企业或个人利用当前中小企业急需资金的机会规避金融监管、牟取非法利益，切实维护社会稳定。

1. 正常形态的民间金融

正常形态的民间金融是法律认可的民间金融，或者说是法律上的民间金融。私法以权利为本位，以私法自治为原则，法无明文禁止的行为即为合法行为。因此，司法规范明文许可、保护的以及尚无规范加以调整的民间金融活动均为合法行为，均属于正常形态的民间金融范畴，除非该行为以合法形式掩盖非法目的、违反公序良俗、损害国家和社会公共利益。近年来，正常形态的民间金融发展迅速，主要体现在民间金融市场规模扩大化、民间融资中介多元化、民间金融活动专业化发展等方面。民间金融形式也更加多样化，其具体形式主要包括民间借贷、民间集资、民间信用组织形式下的民间融资等。

正常形态的民间金融迅速发展的主要原因有：第一，从供求关系的角度来看，我国市场经济发展迅速，企业的融资需求激增，由于中小企业缺乏抵押物、财务透明度低、信用评分达不到银行放款要求等原因，正规金融更"偏爱"大企业，加上受2008年以来全球金融危机的影响，各大银行收紧银根，使得中小企业从正规金融获得融资的渠道显得更为狭窄，导致出现中小企业"融资难"的问题，大量融资需求不得不转向民间金融市场，而银行贷款的高利率、贷款难又极大地推高了民间借贷的利率；第二，从金融体制的角度来看，我国民间资金进入正规金融领域渠道窄、难度大、门槛高，又受到民间放贷利率明显高于银行贷款利率的诱惑，大量民间闲余资金自然转向民间金融领域，而正规金融体系的资金由于贷款门槛的设置也难以流入民间金融市场；第三，从交易成本的角度来看，民间金融的交易成本与正规金融相比相对低廉，一方面体现在借贷关系中无须过多的审批程序和抵押担保手续、借贷期限和额度灵活、借贷双方信息对称性高、主要采用现金支付方式放款速度快等，一方面体现在借贷利率形成上灵活性高，能够适应借贷双方的各种情况需求，利率高低取决于借贷双方的资金供求、借款人经济实力与资信状况、借款期限与金额、借贷双方人情关系、所在地民间融资市场竞争强度、信用中介经营风险等，因而市场化程度更高；第四，从民间资金供给的角度来看，相对于正规金融机构，民间资金持有主体的投资渠道较窄、投资风险承受能力较低、投资意识和水平有限、投资便利性较差，因而民间资金持有主体更乐意融出自有资金以获得高于银行存款利息的收入，只需在选择资金融入方时把好资信关，控制资金融出收回的风险；第五，从法律环境的角度来看，一方面我国法律保护合法的借贷关系，民事主体享有货币收益权，民间资金进入民间金融领域几乎无任何法律障碍，另一方面，我国法律对民间金融的发展长期持放任态度，关于民间金融活动和民间信用组织的规定和限制较少，金融监管部门也未将民间金融纳入常规监管视野，营造了民间金融无序而快速发展的宽松环境。

2. 异常形态的民间金融

异常形态的民间金融是法律不认可的民间金融，或者说仅是事实上存在的非法民间金融。异常形态的民间金融虽不为法律所认可，但事实上广泛存在于社会之中，如何对其规制是个重要的现实和法律问题，也是民间金融的法律规制重点所在，因此本文亦将其纳入研究范围。并非所有的地下金融活动都是异常形态的民间金融，因为部分地下金融活动在法律许可的范围内运行，只是尚未阳光化和规范化。但不可否认的是，异常形态的民间金融主要存在于地下金融活动之中，其主要存在形式包括：第一，非法从事金融业务活动，主要指未经中国人民银行批准，个人、非法设立的金融机构、金融组织直接地或变相地非法从事金融业务，以及合法的金融机构擅自直接地或变相地从事其无经营资格的金融业务，例如地下私人钱庄和职业放贷人擅自经营贷款业务、无存款业务资格的自然人、非金融企业或其他组织擅自从事存款业务、信托业务、非法买卖外汇、金银活动、非法集资等；第二，非法设立金融机构或金融组织，主要指未经中国人民银行批准，擅自设立直接地或者变相地从事或者主要从事正规金融和民间金融业务活动的机构或者组织；第三，高利贷，即违反国家关于利率管制的规定，借贷关系中约定过高利率或者总量过大的利息，还包括变相的、隐性的高利贷活动，其变相提高利率或利息总量的方式包括增加各种名目的管理费、手续费、要求借款人反存部分借款至贷款人处等。

异常形态的民间金融在我国存在并蔓延的主要原因是：第一，历史原因。古今中外，异常形态的民间金融广泛存在，例如钱庄（银号）、高利贷。钱庄在新中国成立前不仅合法，且曾为百业之首，它起源于兑换，嘉靖时大开铸炉，钱币名类繁多，贩卖铜钱和私铸私熔更多，乃至出现若干专营铜钱兑换的金融组织，称为钱店，又叫钱铺、钱庄、兑店、钱肆、钱桌或钱摊。各地曾建立各种钱业组织，根据民国时期上海钱业公会出版的《钱业月刊》中的《各省钱业调查报告》，自乾隆四十一年（1776年）至民国三十六年（1947年），先后至少出现过17个钱业组织。高利贷起源于民事借贷，在我国具有悠久的历史，旧中国相当盛行，法律不加禁止。直至1952年，《最高人民法院关于城市借贷超过几分为高利贷的解答》还认为：人民间自由借贷利率即使超过三分，只要是双方自愿，无其他非法情况，似亦不宜干涉。新中国成立后，进行社会主义改造，政府规范钱业发展，仅准许经批准设立的商业银行、信用合作社等信贷金融机构从事相关业务，不符合设立和经营信贷金融机构资格和标准的，在高利的驱动下只能从事地下金融活动，从此原本合法的私人钱庄被定位为非法民间金融，与其紧密相联的高利贷也遭遇同样的厄运。2002年中国人民银行发布《关于取缔地下钱庄及打击高利贷行为的通知》，禁止地下钱庄和高利贷活动，但它们作为历史遗留产物，仍有维系生存的市场，因而屡禁不绝。第二，社会经济制度原因。从2011年民间借贷危机可以看出，伴随我国经济的快速增长，中小企业和个人融资需求猛增，但由于经济实力和资信不足、财务透明度低、缺乏抵押担保财产等原因，通过正规金融获得融资受到较大限制，客观上导致其对通过民间金融途径融资的需求增加。为响应这一实际需要，且在人类主观上的贪婪和牟利欲望驱动下，正常形态的民间金融与异常形态的民间金融相伴而生，不法分子为牟取高利不惜铤而走险，擅自从事非法金融活动。尽管民间金融在克服信息不对称方面较正规金融具有优势，但民间资金供需主体之间信息不对称问题仍旧存在，正常形态的民间金融与融资需求主体之间也不能实现供需平衡，供需矛盾仍然存在，这就为异常形态的民间金融活动提供了空间和可能。第三，社会法律制度原因。监管层面，在2011年民间借贷危机爆发以前，民间金融的规制和研究没有引起官方的足够重视，没有纳入常规的金融监管视野，现有法律对于民间金融的规制力度薄弱，存在较多的立法空白，例如高利贷没有明确界定和入罪，缺乏刑事制裁规定。司法层面，由于1991年最高人民法院（下文简称"最高院"）《审理借贷案件的意见》只是在第6条规定民间借贷的利率超过银行同类贷款利率的四倍（包含利率本数）部分的利息不予保护，对民间借贷约定高利率没有禁止，加上高利贷缺乏明确的民事、刑事法律责任规定，导致司法实践中打击高利贷活动的力度不够。为了规避法律的追究，现实中的非法民间金融更加隐蔽，不法分子利用各种手段掩盖其非法金融活动的本质，各类隐性地、变相地从事非法集资、高利贷、非法吸储等非法金融业务活动层出不穷，在犯罪证据方面给公安、司法机关侦破案件和裁判增加了难度。高利贷利息虽高，但具有放款快捷、门槛低的特点，满足了部分急需资金的中小企业和个人的需求，具有一定的市场，而现实中不法分子通过法律外手段收回资金的能力强，愿为不法利益铤而走险，在现有法律规范不完善的环境下，不法分子为了牟取非法利益更加肆意妄为。

3. 以法律效力进行类型化区分的意义

根据合法性标准将民间金融划分为法律效力截然相反的两类具有重要的意义：首先，区分法律规制对象的不同合法性，从而明确采取两种不同的规制态度。对于正常形态的民间金融，法律应采取的态度是利用阳光化、规范化手段，通过适度调整、重点规范的方法，保护和促进其发展；对于异常形态的民间金融，法律应采取的态度是对部分可以实施阳光化、合法化和规范化改造的对其实施改造，让其在合法、规范的市场上阳光化运作，其余的有针对性地予以严厉打击和清除；其次，明确在现行法律框架下，哪些是应该合法化但尚未合法化的民间金融活动，哪些是应该否认其法律效力并加以改造但现行法对其尚且认可的民间金融活动，从而为金融监管和民商事立法的完善指明了方向；再次，从理论上对社会中现存的一些法律尚未调整的或尚未规制到位的民间金融活动的合法性做出评价，根据其不同合法性状况进行区别规制，同时明确了须加强金融监管和法律规制的新对象。

二、以组织机构形态为类型化依据

根据民间金融活动是否有组织、有机构地开展，可以将民间金融的存在形态划分为无组织无机构的民间金融、有组织无机构的民间金融、有组织有机构的民间金融三类。这三类民间金融在存在形态上呈现明显的简单到复杂、初级到高级、业余到专业的发展层次特征，虽然发展程度参差不齐，但对于社会、经济发展而言都是不可或缺的，它们共存于社会生活之中，形成完整的民间金融系统。民间信用组织机构形态上明显的层次差异也是与正规金融的区别之一，正规金融都是有组织有机构的开展金融业务。

1. 个体形态：无组织无机构的民间金融

不通过具有独立法人资格的机构从事民间金融活动，其行为也不具有组织性特征的，称为无组织无机构的民间金融。这是最原始、最简单的民间金融存在形态，由自然人独立开展，主要包括偶发的民间民事借贷，自然人从事的职业信贷活动、有价票证、外汇、金银倒卖活动，钱（银）中、银背等民间金融经纪活动，自然人从事的其他融资活动等。基于金融监管的考虑，我国暂未允许自然人独立从事经营性的金融业务，金融业务的开展都必须通过设立相应的金融中介机构进行。即使是注册证券经纪人，由于其与证券公司之间是显名代理关系，只能接受证券公司的委托，在代理权限范围内代理证券公司从事客户招揽和客户服务等活动，根据《民法通则》第 63 条代理制度相关规定，法律后果由被代理人（证券公司）承担，所以也并非以自己名义独立开展金融业务。然而，在民事审判实践中，时常出现同一债权人因民间借贷纠纷起诉数十甚至上百个不同的债务人，该债权人然成为职业放贷人，此类主体通常以寄售行、投资公司等为依托，但以公民个人名义进行放贷活动。事实上，这是存在于民间金融活动中的一类"食利阶层"，为牟取民间借贷的高利息回报，独立地、隐性地从事着经营性信贷活动，这种民间金融活动实质上是未经登记注册的职业放贷自然人从事的商事信贷行为。然而，在我国现行金融法律框架下，自然人注册登记为职业放贷自然人的制度尚未建立，自然人只能从事隐性的地下商事信贷活动，其合法性尚未被认可，在现行法律框架下可能涉嫌非法经营罪。2007 年，中国人民银行曾向国务院法制办公室提交《放贷人条例（代拟稿）》，近些年一直被搁置，未被列入国务院立法项目。即使该《放贷人条例》出台，民间信贷业务的经营主体能否扩大至个人尚存疑问。

2. 组织形态：有组织无机构的民间金融

当民间金融活动达到一定规模，单个的自然人则无法独自开展。然而通过组织的形式既可以增强信用，又能够扩大资金供需主体范围，资金融通规模也随之扩大，解决了单个自然人可供融出资金总量不足的瓶颈问题。尤其在农村地区及正规金融机构的分支机构分布稀疏的城市区域，组织形态的民间金融活动更加盛行，主要存在形式包括互助会（包括农村、街道、单位储金会、互助互济会、"化丛"等），民间投资基金（包括契约型私募基金等），民间信托（包括契约式信托计划等），合会（包括标会、轮会、摇会、座会、帮会、抬会等）等民间信用组织开展的民间金融活动，以及民间集资活动（包括企业内部集资等）等。实践中，长期变相地、隐性地经营金融相关业务，但又不设立法人机构的经营性组织在城市区域也大量存在着。例如民间自发形成的职业放贷合伙组织，他们会安排成员在火车站、汽车站附近等人流量大的地方手持"无须抵押，当天放款""低息无抵押贷款，正规机构"等标语招揽借款人，或者在墙壁、电线杆、车身、网站论坛等各种位置张贴广告。

合伙组织内部成员之间有着明确的分工，包括招揽借款人，审查借款人信息（身份、清偿能力），贷款谈判（借款用途、利息、还款方式），欠款追讨等环节都有不同的专人负责，此类职业放贷合伙组织活动的法律性质是未经登记注册的非法放贷组织从事的非法信贷活动。有的组织还依托寄售行、抵押担保公司、投资公司、投资咨询（管理）公司等民间融资中介机构招揽借款人或者与各类民间融资中介机构建立密切的业务往来。我国现行金融法律尚不认可不设立机构、未取得金融业务许可而从事经营性金融活动的合法性，为规避法律的追究，此类经营性组织通常以个人名义开展信贷业务，从而掩盖其经营性质和操作过程中的不规范，同时有利于其在实施违法犯罪行为之后逃避监管和法律制裁。如何推动实现地下经营性金融组织活动的阳光化、合法化和规范化是目前亟待研究和解决的问题。

3. 机构形态：有组织有机构的民间金融

民间金融发展到一定阶段，必然借助于设立机构以便更加专业化地开展业务。我国现行金融法律框架下，只有一部分民间金融告别了"灰色地带"得到了阳光化、合法化和规范化改造，被纳入国家金融监管体系，而必须通过设立专门机构或在符合规定的场所或者通过规定要求的方式开展相关业务。例如，为规范典当行为，加强监督管理，促进典当业规范发展，1995年公安部颁布《典当业治安管理办法》（2005年废止）、1996年中国人民银行颁布《典当行管理暂行办法》、2001年国家经贸委颁布《典当行管理办法》（2005年废止）、2005年商务部和公安部联合颁布《典当管理办法》，规范传统的典当业，现由商务主管部门对典当业实施监督管理，公安机关对典当业进行治安管理；为加强农村资金互助社的监督管理，规范其组织和行为，保障农村资金互助社依法、稳健经营，改善农村金融服务，2007年中国银监会发布了《农村资金互助社管理暂行规定》，明确农村资金互助社的性质为经银行业监督管理机构批准，由乡（镇）、行政村农民和农村小企业自愿入股组成，为社员提供存款、贷款、结算等业务的社区互助性银行业金融机构，依法接受银行业监督管理机构的监管；为改善农村地区金融服务，满足小微企业、个体工商户、农户、自然人等的小额贷款需求，使民间隐性的职业放贷组织和个人的信贷业务活动脱离"灰色地带"，2008年中国银行业监督管理委员会（下文简称"中国银监会"）、中国人民银行（"央行"）联合发布了《中国银行业监督管理委员会、中国人民银行关于小额贷款公司试点的指导意见》（下文简称《关于小额贷款公司试点的指导意见》）、《中国人民银行、中国银行业监督管理委员会关于村镇银行、贷款公司、农村资金互助社、小额贷款公司有关政策的通知》，推出小额贷款公司民营（自然人、企业法人与其他社会组织投资设立）试点，由省级政府金融主管部门（金融办或相关机构）负责对小额贷款公司实施监督管理，并且为了更好地规范化改造和监管小额贷款公司，2009年中国银监会办公厅又出台了《小额贷款公司改制设立村镇银行暂行规定》，引导小额贷款公司向村镇银行改制；为规范第三方电子商务交易平台的经营活动，保护企业和消费者合法权益，2011年商务部制订了《第三方电子商务交易平台服务规范》，使第三方支付企业的线上（互联网），线下（手机、电话）货币支付和资金结算业务合法化，由各级商务主管部门依法对平台经营者及站内经营者的交易行为进行监督等。

被阳光化、合法化和规范化了的民间金融部分，不再属于民间金融范畴，而变身成为可民营的正规金融。尚未被阳光化、合法化和规范化的有组织有机构的民间金融仍旧不胜枚举，例如，依托寄售（卖）行、投资公司、投资咨询（管理）公司、投资担保公司、抵押担保公司、私募基金（包括有限合伙、公司型的私募股权投资、私募风险投资、私募房地产投资等）、融资租赁公司等机构直接或隐性地从事的业务范围之外的金融活动；商主体以自身或联合信用担保对外公开发行产品或服务预付（存）金额消费卡、票、券、证、电子码等变相集资；企业单位内部集资，以及以自身信用担保发行单位内部使用的预付（存）金额消费卡、票、券、证、电子码等变相集资；非银行上市公司、资金实力雄厚的其他非银行企业利用自身贷款便利的优势开展委托贷款业务（"对缝"业务，Entrusted loans），假借财务注资或投资等方法变相向中小企业放高利贷；正规金融机构及其分支机构直接或隐性地从事金融监管机构核准的金融业务以外的金融业务活动：房地产企业以订立商品房售后返租、售后包租协议等形式变相吸收存款活动；企业许诺支付高利息或其他回报直接向公众借款等形式的吸收公众存款；企业以发展会员、特许加盟店、专卖店、代理店为名，或以支持项目融资、生态环保、发展绿色产业、植树造林等为名，许诺以高额回报，变相吸收公众存款；地下钱庄（银号）、无证银行、私人信用社、赌场（包括地下彩票、赌博）活动等。总之，以机构为依托的民间金融形式多样，有的还通过网站形式开展民间借贷担保业务、借贷居间业务、抵押担保贷款业务和商事信贷业务等（如"安心贷"、"仟邦资都"、"易贷中国"），其在金融业务活动中将债权进行分割打包后再次转让，并有非法集资之嫌。尽管较多机构从事的民间金融的合法性尚存疑问或不被认可，有待法律加以规范和实现阳光化、合法化和规范化改造，但这些是我国现实社会中广泛存在的专业化程度较高的民间金融，一方面对正规金融秩序产生了冲击，一方面对民间经济发展的重要作用不置可否。

第六节　本章小结

虽然民间金融在我国已长期存在，但学界对于民间金融的探讨却至今为止仍未达成一个统一的共识。因此，如要对我国民间金融法律制度问题进行研究，首要之义便是要了解和理解我国民间金融研究对象本身的基本概况。

本章首先在分别厘清民间金融与非正式金融、官办金融和地下金融三者之间的概念辨析基础之上，结合国内外研究成果与我国国情发展的现状对我国民间金融内涵和外延上做出如下界定：在经济活动中自发产生的，处于国家监管的正式金融体系之外所从事的以货币价值为标的各种资金融通活动的总和。主要表现为民间借贷活动。其外延主要包括私人借贷、合会、私人钱庄、典当行、企业连结贷款等，不包括所有权属于国有的民营银行。其次，结合本国国情对我国民间金融的产生进行分析。其研究成果指明我国属于一个转轨时期的多元经济格局国家，由此形成的所有制偏好与规模歧视导致储源的争夺与资金分配的非理性，而政府为加强所有制偏向，采取利率差别化的价格型和信贷市场结构非均衡型的压制，造成非国有经济部门的资金缺口加大，为民间金融的需求和市场营利动机提供了条件和机会。同时，我国所具有的独特乡土社会文化背景的特殊信任结构更是为我国民间金融的发展提供了广泛的社会基础，使其在我国经济发展之中长期存在。并进一步分别对我国民间金融的简单、中级和高级形态中所包含的各种交易形式，以及所处的法律地位现状进行了详尽的分析，以期为法律制度的重构提供一个清晰的框架。最后，本章运用理论与实例相结合的方式对我国民间金融与中小企业、我国民间金融与国有银行主体、我国民间金融与农村经济发展、我国民间金融与经济效益、我国民间金融与地方信用体系构建五个方面进行考察，研究发现我国民间金融在经济改革和建设过程中具有正效应作用。揭示出我国民间金融是金融市场中不可或缺的一部分，是推动金融市场化和市场要素多元化的重要因素之一。由此可以看出我国民间金融是客观发展的必然性，并非是主观产物，其存在对我国非国有经济部门和信贷市场结构均衡起到重要的影响作用。

第二章　民间金融的法制化需求

通过上一章中对我国民间金融基本概况的介绍分析出它以其自身优势具有对经济高速发展推动力的正效应。但是，我们也必须清醒地认识到不管是发达、发展中或是落后地区，抑或是计划经济，以及现代市场经济阶段，不管它是以何种形式存在，总能发现大大小小各种形式的民间金融活动扰乱经济秩序的实例，甚至最后锒铛入狱的优秀企业家也不在少数。尤其是在我国已经进入转型期的攻坚阶段，经济的高速发展促使市场中的各方经济利益主体逐利性的追求趋向更迫切，民间金融主体也势必会为满足自身利益最大化而极易弃社会责任和自我约束于不顾，陷入风险危机之中，使得风险的类型和程度也不断出现新的变化与特点。因此，如何在遵循民间金融发展内在客观规律的前提之下，以其行为规范化的引导实现民间金融市场的资源合理开发利用，保障民间金融优越性的最大发挥成为必须要思考的问题。在此民间金融的规范发展不仅强调的是民间金融的存在性，更着重于强调民间金融主体行为的合法性和交易形式的合规性，以此促进整个金融市场的良性循环。而民间金融主体行为合法性和交易形式合规性的实现则需要运用法律引导的手段。博登海默曾善言：通过法律增进自由、平等和安全，乃是由人性中根深蒂固的意向所驱使。基于此，我国民间金融规范化发展的法制化需求已具有强烈的现实基础和深层次的理论依据支撑，并具有实际的可行性。

第一节　民间金融法制化的现实因应

社会微观层面负面影响的案例分析

案例一：宁波"日日会"倒会风波

2010 年 9 月 14 号上午，宁海县人民政府召开新闻发布会，向媒体通报了关于整治宁海"日日会"的情况。截至 9 月 10 号，宁海县已有 121 名会头、1262 人次会员投案自首、刑事拘留项风标会会头 17 人（其中 7 人已被逮捕），批准逮捕会头、会员 7 人，通缉在逃会头、会员 13 人，涉案金额超过 5 亿。据知情人士透露，早在

1993 年的时候就发生过一起大规模的"日日会"倒会事件，当时每个"会脚"的损失不过是四五千元左右，现在可能平均每个"会脚"损失在四五十万元。"日日会"是江浙地区一种新的常见的民间地下融资的方式，大部分都是从"月月会"上发展起来的，其利息要远高过与"月月会"，一般的标会，月回报是 3%，甚至高的达到 8% 至 10%，这也是"日日会"危害影响更大的原因之一。在"日日会"的运作中，"标会"的发起人叫"会头"，普通会员叫"会脚"。"会头"一般由有一定经济实力和威望的人担当，"会脚"一般都是缺钱用的会员。在标会里，会头负责全体会脚会费的筹集、追缴和竞标等工作，作为回报，会头不用竞标，可以支配所有会脚在第一次集会上交纳的会费，结束时不用付利息，把本金归还给大家就可以。王苏凤，宁波唐人锅的知名企业家，在利益熏心的推动下，王苏凤发现组会比办企业更加赚钱，此后奔波于各个会场之中，一段时间之后，陆续有会员获得标款之后逃跑，最先的三五万的漏洞还能弥补，后来卷款潜逃的人越来越多，最多的标的达到了 2000 多万，王苏凤不得不开始以高利贷、抵押款等手段来维持标会的运转。2009 年 9 月，无力承受的她不得不向警方自首。2010 年 9 月 26 号，宁海法院以非法吸收公众存款判处王苏凤有期徒刑 8 年。

案例二：西安地下钱庄放贷黑幕，年息达银行贷款 20 倍

在西安市很多天桥护栏及公交站牌的地面上，都会发现办理长短期贷款的野广告。在其背后其实隐藏着一些"地下钱庄"放高利贷的内幕。在对一家声称投资公司的"地下钱庄"的调查中发现，按照高利贷的规矩，利息按月结算，而且必须在下一借贷月开始之前付清。如果借款日不足一个月，也会按一个月计算。如果当月不能返还利息，则所欠利息将自动计入下月本金当中，开始"利滚利"。例如在 1 月 1 日向"钱庄"借了 1 万元，借期为 6 个月，按 5 分利计算，1 日当天支付给"钱庄" 500 元利息。如果在 2 月 1 日前不能支付下一个月的 500 元利息，则借款金额就变为 10500 元，从 3 月 1 日开始，就要每月支付给钱庄 525 元的利息，到 7 月 1 日借钱期满，得支付 13625 元。如果连续几个月还不上利息，则每个月的利息都要计入本金。按照银行 6 个月贷款年利率 5.40% 计算，从银行贷款 1 万元，6 个月后的本息合计为 10270 元。西安最高的是 1 毛利，手续费不用交。据悉，如果按 1 毛利计算，年息达到 120%，已达到银行同期同类贷款利率的 20 倍之高。

以上两个案例反映出我国民间金融由于缺失法律规范引导所导致的损害资金供给者和资金需求者经济利益的问题。在宁波"日日会"倒会风波案例之中，"日日会"之所以得以长期存在就在于贷款手续简单、供需方交易成本较低、组织信息的管理成本不高、资金的聚集途径方便等原因。而之所以"倒会"是因为随着经济改革的不断深化，市场经济网络逐渐具有开放性，民间金融组织在市场经济的完善过程之中也在不断实现自我交易形式变化，那么原有的属性随着事物的质变有可能变成制

约事物发展的劣势。区域间的经济范围日益扩大，资金供给方（投资者）和需求方的人员随之扩大增加，供给方之间、供给方和需求方之间关系变得日益复杂。昔日依靠熟人熟事的民间金融活动发生变化，投资者之间信息交换、投资方和需求方之间信息交换都出现了滞后和不对称情况。这种状况就使得一直主要依靠道德约束的民间金融在缺乏相应的法律规范管理机制之下极有可能选择一次性的交易博弈形式。即在周围环境发生变化时，一旦出现违约成本小于获利成本的机会，民间金融主体则可能会选择冒险机会而获取利润，这将严重损害投资者的权益。另外，相对于大部分投资者而言都具有投资从众的盲目性心理状态，缺乏了解合法的民间金融活动投资利率水平和计息方式，这就增加了投资者保护自身权益的难度，容易产生财产纠纷问题，甚至有时采用极端的暴力私人方式解决，严重影响了社会的安定秩序。正因如此，"日日会"的犯罪人王苏凤才会出现毫无社会责任感，为追求高额利率的财富完全不顾及社会投资者的利益疯狂组会，会员也出现一次性交易博弈行为，置其他投资者的利益于不顾获标之后携款潜逃，最后出现资金断链无法偿还的局面。

当然，我们不能就此否认民间金融活动为金融市场中的弱势群体提供了稀缺资金来源，有力打破了正式金融市场所带来垄断性缺陷的事实。特别是对我国民营经济蓬勃发展更是具有不可估量的作用，扶持民营企业的创业、规模扩展和技术创新等方面提供了资金途径。但是，我们也必须同时认识到民间金融活动的非规范性极易引致参与主体只追求眼前短期利益的行为，其活动资金来源大多数较之为短期性资金供给和高利率计息方式回报，对于要求短、平、快的企业而言，这种融资方式尚可接受。但对于需要长期资金支持而又无法解决一时的资金困境的企业来说，不得不选择暂时接受短期的融资行为，在后续资金无法落实的情况之下，其后果就是无形之中增加了企业经营风险的不确定性和危机感，注定了很难维持企业的长远利益发展。正如西安地下钱庄放贷年息最高已达银行贷款20倍的案例中，这种非合理的利率计息方式必然迫使企业债台高筑，财务透支进一步加大，使本来资金周转较为困难的企业更是雪上加霜，最终不得不走向破产之路。这与扶持民营企业长期可持续发展的理念相冲突，造成民营企业在发展过程之中很大程度上可能将受资金链断裂的危机，并且这种行为也严重扰乱了金融市场的安全秩序，使其从事正常合理放贷业务的钱庄必然面临遭牵连受打压之风险。

由此我们不得不倒吸一口气，本应可以达到资金供给者与需求者之间双赢的局面，为何落此地步？因而，民间金融活动亟待理性回归，引入新的风险管理运作机制，对行为加以规范与引导，以适应新的市场环境变化。

二、社会宏观层面负面影响的案例分析

案例：始发于2010年4月份的"温州老板跑路"事件轰动全国，有媒体报道称，因资金链断裂而"跑路"甚至跳楼的温州企业主仅9月以来就高达25人，而出现问题的企业数据统计远远不止上述数字，他们要么借了高利贷，但营业利润抵不上所需偿还的高额利息，或者自己担保的巨额资金连本带息难以收回，恶性循环，对经济辐射效应出现。而根据《温州民间借贷市场报告》显示，2011年上半年，民间借贷的规模是1100亿元，去年上半年是800亿元。其中，89%的家庭和个人参与借贷，59.67%的企业参与民间借贷。63%的小企业有融资需求，其中76%的小企业融资需求在100万元以下，且难以满足。而在资金的来源上，50%的是依靠亲友及民间借贷，21%是依靠银行和农村信用社，7%是依靠典当行或小额贷款公司，22%从未发生过借贷行为。从此数据分析出，温州企业资金来源接近60%是来源于民间资金。而与热衷于实体经济的温州人相比，靠天然自然资源和拆迁补偿富起来的鄂尔多斯人，对现代工业并不感兴趣，偏爱于炒房、高利贷类似的挣钱既直接又快的生意，最终由于楼市鼓吹的泡沫破灭而引发信贷危机。根据当地一些企业和媒体人士的保守估计，民间借贷的规模应该在2000亿元以上，而最高的年利息在60%以上。

这场温州、鄂尔多斯的民间信用危机典型的表现出了始于宽松条件下的漫长扩张转型期间，产业资本在尝到了追逐风险高利润甜头之后遭遇宏观紧缩时的多米诺骨牌倒塌的连锁反应，导致行业资金链的断链，出现整个行业的信用危机，甚至整个行业的破产危机，对我国宏观调控政策和货币政策的实施造成巨大影响。促使市场中大量资金以现金的形式流出银行系统，造成正式体制外的资金循环体系，并与体制内的资金循环相脱离，并且这部分资金供应量处于金融机构的监管之外，波动性较大和缺乏规律性，导致金融信号失真，金融监管部门无法有效控制货币流量和实现政策目标。这就极易出现当国家实行从紧的货币政策之时，民间金融的资金循环异常活跃，而此时受资金追捧的行业往往正是国家宏观调控需要限制的行业，由于民间金融的支撑作用造成该限制的无法限制，不该限制的国家和地区重点投资反而遭受到抑制作用。当国家实行宽松的货币政策之时，民间金融的资金由有限度的循环变成超限度的资金循环，市面上的资金流动量超过正常的货币需求量，出现通货膨胀的压力，不利于金融市场的监管活动。

另一方面，此次危机也暴露出我国以地方政府为主体的无限度投资扩张所造成的经济结构失衡深层次问题。这种扩张不但没有改善原有的经济二元制结构，反而将城乡之间的经济差距加大，严重干扰了国家的经济结构调整计划。究其原因在于当初国家为加速经济发展速度，改善经济结构失衡，大力培养市场的微观经济主体——民营经济，以弥补市场的竞争力问题。虽然一方面逐渐放开市场，给予优惠政策促进民营经济逐渐进入国家的重点行业建设之中，另一方面却因为相关的金融支持政策的缺失造成民营经济发展举步维艰。由此，为了自身的发展不得不依赖于地方政府的经济扶持，与地方经济的无限度的扩张政策有着千丝万缕的联系，而地方政府出于自身利益的考量，通常也会实行与央行目标之间存在矛盾的经济政策，默许地方民间金融的规模发展和各种形式的民间金融投资行为，允许民间金融最大化地集中本地的资金量，以扶持在本地发展的民营经济群体。而本就缺乏规范引导和监管体系的民间金融在获得地方政策的庇护之下，更易为获得高利润资金利率而违背市场经济发展规律发展。这就在无形之中造成行业结构的失衡，投资的市场比例也处于监控之外，结果一些行业中本应而淘汰的企业反被生存下来，严重影响了经济的可持续发展和国家的产业政策的评估和调整，形成了资源的无效配置，更进一步地影响了经济结构的调整和发展。

现实例证之启示

通过以上案例的深层次分析，我们可以印证经济学家所设想的完美均衡、完全市场、完美信息等理想状态在金融市场中是甚为罕见的。民间金融作为金融市场中的一种活动，同样也存在其体系的脆弱性和市场失灵的现象，必须在进行自我市场内调整时加强市场系统外部力量的规范。

1. 我国民间金融体系的脆弱性

我国民间金融的运作与正式的金融不同，它是一个自下而上的诱致性需求的过程，发展历程是循序渐进的，必然在不断完善的过程之中具有自身组织脆弱性和市场失灵的缺陷。"日日会"的倒会风波即体现出从资金来源的脆弱性到借款人的脆弱性，民间金融资金的投资者通常多为像王苏凤一样的小企业家或者是普通老百姓，如果资金一旦无法收回，就会面临生活困境。而资金的需求者通常也是一些实力较小、资金实力弱小的小企业、居民和农户，如果一旦出现经营不利造成资金无法偿还，将给民间金融组织带来巨大风险。另一方面，从运作方式的脆弱性到内部结构的脆弱性，民间金融组织是以熟人熟事为信用纽带，其实质也是一种信息成本与收益之间高效转换的过程。但是这种信息转换的成本优势也是有限的，只局限于信誉良好、道德程度较高的小范围群体，随着经济日益发展，区域间贸易不断加强，民间金融组织业务也不断地扩充，组织内部运作方式必然跟随发生转变。此时信息的收集、处理和反馈所付出的成本与所获得的收益逐渐表现出一种低效趋势，信息不对称现象显现，并体现于系统内部成员之间相互了解和信任，但是系统和系统中之间却缺乏认同感。换言之，不同区域的投资者对民间金融组织的偿债能力、经营能力和其他成员信息的了解匮乏。

2. 我国民间金融的市场失灵

市场并非是完美无缺的发挥作用，达到经济学家所设想的充分的竞争机制、信息对称和帕累托最优状态，而是存在着市场障碍，唯利性（近利性）和被动性、滞后性三大缺陷。金融市场作为市场经济中的重要组成部分，以资本为依托的运作方式决定了它比一般商品市场更加具有复杂性、风险性和不确定性，一旦出现金融危机，由市场缺陷所引起的失灵也更为明显与严重。民间金融在金融市场中的经济活动亦是如此，也存在着由市场缺陷所引发的市场失灵状况。因为我国民间金融市场行为选择的主要依据是经济政策与金融市场中供需关系变化情况的单纯判断，活动中行为的法律规范、引导，以及行为标准的法律评价成分则在很大程度上处于不完善状态。这种境况造成民间金融活动中非理性逐利性意识加强，自我约束意识和社会责任感减弱。其后果则可能出现民间金融主体极易被利润机会所诱惑，与国家调控的经济目标背道而驰，强行改变资金正常供需关系，为民间金融市场埋下巨大的风险隐患。加之市场的被动与滞后缺陷，往往在风险蔓延良久之后的积聚爆发使得危机一发不可收拾，此次鄂尔多斯的民间资金投向调控中的房地产，造成资金恐慌局势则是有力例证。

因此，我们发现除了极少数民间金融活动具备真正市场化运作特点之外，大多数民间金融活动都是较为分散、组织化和市场化程度较低，缺乏正规的金融结构形式、良好的运作机制、有效的行为约束和风险控制机制。并且自身风险防范意识极为薄弱，内部系统的监管机制缺失，自我责任感和社会责任感不强，引致风险流动性加快而事后抵御能力偏弱。所以，当民间金融主体发现自己并未被处于法律规制状态时，市场行为规范与引导规则空白时，本能地认为违法比守法所获利润多得多，那么信用和道德的软约束指标此时将失去意义和效用，风险性行为选择便成为最佳方案。由此看出，民间金融内部的脆弱性和市场失灵所引致的内部风险和外部风险极易造成整个金融系统的流动性风险，甚至崩溃状态，此时设计专门民间金融法律制度，完善监管体系，明确民间金融市场准入、内部运作和业务范围的条件、责任后果承担与救济机制，以此克服民间金融市场的脆弱性与失灵显得尤为重要。

第二节　民间金融法制化的必然要求

一、民间金融合法化价值取向的必然追求

我国民间金融的产生不只是一种简单经济现象的表述，而是社会经济制度发展中主观较之客观的产物。金融制度内部的自省需要，以及这种内部自省推动下的金融制度本身诱致性需求发展与创新要求，以期通过民间金融制度的有效互补性整合金融市场资源和完善金融市场结构，促进金融效益的增进。因此，不可否认我们应该认识到民间金融已经参与金融市场的竞争活动之中，并潜移默化地改变金融市场的利益格局变化。也不可漠视地应该认识到民间金融行为方式价值取向将影响未来金融制度改革方向，由此对民间金融的行为预测、评价和指示，积极促使行为方式价值理念与人类社会理性建构经济体制的价值取向的趋同性变得尤为重要和具有现

实性。所以，要实现民间金融在社会经济规范之内达到行为的预期，并且在对未来偏差行为进行纠偏之后还能维持在预期的目标之内，以降低行为偏差产生的传导性金融风险与纠正价值错位的目标，就必须对民间金融采用人类在社会化过程中做出理性选择的一种社会治理和控制手段，将经济主体行为以权利与义务，责任承担与利益损害救济形式固定，即以法律形式实现诉求，赋予法律意义层面的合法化地位。其价值在于使民间金融在社会规范之内的经济行为符合人类社会追求稳定安全的经济秩序和建构金融市场化的适应性期望，赋予经济主体平等参与金融竞争活动和分配金融资源效益的机会，保障金融制度中的经济主体的权利实现，使经济主体在法律范围内按照自身意愿合法进行经济行动选择，并对自身的行为能进行评价和预期，从而全面促进金融制度的市场化。

1. **秩序价值：民间金融的市场安全性预期**

所谓秩序是指自然界和人类社会发展和变化的规律性的现象。美国法理学家博登海默定义秩序"意指在自然进程和社会进程中都存在着某种程度的一致性、连续性和确定性。"因此，存在于社会之中的秩序表达着某种社会关系的一致性、行为进程的连续性和规则性、精神与物质上的安全性、根植并反映社会生产关系与生产力之间的历史合理性，社会制度变迁进程中动态连接点的嵌入式考察实践因素。特别是转轨时期的国家，秩序的这种表达和实践在经济改革，尤其是在经济核心——金融改革过程中表现尤为突出。金融系统运行中的创新源的产生潜移默化式的推动制度内外各种利益分配模式和经济影响因素的调整，这种调整过程则极易造成社会行为进程连续性的断裂和规则性的边际化，进而引致具有"公共物品"属性的金融安全秩序超越金融危机的临界状态之上，波及整个社会发展。金融安全秩序实质上就是金融市场中的互相冲突的利益集团之间通过互动过程达成金融单元之间的利益均衡稳定状态，这也可以视为金融安全秩序的临界线。换言之，金融市场中的每个金融单元的安全秩序的保障就必须以这种互动中形成的制度和规则进行约束。这种秩序约束的意义在于能保障免受别的金融主体行为的侵害的同时保障市场中的经济主体之间的平等性，最终促使社会主体行为与人类社会发展价值的一致性。目前，我国亦是处于这样一个特殊时期——计划经济向市场经济转型背景之下，经济改革和金融改革正在经历渐进式改革方式，金融市场正处于培育和完善时期，民间金融在此环境中的存在则可视为一个创新源，亦是对既有秩序的生产关系历史合理性的考验和纠结式经济利益冲突的社会秩序的平衡，也是与金融市场主体互动中寻求自身市场安全行为的适应性预期。

然而，我国金融主体的金融安全意识一直较为淡薄，当潜在合法的经济权利无法实现时，就会寻求正规制度之外的其他形式救助机制，产生制度监管之外非正式组织形式，正如缺乏行为规范与引导的民间金融主体一样，一旦实施非理性行为，极易出现非法状态，并形成以企业与居民为起点，渗透至国有金融机构，最后传导金融风险聚集国家的金字塔式倒逼顺序机制，更深层次加剧金融市场无序状态和金融市场内公与私之间的对抗性秩序局面，造成金融结构系统无法摆脱偶然性和任意性因素，无序状态出现，关系的稳定性消灭了、结构的有序性混淆不清了、行为的规则性和进程的连续性被打破了，偶然的和不可预测的因素不断地干扰人们的社会生活，从而使人们之间信任减少、不安全感增加，严重危机金融市场安全秩序和经济主体的活动权益保障。因此，培养我国民间金融主体的金融安全意识和社会责任感，加强我国民间金融组织的抗风险能力，建构整个民间金融系统的稳定结构已成为必然趋势。

而平衡充满利益冲突的社会秩序，现实意义上取决于国家权力机构的有效工作机制与法律制度的建构。但当建构社会制度的机理的历史合理性日渐丧失，那么依赖于一个岌岌可危的基础建构的权力中心和法律秩序是不具合理性的，容易陷入错误的秩序观。因而，要确保国家提供的制度是一种有效率的制度，或者说要保证国家应该具有一种校正机制，在这样一个校正机制下，经济主体能够及时表达对新制度的需求，并可以要求国家及时启动立法程序讨论建立新制度以避免制度供给的"滞后"，并确保国家提供的制度是一种有助于提高效率的制度。在文明的国度里，法律是消解和预防由社会无效或低效制度安排引致的无序和失控状态的最佳手段，恩格斯曾说过"在社会发展某个很早的阶段，产生了这样一种需要：把每天重复着的产品生产、分配和交换用一个共同规则约束起来，借以使个人服从生产和交换的共同条件。这个规则首先表现为习惯，不久便成了法律。通过具有旨在创设正义的社会秩序的法律制度对处于弱势群体的秩序主体——民间金融的真正诱致性需求的法律内认可，给予行为主体权利与义务的安排，将组织发展运作责任纳入法律监管体系，从实质条件上严格区分民间金融与正规金融的区别和民间金融自身的内涵和外延，探究民间金融法律内研究对象主体确定和有效的法律控制方式，将不遵循市场经济发展规律的黑色金融主体排斥到金融制度变迁之外，杜绝具有高效率的"灰色金融"成为政府效用函数的牺牲品，有效促进政府在打破计划经济制度的束缚和执行"守夜人"的过程中控制和打击不利于金融安全市场秩序建立的非法金融行为，为金融市场安全设立有力屏障，保持金融系统的运行与发展不受内外各种因素根本性威胁和侵害的状态，凭借各种手段把金融风险控制在可能引致金融危机的临界状态以下，确保正常的金融功能和金融秩序。金融安全秩序的建立在金融法的价值目标体系中，具有工具性价值的性质，它为其他的价值目标的实现奠定了基础和现实背景，没有安全秩序的存在，其他的价值目标实现是徒劳的。

2. 平等价值：民间金融的金融权益普惠性效应

平等是人类社会发展追求的基本价值之一，指人们的相同、类似和接近之处，强调人们的统一性。平等要求使人们得到按其所赋有的权利应得到的待遇。因此，平等的实质在于权利的配置与分配，而权利的确认来源于不断形成的人类社会认可组成的规范性规则之内的一种行动标准。法律规则就是按照一定的人、物和事件归类所建立的某种共同标准。由于社会的组成体认可确定的规则或一般性标准，所以通过规范性制度本身的运作，从某种层度上就可以实现某种程度上的平等。但是，作为法律制度规则本身的技术含义而言是不具有消除专断或者不合理的类分标准的意义，依照朴素认知下的平等待遇原则对法律的类分标准提出的实质性要求也是非常不确定的，因为所谓社会形成的平等原则含义也是受到处在当时社会时期中主要思想的影响。所以，对于法律规则的平等应从规则本身立法合理性为出发点，并要求法律分类标准不能受到诸如种族、性别、宗教、民族背景和意识形态等因素作为标准，从这一意义上而言，全体公民的基本权利将得到客观存在的配置。

但是，对于基本权利的分配，在现实社会的运作过程之中往往存在信任危机，即只是提供了一种行使这种权利的形式上的机会，并未获得实质上的机会。换言之，权利的实现反映于制度之上可能只是一种表面的形式上的平等，主体并未获得实质上的权利保障。我国金融制度的发展方式造成资金市场配置格局不合理，资金使用主体便出现这种权利形式主义。众所周知，我国的经济转轨发展主要是属于增量调整，既继续保持原有国有经济成分性质和运作不变的情况下在公有制周围发展非国有经济或者新的体制寻找经济的新的增长点。而为了与我国经济改革相配套，我国的金融制度改革主要也是采用"鲶鱼效应"，即在维持建立的国有金融银行金融格局不变的情况下在公有产权的周围建立股份制商业银行培养市场竞争机制。通常而言，在正常的市场关系之下，对金融需求取决于实物经济的发展，金融发展与经济发展存在着一种辩证互动关系，金融作为一种自然演化的资源配置方式，由于其运作方式的特殊性和整体利益，经过不同趋势需求的金融主体反复博弈，成为约定俗称行业规范等非正式制度的需求，进而形成以法律这种方式固定下来的正式制度需求，这是基于金融自身发展需求的金融制度需求。这种需求是以建立市场主体之间拥有平等的资源竞争的机会和权利为目标。然而，由于现代金融作为调控经济的重要枢纽，现实的境况是政府往往出于对金融市场缺陷性的认识和自身效用函数的考虑，必然政府对金融组织、资金市场的配置和分配和金融市场利益格局进行干预，即政治性需求。而正是这种政治性的需求使得已经成为金融市场重要组成部分的民间金融市场面临巨大的制度压力，不分标准的对民间金融组织形式进行打压，民间金融发展由地上转到地下，反而导致金融市场的资金出现非法集资、地下钱庄，使得在缝隙中求生存的民间金融组织形式与正规金融制度形成了一种对抗形势和恶性竞争导致资金市场混乱状态。所以，如果金融制度从未正视资金需求者和供给者的创造利润空间机会，那么处于市场的弱势群体获取需求资金的可能性就会越小，权利损害就会越深。如何从金融市场为非国有经济和农村经济提供真正的畅通融资渠道，创造平等竞争环境就成为政府不得不思考的问题。

　　一个社会通常在面对形式机会与实际机会脱节而导致的制度外化问题时，就会采取以立法配置和分配权利的形式确保基本需要的平等去补充基本权利的平等，这种立法配置和分配的过程实质上也渗透着人类认知和科学或形势变更情景之下对不平等或平等现象的一种思维不断调整的过程。当某种现存的不平等或平等安排被时代认为值得商榷的时候，人们的正义感通常就会以立法讨论的方式强烈地表现出来，以得到权利上的诉求。这种行动上的认知感可以纠正一种政治失误和社会失误，重新确定法律所要规范关于人、群体和事物的平等或不平等的分类统筹标准。我国金融发展理念随着经济市场化建立亟待转型，在成功完成初始阶段的市场培育和扶持之后，应当遵守金融市场化竞争机制规律，竞争主体处于平等起点，竞争主体之间享受同等的权利和承担同等的义务，参与金融市场的竞争规则应具有平等性。在金融市场竞争规则内，金融制度应该赋予民间金融组织与其他金融主体竞争者具有同等的市场准入机会和退出机会，在法律制度上具有同等的合法地位，在法律适用范围之内应公平公正地适用同等性质的法律规定，相同或类似违法行为承担后果应该具有实质条件的一致性，减少行政指令的命令式干涉，享有同等的市场信息获取机会和市场交易参与权与竞争权，保证每个经济主体都能在透明公正的竞争金融环境中进行活动，反对为某些政治或其他经济需求而进行责任承担歧视对待，对任何超越法律的、严重影响金融市场高效竞争机制建立的行为和组织都给予无差别的待遇。通过对金融资本市场与经济发展的关联性现状的认识，迫使金融市场做出制度内的调整，重新界定法律内民间金融的地位、民间金融与正规金融之间的关系，旨在调整民间金融和正规金融之间的平等互补关系为基础分配双方之间的权利义务、风险责任承担，最终促进整个金融市场的良性循环发展。

　　3. 自由价值：民间金融的金融自由化效应

　　自由是人类漫长的历史发展进程之中重要的价值之一，关于自由议题的讨论，几乎在所有的人文社科范围之内都可以找寻到足迹，特别是在哲学、政治经济学和法律讨论之中，尤为受到重视。哲学意义上的自由强调的是主体意志与客观规律的统一，作为主体的人对自然客观规律的认识并认同基础之上对自然规律的依自我主观能动性创造的过程，最终落脚于在充满理性考虑之下的人的价值和生存意义的问题，强调的是人的本身的能动性价值。这种价值反应于社会政治学层面是以个人为基本主体的按照主体意志行为的权利和情形，包括两种理解：一种是不受他人的干涉，既所谓的"免于……的自由"（消极的自由或保护性自由），另一种就是自己选择自我意识想做的事情，既"从事……的自由"（积极的自由），而不管是作为哲学上主客观层面的自由论还是社会政治学上的个人意志自由的表述，其最终目的都是为寻找真正有效的、良好的承认和保障个人自由，使个人自由能置于社会的普遍利益之中，社会中每个成员都能平等地享受自由的方式。而最佳方式的选择是以权利的形式获取法律上的确认，即哲学和政治学的自由表现于立法中的自由权，"不受……限制的权利"或者"做……的权利"，因此，作为法律上的自由，真实地赋予了社会行为主体的自我意愿与法律规范的一致性，同时清楚地界定了个体意愿的权利和义务之界限，正如近代资产阶级启蒙思想家孟德斯鸠所说："自由是做法律许可的一切事情的权利，如果一个公民能够做法律所禁止的事情，他就不再有自由了，因为其他的人同样会有这个权利。"换言之，人的自由是社会发展的终极价值，发展不是单纯指经济增长的发展，而是以人的自由的提高作为衡量社会发展、具有终极意义的价值目标，人的自由的全面提升才是社会发展的目的、标准和归宿。所以，自由深层含义不仅象征着一种人类生存的基本价值，也应当是一种行为准则。它作为一种目的性价值渗透于理性思维建构的社会制度之中，民间金融合法化的价值理念思考逻辑起点即是以这种人类社会进程之中必须珍视的人的自由认可、确认和保障，以及主体自由的社会基础现实可行性作为理论架构和实际制度建构的支撑。这意味着每一个民间金融经济主体在金融活动中都应当拥有追求自我潜能发挥的权利和机会、确认人们遵行金融市场规律活动中的自我行动的选择、参与和实现，保障民间金融经济主体活动免受来自体制内外利益冲突，不当限制经济自由的不确定性因素侵犯，保证利己意识不被任意扩张造成权利滥用，从而使自由理所当然的成为人类社会文明进程和内涵的价值追求目标，使渗透于人类理性的法治发展与社会价值取向更具有一致性。

市场经济是效率经济，包括交易效率、资源配置效率等，而效率高低取决于市场的竞争机制，更进一步，竞争机制取决经济个体的自由参与度。其中金融市场更是要求高效率标准的竞争机制基础，特别是资金高效分配是联系整个经济体系发展的重要因素。因此，金融市场内行为主体的自由创新活动是提升市场竞争活跃指数主要动力，即金融行为主体按照自我意愿，在法律规范内设立、变更和终止金融活动的权利与义务。从法律层面分析，这种自由创新并非无限制和无规则的自由行为，而是符合人类社会追求经济繁荣稳定秩序的普遍利益的价值理念和按照自我意愿进行创新过程中能够实现评价、预测自己行为的性质和后果的行动，保证每一个经济主体能够发挥自己的才能而不会损害别人的权利。法律是保障自由的重要机制，是把自由法律化为权利，使之成为"从事一切对别人没有害处的活动的权利"，因此，任何以建立金融市场化为目标的国家，无论采用何种制度变迁路径和改革方式，经济金融发展必将最终回归到金融市场内在规律人的自由创新的需求以及对这种需求的法律制度内社会利益的筛选。

因此，我国金融市场的发展应该以建立更符合市场竞争机制的形成为起点，对待民间金融的发展应该以人类最基本的人的自由的抽象人格作为基本的价值追求点，促进"人类可行能力"的扩展，给人们以自由去做他们认为有价值的事情。充分尊重市场经济运行规律前提下赋予民间金融组织更多的自主经济行动权，在生产、分配、消费和交换的各个环节中以法律确认的权利主体身份进行金融活动，享受支配和使用资金自由的权利、投融资自由的权利、分配资金经营盈利的自由权利。予以法律制度内的合法地位的确认，将主体的自由意志化为普遍的权利时会减少来自金融垄断权力中心对经济主体自由的干涉和强制性规范的束缚，增加民间金融经济主体行为的未来可预期指导，保障民间金融活动的可持续性，从而促进金融市场自由竞争机制的形成以降低市场交易成本，建立高效市场经济。

同时，这种自由决不是以牺牲他人合法经济幸福和违反经济制度为代价，相反，是保障他人更多的经济机会和普遍社会利益前提下实现自我经济利益追求。所以，民间金融组织合法的经济自由权利的边际和范围必须以法律形式界定明确，法律确认合法权利的同时规定义务，避免没有外力约束的情况下民间金融组织过度自由发展而导致的系统混乱状态，造成资金市场的恶性竞争和过度流通、分配。而从另一层面而言，法律监督自由也并不是僵硬标准化，而是从社会人性价值取向出发进行考量，一项不受干预的否定性自由，有时候同实现某人的个人能力和社会能力的肯定性自由发生不可调和的冲突。民间金融自身发展所有形态而言，无所谓是"黑色金融""灰色金融"或是其他新的形式，都是自身社会性环境自由化适应结果，但当进行民间金融合法化，法制化边界选择时，一项有关将不利于市场经济发展的"黑色金融"制度外化和以既定法律形式内化"灰色金融"的法律规定，既没有增进它们免受限制的自由，也无扩大自由的机会。毋庸置疑的是这种合法化的选择将有利于民间金融更良性发展，符合社会自我优化机制的路径，并能最大效用的增进社会发展的普遍的福利需求，即使较大程度上需要牺牲不受限制的否定性自由选择。所以，民间金融合法化的最终目的是有利于维护社会及他人的自由，确保社会发展的最低伦理底线和基于行为人自身利益的增进。

二、信贷市场结构均衡分配的实现

均衡指因每一方都同时达到最大目标而趋于持久存在的相互作用形式。从某种意义上说均衡指的一种状态，在这种状态中对立统一的对方在经过相互作用之后都达到了利益的相对最大化，并且对方都不具有改变利益现状的动机和能力。经济学意义上的均衡是指在一个竞争市场中供给与需求相平衡的一种状态，在均衡价格下，资源达到最优的配置状态，而当市场价格偏离均衡价格时，资源就会出现短缺或过剩现象，失衡或无效率的市场状态将会显现。由此，作为资本市场的的核心——信贷市场的效率最大化必然要求是达到结构的均衡状态。即建立发展多层次信贷市场，满足社会多元化融资需求，拓宽合法的资金进入市场的渠道。这意味着多层次的信贷体系和均衡的信贷结构与市场经济发展的要求相一致，有益于促进经济的增长，是一种有效率的信贷结构。反之，如果信贷市场依赖于一种资金渠道、一种资金融通工具或唯一金融机构，使资金分配处于绝对垄断状态，则必定会产生信贷市场结构的非均衡状态，从而导致信贷市场中的资金分配效率低下，不符合市场经济发展的规律，以至于不利于经济的发展。同时，从金融资源配置的角度分析，资源的稀缺性促使信贷需求者对于市场内有限资金的争夺，从而推进对有限信贷资金进行合理配置的需求。然则，其重要的问题在于如何使信贷市场中资金达到最佳配置方式，如何将信贷资金配置到效益高的部门，以达到信贷结构的均衡状态。实际上，金融资源的配置是金融交易过程中所结成的一系列权利的集合，金融交易就是盈余部门将拥有的"现在资源权利"同赤字部门所拥有的"将来资源权利"所进行的一种跨期交易，正是这种"现在资源"和"将来资源"分属不同所有者，使金融资源在不同的配置方式下形成不同的权利安排。由此看出，信贷结构也是信贷资金的不同配置方式的一种相互组合结果，而依据不同的配置力量和理念，一般信贷市场的资金配置方式主要包括政府政策性的配置方式、以银行为中介的商业性融资方式和民间资金为主的配置方式，并以各种配置方式之间的并存和协调发展为基点形成信贷市场的结构性优化。因此，可以说，从单一、失衡结构向多层次、均衡的结构发展是信贷市场结构不断优化升级和功能加强的过程。

然而，据此原理分析我国金融信贷市场，却发现我国信贷市场结构远远偏离均衡原则，信贷市场的资金分配效率偏低，无法实现信贷市场的效益最大化。之所以出现这种局面其深层次原因在于虽然我国经过经济改革，从应然状态的角度而言以国有资本的一元结构逐渐向与民间资本的二元结构并存的局面。但是实然状态是我国的资本市场里结构不断优化升级和功能加强的过程。二者并没有并存协调发展，而是以国有资本的垄断地位为主，民间资本不但没有体现出应有之义，甚至遭到国有资本的排挤。这直接造成信贷市场中的资金配置方式仍然是以国有银行为主的方式，融资渠道、工具和业务都只能以国有金融体系为主，其他民间融、集资的资金分配方式、工具和业务则基本都未被正式认可。上个世纪90年代初期，我国国有银行贷款总额占全部总额的80%以上，提供中长期贷款的信贷市场的民间金融发展不足。2000年初期，国有银行贷款仍占全部金融机构贷款额的一半以上，而同期股份制商业银行、城市商业银行、城市信用社和农村信用社所占比重均很小。这种信贷市场结构的单一、非均衡状况导致信贷市场的低效益状态，严重影响我国经济增长和发展。

由此可见，如若想要提高信贷市场的效率并使其达到最大化，就必须改变信贷市场的单一和非均衡结构，使其市场内国有银行和民间金融资金配置方式同时并存与协调发展。然则，需要说明的一点是在探讨改善结构非均衡状态时必须要客观认识到信贷市场自身系统的局限性——相对的稳定性，关注信贷市场的开放性——绝对的动态性。一般而言，信贷市场内部结构的组成部分、分布、相应的规模以及相互之间的作用都必须基于一定的条件，而这些条件对于结构形成的影响也必定要经过一定时期的积累。而一旦内部结构与运行规则确立，信贷市场主体的思维模式和行为模式也倾向于固定化，这种状态则极容易出现信贷市场自身系统的恒定性与路径依赖偏好，难以进行自我完备的调整。与此同时，虽然信贷市场自身系统具有一定时期的结构恒定性特点，但是随着系统外部的社会经济、政治、文化等发展和变迁的环境变化，决定和影响信贷结构内部量变的外部因素日益加剧，从而必然促进市场内主体对自我意识和行动进行调整，以符合新的社会市场要求，而当这些行为变成一种实际的经济诉求时，则会出现金融创新行动，其结果将会导致原有的信贷结构出现不适应现实要求，新的信贷结构孕育而生。而这种金融创新过程实则体现出市场内现有制度供给的不足与市场主体对自我行为选择未来的预期确定性。又因金融是一国经济发展的核心，这种金融创新必然关系到社会公共利益和整个市场经济的秩序建立，因此无论是资金的配置方式或是所依赖的资金分配工具，甚至是市场内主体可选择行为的方式都必须得到制度权威形式——法律的确认，即信贷结构的法定性。因为法律规则是"具有实证的与同时也是规范的、社会的与一般的本质的规则"，且在这个意义上，把法律确定为人类共同生活的一般规则的总和。

新制度经济学善言：新的产权制度需要新的制度安排，这些制度安排能够使经济单位实现规模经济，鼓励创新、提高要素市场的效率，减少市场的不完善性，这是制度安排起到的效率作用。通过法律制度对信贷结构组织内部的资金分配方式、信贷工具和业务的明文规定，将有利于区别和规范市场内不同的资金配置方式之间的功能区分和发挥，使其不被混淆或相互替代，提高和保证金融资源配置的效率和公平。同时，运用不同的法律制度安排引导和规范信贷市场内的主体行为，将产生由不同的行为预期选择方式导致的不同信贷结构。而由不同的法律制度所组成的市场内的法律体系最高境界正是在于通过具有"强制力"的法律规则或规范，实现"非强制性"的法律激励，调整整个社会人们的行为，实现社会的和谐和发展，或者说，通过"强制地"让人们不做什么的具体规则，产生"非强制地"让人们做什么的普遍激励，实现个人社会利益与社会利益的一致性。由此，法律制度体系的构建与完善对于信贷市场内的经济主体之间的不同金融交易活动的金融秩序运行保障具有重要影响作用。而法律体系的激励功能则促使信贷市场内主体依据不同法律制度安排做出法律所期望和设定的合法行为选择，并使其市场主体所追求的福利或效益最大化的个体行为与法律所安排的整个社会关系的利益模式系统构建要求相符合，达到法律所预想的社会效果和秩序，以此进一步优化和均衡信贷市场结构。但是如果法律系统出现不完善或者缺失则极易造成信贷市场内主体的交易活动的权益受损，市场主体的行动预期的选择出现扭曲，从而造成整个信贷市场的出现配置方式混乱和效益低下的局面，从而也就无法形成均衡和优化的信贷结构。

正如我国目前单一、非均衡性的国有金融体系的信贷结构模式已不适合社会经济的发展的要求，逐渐向与民间金融并存的信贷结构模式已成为未来金融市场发展的趋势。而我国的金融立法却远远落后于金融创新的脚步，现有信贷市场的法律体系除了调整个人之间的借贷关系之外，基本上都是属于调整国有金融体系的法律法规，与民间金融相关的专门具体法律法规的引导和规范相当缺失，即使存在一些法律法规也绝大部分都属于行政政策性的法律规范，法律制度安排相当不完善。这种法律体系建构的不完善必然导致信贷市场内主体无法将资金引入到合理的投资领域，同时市场内的主体行为也由于缺乏相应的指导而无法做出与法律制度预期相一致的行为效果，法律制度的激励功能无法体现，从而导致信贷市场内的金融交易活动秩序无法得以保障和实现，其结果必定造成多层次的信贷市场和均衡信贷结构优化的障碍。

由此可见，信贷结构系统的多层次体系和均衡状态的建立和实现除了取决于市场自身内部组成要素的合理性与比例是否适当以及相互之间的作用影响因素之外，也取决于外部环境对系统自身的影响因素以推动内部和外部之间的交流与互动。因此，要建构完善的信贷市场结构就必须既发挥出内部市场应有的功能，也应注重系统外部因素对系统内部组成要素的改变，创造适宜的信贷市场外部环境。而法律制度安排作为影响信贷市场的秩序保障与市场内主体预期行为选择的外部因素，在政府的行政权力无法给予信贷市场结构均衡发展和市场内经济主体权益的需求时，法律制度安排以具有社会规则的强制力特点能够提供信贷市场内需求主体真正权益保护的安全感，这点对于信贷结构的优化是至关重要的。因而，要完善和提升信贷市场的效率，优化信贷结构就必须从完善机构的法律制度外部环境入手。换言之，法律制度作为信贷市场最重要的外部因素，是能够影响和改变信贷结构的。

三、民间金融主体利益与政府经济人利益的平衡

金融监管是指为了保持金融市场安全秩序和竞争机制的良性循环，政府运用措施对其进行干预和指导的一种活动。运用法律监管则表现为有关的政府行政机关以立法者制定的相关法律法规为依据对市场经济主体进行权利与义务的享有和承担限度的衡量。由此，利益主体之间的平衡变得尤为重要，如果利益格局一旦失衡，必然影响金融监管对金融市场的矫正机制，容易造成金融市场的畸形发展。所以，在整个规制过程之中，立法者的主要职责就是当无法确认选择每一个利益主体的每一项利益内容时，就必须平衡利益主体之间的各种利益，并提供一个旨在平衡各种利

益的评价标准，最终在公共利益和私人利益之间进行调和，以使人们在无谓的利益之争中解脱出来，使人类的发展得以长存，这点也恰恰是法律的利益平衡功能所在。正如19世纪后半期到20世纪前半期的德国法学家赫克指出，法不仅是一个逻辑结构，而是各种利益的平衡，主要规范着利益的斗争，法的最高的任务就是平衡利益。而立法者为解决人类社会发展中的种种利益冲突而制定相应的法律规范，他的使命就是将作为原因的利益的记号载于法律规范之中。

　　同时，从其利益本身的意义分析，不难发现从不同利益角度有不同的利益分类。利益主要表现在利益主体和利益内容，理论层面上利益主体与利益内容应该具有对应关系，但是往往现实之中利益主体因不同利益内容有着不同的区分，并非一一对应关系。如某一特定的利益主体可能在政治上归属于某类政治利益群体，却在经济利益内容上归属于另一个经济利益群里。正如在我国的经济领域，每一个市场的经济关系都是通过利益的形式表现出来。特别是在经济发展转型时期，经济关系随着利益格局的变化趋势呈现出新的特点，利益群体也呈现出新的增长趋势，而利益主体和利益内容之间的关系也变得日益多元化和复杂化。在计划经济时期，经济建设的发展都是依赖于计划指标的强制命令式方式，资源的行使由国家统一收集和分配，市场无所谓竞争局面。支持经济发展的金融体制也体现出一一对应关系，金融系统的建设也是依赖于政府自上而下的强制性构建方式，资本资源由政府通过国有银行机构进行收集和配置，金融体制是公有产权的国有银行垄断体系，市场缺乏竞争主体。但是，在实行经济体制改革之后，经济建设的各个方面都发生了重大变化，由单一的所有制体制转变为公有制为主体，多种所有制经济成分共同发展。经济目标也由基于行政强制指令性方式的计划经济向国家宏观调控之下的社会主体市场经济目标转变，资源配置实行市场整合机制，市场经营引入新的竞争机制，经济主体采用市场竞争优胜劣汰原则，民营经济等经济主体成为我国市场经济建设中新的经济群体和利益群体。然则，此时支撑经济发展的金融系统却出现了制度滞后的境况，并未提供相应的金融系统升级需求，依旧以公有产权的国有银行垄断银行体系为经济发展基础，主要扶持国有大型企业发展，对中小型企业的民营经济主体资助甚微，并排斥金融市场中其他新的利益群体——民间金融的存在和发展，既未给予正确的行动规范和引导，也未给予法律上明确的地位确认，造成民间金融市场利益群体无法正确在市场中实现自身的价值追求。

　　由此，从我国经济发展历程之中，不难发现随着市场经济地位的确立，经济关系的复杂性和经济人逐利性意识的苏醒，造成市场中的利益群体之间的冲突和摩擦愈加激烈与明显，利益冲突类型也呈现出新的特点，即公共利益、社会利益和私人利益之间矛盾日益突出。政府一改往日单纯的行政监管者角色，转变成具有行政性和经济性相结合的双层角色定位，从其所属的政治群体利益同时增加了市场经济群体利益，具有经济人性质，并有着自身的经济利益和自身效应函数的最大化需求。这必然与它们所代表的社会公共利益角色相差异，使人们开始质疑政府实施监管的目的是否真正是为了社会利益，而这将在它们的行为模式中得到解释。

在我国经济体制转轨时期，政府寄望于稳定的金融环境前提之下实现金融市场化源目标，最大化集中社会资金资源，有效配置和增进社会整体效益。但由于受到改革初始条件、意识形态刚性、历史文化沉淀和政治制度偏好等因素约束，政府选择采用以强制性手段方式供给制度，以行政权力力量作为改革保障方式。虽然这种方式在经济发展初期确实能有效为经济发展提供巨大资金市场，保持改革进程的连续性、稳定性与一致性，一定程度上增进社会利益群体的福利。但是，紧随经济时代高速发展和金融市场的进一步成熟，非公经济确定并发展旺盛，民营经济成为市场主要经济主体和效益产出来源，金融资本市场需求相当活跃，现有制度供给无法满足潜在市场利润水平，金融制度亟待创新满足新的利益群体旺盛需求，民间金融的存在则成为民营经济内生性的补充，弥补了国有金融体系的供给不足。此时，作为推动改革的"第一行动集团"的政府在寻求制度变迁过程之中，既要实现微观经济主体利益又要实现社会整体产出效益最大化（效率函数最大化），同时又要维持公有金融产权制度，并考虑自身经济效用最大化（租金效用函数最大化），使其陷入两难境地，最终导致为实现目标必须考虑和顾及政治经济改革支持主体和既得利益集团的需求。加之我国改革路径依赖趋势明显，为保障公有金融产权和既得利益的寻租模式，政府选择采取抑制民营资本的资金需求，以法律禁止性规范为主限制内生于市场的民间金融组织形式的发展以维持垄断性金融结构，造成民间金融市场被时代所边缘化。这种金融管制的后果就是金融有效制度供给不足和无效制度供给过剩，因而极易出现一个压制市场需求的低效金融制度安排，却能保持政府本身利益效用的制度设计出现，而国有企业对国有银行的刚性依赖和改革惰性、国有银行的风险外部化和利润内部化则是既得利益群体的期望结果。政府监管措施中看似严格的市场准入原则，烦琐的审批程序，以及各种种类繁多的收费规定都为政府创造了寻求自我利益最大化的可能性，而既得利益集团为了逃避竞争和维持现行的利益格局，也乐意向政府监管者支付租金，寻求有利于他们的监管模式，进而破坏了市场竞争的公平和政策。因此，即使政府设定实现社会利益最大化的初始目标，在特殊利益群体的影响下，出于自身政治和经济的考量，也有可能随着时间的推移，越来越迁就某一部分被监管对象的利益，进而越来越忽视社会公共利益，最终成为这一小部分被管制对象利益的代言人，成为少数人"合法地剥夺"多数人的制度守护者。然则，制度之外的弱势群体——民间金融和民营经济主体也不会长期忍受他们认为的不合理和压制性的经济环境和制度供给，采取制度之外的反抗行动，其结果必定加剧以民间金融主体为代表的社会利益和私人利益之间的矛盾激化。

因而，个体利益不可能替代和冒充公共利益和社会利益，在现实状况之中，它们之间都有着各自的利益主体和利益内容。1972 年诺贝尔经济学奖获得者美国经济学家阿罗提出了"不可能性定理"，有力地论证了个人与社会利益的关系。他指出在自主而平等的市场体制下，个人的自我利益被满足，并不代表社会的整体利益被满足了，社会的整体利益是不能由自主平等的市场主体的行为自我满足而获得的，社会的整体利益的界定必须由一个超越市场主体的"裁决者"来识别和确定。这个裁决者必须具有行为标准判断的客观性与意识领域的威慑性，即社会发展进程之中人类相互之间所认可的权利与义务的法律权威赋予者，并通过法律制度自我不断的修正和完善来平衡利益动态变化过程中的标准差异，以法治的形式对掌握权力的人进行约束，从对权力的偏爱到普遍社会的博爱和为公众的服务。所以，那些总是希望将利益现状的格局以现行法的形式加以固化，表达出法的公益性的社会中占统治地位那部分人的利益，其实这只是一种对利益理想的幻想。法并不创造或发明利益，而只是对社会中的利益关系加以选择，对特定的利益予以承认，或者拒绝承认特定的利益应受法律保护，也不可能对某一具体利益主体的所有利益都加以反映或都不加以反映，法通过对权利和义务的规定既要记录下有效地得到承认和保护的利益，又要忠实记录下遭受拒绝的利益，以及某种利益所获承认的限度。所以，利益内容的标准永远不会是固化的，反对任何人采用僵化的标准静态利益的评价。同时，随着社会经济进程的发展，为了实现法律规制的最优状态，法律制度安排必定对伴随而来的各个利益主体和利益内容及两者之间的关系进行衡量和分析，并充分认识到规制设计者自身也存在利用制度的漏洞获取的利益可能性，将规制者的私人利益和公共利益之间的矛盾作为法律制度设计中的重要考虑因素。不仅强调合理实现各个利益群体之间的目标，更是对各个利益群体之间目标的冲突予以重视，从而构建一个完善的民间金融法律制度框架。

第三节　民间金融法制化原因分析

一、对民间金融管制过严

现行法律制度对民间金融的规定是随着我国金融市场的发展而产生的，受国家宏观经济调控政策影响大。我国的金融监管法制在立法上过于强调金融市场整体的安全和秩序，而忽视了市场自身对效益和公平竞争的需求。政府出于对金融有效调控的需要，长期以来对民间金融采取压制政策。严格的管制封杀了民间金融合法存在的空间，堵住了其进入金融市场的道路。民间金融在政府的歧视和打压下，处于非法和地下发展的态势，经营步履维艰。随着我国金融体制改革逐步深化和加入WTO后金融业进一步的对外开放，我国已彻底解除了对外资金融机构的地域和业务范围限制，允许外资金融机构在符合法定条件和履行法定程序的情况下自由地进入我国的金融市场。在有关金融法律制度向外国金融资本提供越来越多的市场准入方面的国民待遇时，却始终对国内的民间资本实行严格的金融市场准入限制，提供的是典型的"低国民待遇"，至今仍没有一部法律赋予民间金融合法地位。这样的金融法律制度的设计与安排，对于我国境内的民间资本来说显然有欠公允。

虽然银监会在2006年底对农村金融市场开放的试点改革中，为民间金融的生存开辟了一条路径——设立村镇银行和农村资金互助社，但在文件中仍对其股东资格、管理人员、营业场所等设置了重重门槛。例如，在股东资格方面，《村镇银行管理暂行规定》规定：村镇银行将采取发起方式设立，且应有1家以上（含1家）境内银行业金融机构作为发起人，村镇银行的最大股东或唯一股东必须是银行业金融机构，并且最大银行业金融机构股东持股比例不得低于村镇银行股本总额的20%；单个自然人股东及关联方持股比例不得超过村镇银行股本总额的10%；单一非银行金融机构或单一非金融机构企业法人及其关联方持股比例不得超过村镇银行股本总额的10%；任何单位或个人持有村镇银行股本总额5%以上的，事前应报经银监分局或所在城市银监局审批。按照文件的规定，单个农民或农民企业仍难以成为主要股东，他们无法成为农村金融机构的主要决策者，自主权仍未充分体现，难以调动农民投资这类金融机构的积极性。

无疑，在法律上对民间金融全面抑制的局面，尽管可以降低利用民间金融进行非法活动扰乱金融秩序的风险，但同样阻碍了民间金融合理的发展。人为的刻意压抑，并不能改变民间资金进入金融市场的趋势，只能导致其在地下畸形发展，产生更大的风险。

二、法律对民间借贷与非法吸收公众存款的界定不清

1998年国务院颁布的《非法金融机构和非法金融业务活动取缔办法》（以下简称《取缔办法》）规定，非法吸收公众存款是指"未经中国人民银行批准，向社会不特定对象吸收资金，出具凭证，承诺在一定期限内还本付息的活动"。变相吸收公众存款是指"未经中国人民银行批准，不以吸收公众存款的名义，向社会不特定对象吸收资金，但承诺履行的义务与吸收公众存款性质相同的活动"。但根据我国相关法律，民间借贷是合法行为。公民之间的借贷，一般都约定有利息，但不违法，也不需要银行管理机构的批准。而且，这些借贷行为还受到《合同法》的保护。但这样的合法民事行为在《取缔办法》中就可能变成了非法，一个企业向一个公民或者几个公民借贷属于合法，但向几百个公民借钱，就可能变成变相吸收公众存款。

正像在一次学术讨论会上，著名的法学家江平所说的那样："非法吸收公众存款罪和正常的民间借贷有什么区别？我向 20 个人借行不行？有没有一个界限？现在看没有。如果我向 50 个村民借贷是不是就变成了非法吸收公众存款？"合法的民间借贷在《取缔办法》中地位不明，法律之间存在冲突。到底向多少个公民借贷或者借贷多少属于合法范围，尤其是在什么条件下触犯《刑法》，法律没有明确的规定。

三、常规监管缺位

世界上一些发达国家，其金融体系较我国庞大和完善，金融业基本上都属于民营，均是合法的"地上金融"而非"地下金融"，对其的监管依各国统一监管方式实施。如在日本，是通过作为国家金融监管机构的大藏省与日本银行的全程监管、行业自律、内部监察、社会监督这四个方面实现对民营金融机构的监管。美国、德国、法国及英国，其国民营金融机构的监管也属正规金融监管范畴，适用本国相应的金融监管法律，如美国的《格拉斯－斯蒂格尔法》《1999 年金融服务法》，德国的《联邦银行法》等。反观我国金融业几乎为国家所垄断，相关法律主要针对正规金融，目前尚无专门的法律对民间金融实施监管。虽然银监会发布的一系列文件对村镇银行和农村资金互助社的设立和监管做了相关规定，但其只是部门一级的规范性文件，法律效力低。对于长期存在的合会、私人钱庄等其他民间金融组织，更是连部门一级的管理规定都没有出台。在这种情况下，监管当局基层机构不得不"重事后管理，轻事前管理"。总体说来，我国现有民间金融监管方面的法律制度存在很多缺陷，由于我国尚无专门规范民间金融的金融法规，致使监管当局在监管过程中没有有效的标准参照，工作很难展开。监管当局在执行监管时无所适从，只好采取静观其变的态度，任其发展，等出了问题就坚决取缔。

第四节 民间金融法律监管缺陷的成因分析

1973 年，美国经济学家罗纳德·麦金农以发展中国家为样本，研究货币金融体制和经济发展之间的关系，指出二者之间存在相互推动和相互制约的关系，但大多数发展中国家的金融体制和经济发展之间表现出来的是相互制约的关系。一方面，由于经济体制落后和缺乏效率，束缚了经济的发展；另一方面，经济的呆滞又限制了资金的积累，制约了金融的发展，从而形成相互"促退"的恶性循环。造成这种恶性循环的根本原因，在于政府实行过分干预和管制的错误政策，这就是所谓的"金融抑制"。我国金融市场普遍存在的金融抑制现象正是导致民间金融监管法律制度缺陷的根源，政府管制目标对民间金融法律监管的消极影响，金融资源由政府控制分配的制度源于我国经济改革的政府主导方式，政府对宏观经济的调控是为了满足自身特定目标的实现。我国的经济改革一直是在政府主导下推进的，在具体的制度变革中，政府就会出于经济宏观调控和社会稳定的要求，将维护社会经济秩序的稳定转为首要目标加以维护。

民间金融市场的形成，必然对现有的正规金融体系造成一定的影响，而金融制度与政治秩序的高度相关性，必然使政府从稳定出发来考虑金融制度的变革问题。此外，我国的政府所承担的过多经济职能和政府对经济的过多干预是制度变革的主要障碍。从我国经济发展情况来看，原有的金融制度在计划经济及转轨经济时期有利于积聚资金，但是民间金融的产生，必然会使货币资源产生分流，削弱政府进行金融资源配置的能力和政府对特定目标的追求。

因此，如果政府仍把金融作为调控经济的工具，用行政手段分配金融资源就必然会导致对民间金融的严厉打击，以防止民间金融削弱政府的调控能力，但垄断金融资源又会使政府承担过多的金融风险责任，所以政府就比较倾向于从维护国有经济和社会稳定的目标出发，排斥非国有的或者竞争性的金融因素对金融市场的进入。在制度上确立和维护一个垄断的或者集权性的金融体制，维护垄断的信用制度，从而致使监管部门对金融业务的对内开放持慎之又慎的态度。

第五节　本章小结

本章通过实际案例所表现出的结果性影响现象的分析，即对社会宏观层面和微观层面所产生的负面影响结果，论证出我国民间金融在逐步发展过程中具有自身体系脆弱性和市场失灵缺陷，加之风险防范意识薄弱，自我责任感和社会责任感不强，引致风险流动性加快而事后防御能力不强。所以，一旦行为处于不受约束状态，就会本能地选择违法行为。

因此，我国民间金融的规范发展的实现必须充分发挥出法律制度所具有的权益保护、利益平衡，以及"强制性"特点所能形成的"非强制性"行为选择的规范和保障作用。通过法律对民间金融合法化身份确认将带给民间金融主体平等参与金融竞争活动和分配金融资源效益的机会，使经济主体在法律范围内按照自身意愿合法进行经济行动选择，并使其行为选择既符合金融市场化发展规律，也符合人类社会追求安全的经济秩序理念。同时，注重法律作为金融系统外在环境中重要的影响因子作用，当政府的管理职能无法使其信贷市场结构均衡发展时，无法满足市场内经济主体权益的需求时，法律制度安排可以社会规则强制力特点提供信贷市场内需求主体权益保护的安全感，提升信贷市场效率，优化信贷结构。运用法的利益平衡功能，调整民间金融主体利益与政府私人利益之间的关系，清晰界定各自的利益主体和利益内容，以法治的形式约束政府为谋私而滥用权力的行为，保护民间金融主体弱势群体的私人利益。使其完成从对权力的偏爱到普遍社会的博爱和为公众的服务，并通过法律制度的自我不断修正来平衡利益动态变化过程中的标准差异。

第三章　民间金融的法制现状与反思

第一节　民间金融的法制建设现状

一、我国民间借贷规制现状

关于民间借贷的规制，我国现有的一些法律文本和规范性文件中已有若干规定。总体来看，目前我国现有规范对民间借贷的态度有以下五点：其一，取缔非法设立金融机构和非法从事民间借贷金融业务活动。主要体现在 1998 年国务院出台了《非法金融机构和非法金融业务活动取缔办法》。其二，保护合法的借贷关系。针对合法设立的非银行金融企业经营性放贷，包括合法设立的非银行金融企业，主要有小额贷款公司、投资担保公司、典当公司等，主体从事经营性放贷行为的实质为商主体从事的商行为，即商事信贷，法律实践中却与民事借贷规制手段相同，利率限制上适用最高不超过银行同期贷款利率四倍的限量保护规则，也没有纳入常规金融监管范围。其三，我国法律未允许自然人经营放贷业务，因此自然人从事经营性放贷均为非法，但社会中却存在大量的隐性的职业放贷自然人和自然人合伙组织。司法实践中，由于取证难、非法经营人通过各种手段掩盖非法经营性放贷的性质等原因，几乎所有自然人从事的非法信贷都被作为民间民事借贷处理，利率限制上适用最高不超过银行同类贷款利率四倍的限量保护规则。其四，自然人对企业放贷的例外规定。根据 1999 年《公民与企业之间借贷行为效力的批复》，公民与非金融企业之间的借贷属于民间借贷。只要双方当事人意思表示真实即可认定有效。但是，具有下列情形之一的，应当认定无效：（一）非金融企业以借贷名义向职工非法集资；（二）非金融企业以借贷名义非法向社会集资；（三）非金融企业以借贷名义向社会公众发放贷款；（四）其他违反法律、行政法规的行为。借贷利率超过银行同期同类贷款利率四倍的，按照最高法院 （民）发 [1991]21 号《关于人民法院审理借贷案件的若干意见》的有关规定办理。其五，禁止企业间借贷。1996 年《最高人民法院关于对企业借贷合同借款方逾期不归还借款的应如何处理问题的批复》明确规定，企业借贷合同违反有关金融法规，属无效合同。中国人民银行发布的《贷款通则》第 61 条规定，企业之间不得违反国家规定办理借贷或者变相借贷融资业务。第 73 条规定，企业之间擅自办理借贷或者变相借贷的，由中国人民银行对出借方按违规收入处以1倍以上至5倍以下罚款，并由中国人民银行予以取缔。由此可见，企业之间的借贷是违法的，为法律法规所禁止。虽然目前禁止企业间借贷行为，但企业之间的借贷在实践中直接或变相存在，例如签订变相"回购协议"。虽然我国已有一些地方性规定否定了实为借贷合同的"回购协议"的法律效力，例如2009年《江苏高院审理非金融机构借贷合同案件意见》第17条规定：企业之间或其关联企业之间签订买卖合同，约定"买方"向"卖方"交付"货款"，合同履行期限届满后再由"卖方"向"买方"购回同一标的物，双方无交付与接受标的物的意思表示和行为的，应当认定为企业之间的借贷行为并认定合同无效，根据具体情况分别按照本意见第14、15条的规定处理。但是此种规定只能打击浅显的以借贷为目的的"回购协议"，对于实践中出现的变相"回购协议""BT或BOT协议"，以及其他变相借贷手法的规制不到位。尽管我国已有一些关于民间借贷的规范，但我国民间借贷利率却不断推高，爆发民间借贷危机，致使民间金融发展受阻。

二、民间借贷规制中的问题与立法必要性分析

民间借贷增加了金融市场的丰富性、多样性和完整性，客观上拓宽了民间资本的出路，满足了不同层次中小企业的融资需求，一定程度上解决了部分社会融资需求，增强了经济运行的自我调整和适应能力，促进了多层次信贷市场的形成和发展。但实践中民间借贷也存在着交易隐蔽、风险不易监控等特点，容易引发高利贷、中小企业资金链断裂甚至破产，以及非法集资、暴力催收导致人身伤害等违法犯罪问题，对金融秩序乃至经济发展、社会稳定造成不利影响，也使得人民民间借贷增加了金融市场的丰富性、多样性和完整性，客观上拓宽了民间资本的出路，满足了不同层次中小企业的融资需求，一定程度上解决了部分社会融资需求，增强了经济运行的自我调整和适应能力，促进了多层次信贷市场的形成和发展。我国处于市场经济转型期，市场机制不健全，民间信贷市场没能发挥理想的作用，在这样的环境里，要想解决民间资本"投资难"问题、中小企业和个人"融资难"问题以及民间非法金融活动等问题，必须考虑相关法律制度体系的构建与完善。我国现有关于民间借贷的规范主要存在以下八方面的问题，有必要进行专门立法规制。

1. 现有规范过于简单，存在认识错误，未区分偶发的民事借贷与经营性的商事信贷，对于民事借贷与商事信贷没有加以区别规制，无法遏制民间借贷利率的推高，民间借贷危机难以避免。我国立法与司法实践都将民间民事借贷与商事信贷等同相待，适用同样的最高利率限制，必然不断推高民间借贷利率。又由于民间商事信贷缺乏有效监管，借贷金融秩序较为混乱，一旦资金链断裂，易引发民间借贷危机。学术界对民间民事借贷与商事信贷的区分也普遍认识不足，基本上只在泛泛层面上

使用"民间借贷"一词，仅有极少数学者认识到在民间借贷立法中应坚持民事借贷与商事信贷的区分。法学理论上应当区分不同类型的民间借贷，法律实践中应当区别规制，严格限制商事信贷最高利率，规范和打击非法借贷。

2. 民间借贷规制缺乏原则。从上文我国规制民间借贷的五点态度可以看出，我国民间借贷的规制比较的笼统和泛泛，相关规定很简单，主要是根据"四倍规则"简单地处理民间借贷，缺乏规制的具体原则。主要原因是没有认清民间借贷的法律类别，而没有针对不同类别的民间借贷采取适当的规制方法。民间借贷规制应当坚持有区别、有重点、有分寸，从而必须坚持区别规制、重点规制和比例规制三大原则。区别规制原则要求我国对民间借贷的类别进行区别，不能无视不同类别借贷之间的区别而同等对待，根据各类借贷的区别采取不同的规制措施，从而科学规制民间借贷，有效控制民间借贷利率，防止借贷危机的发生。首先，要区别民间合法借贷和非法借贷，这主要是从法律效力的角度进行区别，从而决定法律根据不同的法律效力采取不同的规制措施；其次，要区别民间民事借贷和商事信贷，区别标准主要在于放贷行为是否具有经营性和惯常性、交付钱款是否为借贷合同成立要件，这主要是从法律行为特征和合同性质的角度进行区分，根据特征和性质不同采取不同的规制措施；再次，重点规制和比例规制原则要求我国对于民间借贷的法律类别进行区分后，有重点、按比例地适当规制，这也是区别规制原则的要求，从而使对各类民间借贷的保护、规范和打击更有效、更有针对性。其一，民间民事借贷是最简单形态的民间金融，法律对民间民事借贷的发展应采取尊重当事人意思的态度，无须干涉和管制过多，但需要限制最高约定利率和利息总量；其二，法律应坚决保护民间合法借贷，重点改造和打击非法借贷；其三，法律应重点规范和发展民间商事信贷，扩大商事信贷主体范围。综上所述，法律的着力点在于规制民间商事信贷、改造和打击非法借贷，兼顾保护和调整民事借贷。

3. 民间商事信贷缺乏具体有效的规制，规制民间隐性的经营性借贷活动存在困难。我国民间借贷相关立法与司法实践缺乏区分民间民事借贷与商事信贷的意识，因而民间商事信贷缺乏认定标准和规则，缺乏有针对性的监管和规制。根据笔者走访几家基层审判机关后发现，将民间经过登记的非金融机构融资中介的经营贷款业务行为认定为民间商事信贷不难，而实践中大量的不具有贷款业务资格的个人、合伙和非金融机构融资中介从事隐性的经营性借贷业务，甚至存在"银行高息揽储的变相非法吸收公众存款行为"，如何通过法律规制其行为是个难题。由此可知，规制合法登记的非金融机构融资中介从事的商事信贷行为只能"阳光"民间信贷的一小部分，民间信贷的规制的重点在于民间商事信贷，而难点则在于隐性的经营性借贷。

4. 商事信贷监管缺失，未纳入常规的金融监管范围之内，民间金融风险容易失控，不利于防控借贷危机和金融危机。各种类型的非银行金融企业出现，直接或变相地从事信贷业务活动，均长期游离于金融监管视野之外。为化解中小企业融资难问题，2008 年中国银监会、中国人民银行联合发布《关于小额贷款公司试点的指导意见》推出小额贷款公司，规定省级政府金融管理机构（金融办或相关机构）监督管理小额贷款公司并承担其风险处置责任。实践中，地方政府金融办是地方政府金融领导部门，更适宜对相关金融工作进行协调，其人员数量和知识结构，也不适宜"具体"地进行金融机构的审批和监管，这样的监管体制，形成小额贷款公司的监管真空。民间商事信贷应纳入常规的金融监管视野，特别应对变相的、隐性的商事信贷加以规范，形成良好的民间金融秩序。

5. 商事信贷经营主体有待扩大，应准予商个人、商合伙从事经营性放贷业务。我国目前仅允许商法人从事放贷业务，未放开自然人从事经营性放贷业务，削弱了民间金融的主体力量，剥夺了自然人支配自有资金直接经营民间信贷业务的权利，货币经营收益权的行使受到了不合理的限制。境外立法早已允许自然人经营贷款业务，如 1986 年《中国中国香港放债人条例》第 2 条："放债人"指任何经营放债业务或登广告声明或宣称或以任何方式表明系从事该等业务之人士（否认其是否兼营其他业务亦然），但不包括第一附表第一部所指之人士（豁免管制之人士）。我国社会存在大量的"职业放贷人"，在地下隐性地从事经营性放贷活动。因为我国不仅禁止企业间借贷，根据《最高人民法院关于审理联营合同纠纷案件若干问题的解答》第四条第二项，我国也禁止不具有信贷业务经营资格的企业开展信贷业务，例如 2009 年《江苏高院审理非金融机构借贷合同案件意见》第 6 条规定"未经依法批准从事借贷活动的投资公司、担保公司等非金融企业签订的借贷合同，人民法院应按照最高人民法院法（经）发 [1990]27 号《关于审理联营合同纠纷案件若干问题的解答》第四条第二项的有关规定处理"。建议我国准许个人从事经营性放贷业务，但必须注册登记为个体工商户、个人合伙或者自然人放贷人，申领营业执照，设立较高的准入条件即可，使其合法化、阳光化、规范化。2010 年央行向国务院法制办公室报送的《贷款通则》（修订稿）扩大了借贷主体范围，进一步放松对民间借贷主体准入的管制，对于未经批准设立为放款人的非金融企业和个人，允许其在限制总额、笔数和利息收入的前提下进行放贷。可见，扩大商事信贷经营主体范围已经受到了官方的重视，但仍设定了严格限制。

6. 企业间借贷禁止应予放开，同时也应当有所限制。从理论上来说，我国应当尊重企业法人作为民事主体的意思自治和合同自由，企业法人有缔结合同的自由，有权处分自己的财产，企业的借贷行为只要不违反合同法、公司法的强制性或禁止性规定，应当允许放开；从实践上来看，企业间禁止借贷是计划经济的产物，已经不适应市场经济发展需要，实践中企业间变相借贷大量存在，企业间借贷禁止的规定已经不能反映实践的需要，不利于中小企业经济的发展，也应该放开企业间的借贷禁止。在经济相对发达的东南沿海城市，企业之间，特别是民营企业之间的直接临时资金拆借或高于银行固定利率性质的民间借贷数量巨大，估计仅 2000 年企业之间直接拆借或借贷的金额高达 800 亿～1000 亿元人民币。为了更好地促进中小企业经济的发展，促进利益相关企业通过资金援助实现共同发展，企业间偶发的借贷，尤其是利益相关企业之间基于友好合作、企业经营发展战略需要等目的开展的非经营性借贷是有利于企业自身和市场经济发展的，应予准许。放开企业间借贷禁止的同时也应当适当做出限制，譬如不允许非从事放贷业务的企业经营放贷业务，否认企业变相转移财产、不当减少企业财产等削弱自身偿债能力的行为效力等，还应配套推进金融体制改革，实行有最高利率限制的利率市场化等措施，建设多层次的货币信贷市场和资本市场，开展有效的宏观调控。另外，我国还需整合现有规制民间借贷的法规、规章，废止其他不适合经济发展需要的规定。

7."民间借贷""高利贷"等重要词汇缺乏法律定义、认定标准和规则，亟须完善。"民间借贷""高利贷"在我国均是规范性名词，曾在我国多部规范性文件中出现。然而，我国法律没有对"民间借贷"做出完整定义，司法机关审理借贷纠纷案件时对"民间借贷"的认定与我国实际存在的民间借贷情况不符，因而相关民事裁判未能取得最佳的社会效果和法律效果。尤其，"高利贷"在我国缺乏法律定义、认定标准和规则应值得注意，因为这直接导致司法实践中刑事打击高利贷缺乏基础。目前我国刑法未明确界定和规制高利贷，学界对"高利贷"应如何定性也一直存在争议，以何罪名打击高利贷存在困惑。

8.非法借贷的法律责任规定须加完善。非法借贷通常采取隐性的方式存在，游离于金融监管视野之外，严重破坏了金融监管制度和金融市场秩序，是引发民间借贷危机的重要原因之一，然而我国现有关于非法借贷法律责任的规定却存在严重缺陷。1998 年国务院《非法金融机构和非法金融业务活动取缔办法》对于打击非法信贷和高利贷不具有针对性，应根据两类非法借贷的特性进行区别规制。

2002 年《中国人民银行关于取缔地下钱庄及打击高利贷行为的通知》共 5 条内容，第 1 条提出高利贷可能涉及的一系列刑事罪名有：《刑法》第 174 条擅自设立金融机构罪、第 176 条非法吸收公众存款罪及第 192 条集资诈骗罪，第 2 条提出可能涉及高利转贷罪，但是《中国人民银行关于取缔地下钱庄及打击高利贷行为的通知》并没有提出非法信贷活动涉及的刑事责任，也没有规定非法信贷的其他法律责任。《中国人民银行关于取缔地下钱庄及打击高利贷行为的通知》第 1 条规定"对经调查认定的各类形式的地下钱庄和高利借贷活动，要坚决取缔，予以公告，没收其非法所得，并依法处以罚款；构成犯罪的，由司法机关依法追究刑事责任"，然而我国《刑法》没有以直接的刑事罪名打击高利贷，"非法经营罪"在理论上和司法实践中均难以成立，没有刑事罪名规制，就更加谈不上相应的刑事制裁，我国高利贷活动的刑事责任实际上处于空缺状态。仅依靠《中国人民银行关于取缔地下钱庄及打击高利贷行为的通知》打击非法借贷的力度远远不够。

三、我国民间金融的法制建设实践

1. 改革开放之前：民间金融彻底压制期

19世纪以前，我国金融业活动还处于萌芽状态，金融组织形式基本上是以传统的私人资本办的钱庄、票号、行会和账局为主。特别是票号的产生，改变了多年以来的"镖局运现"的传统营运方式，促进了近现代工商业的发展，成为近代银行模式设计的鼻祖，其中以发源于山西的乔家最为昌盛，号称"汇通天下"。由于当时没有所谓的专司货币机构和具有金融集中调控职能的中央银行，当时的清朝政府都将公库中的官银交给票号进行汇兑、存储，通过票号的中介作用进行国家放贷业务，调控资本市场，甚至所有的金融活动都是以这种私人从事货币业务的方式进行。因此也就无所谓正规金融和民间金融之区分，所有的金融活动都是民间金融并促使私人借贷市场也异常活跃。而鉴于当时政府对货币的管理需要，民间金融组织的成立和经营活动也均不受到政府的限制，甚至在某种程度上得到了当时清朝政府的一系列政策的支持保护。然而，从19世纪末开始至新中国成立期间，金融市场形势发生巨大变化，民间金融逐渐开始走向衰落，以票号衰败为主要标志。在20世纪初期，清政府建立管理货币的专司金融机构——户部银行之后收回了票号中政府的款项和汇兑业务，这加剧了民间金融的衰退程度。加之此时国内政治环境变化和金融市场竞争激烈，外国资本大量涌入催生本土的金融市场新的营利机会出现，民营银行借机产生并获得发展，逐渐在某些业务方式上取代民间金融的特点，以当时盛极一时的"北四行""南三行"为主。由此，这个时期的金融活动主要是以政府认可的民营银行和民间金融同时并存方式进行。

1949年新中国成立之后，我国国内环境面临外忧内患的局面，全面恢复生产和进行经济建设已成为迫在眉睫之事。但是，我国经济市场基础薄弱，资本市场根本还未建立，单纯依靠以资本配置支持经济发展不具现实性。政府决定以主导式方式进行金融制度的重新构建并着手整顿和改造金融市场，对于金融市场中的私营货币组织形式采取逐步改造的方式，由公私合营方式过渡到以和平赎买方式将其全部纳入国有金融体系，最终整合成以中国人民银行为金融市场唯一合法经营货币业务的垄断性金融制度。其目的在于通过政府的行政强制力以最快、最有效方式集中社会的闲散资金，建立资本的最大化积累以进行重点行业的投资建设，这同时也意味着任何与人民银行争夺资金市场的行为和组织形式都必将受到压制和排挤，在1954—1956年期间各地典当行陆续被改造成人民银行领导的"小额质押贷款处"，从此整个典当行业进入历史消亡期即是最好证明。而个人所拥有的资金也不能自由进行处分，所有合法的金融活动都必须通过国有金融机构进行，严厉打击城市和农村高利贷活动。如在1963年10月，中国人民银行提出的《关于整顿信用社打击高利贷的报告》中指出，农村金融活动中的高利贷活动猖獗，必须尽快整顿和打击。同年11月中国人民银行总行、中国农业银行总行联合发出《关于认真学习和坚决执行〈中共中央、国务院批转中国人民银行关于整顿信用社打击高利贷的报告〉的通知》则将全国范围内的整顿农村信用社和打击高利贷活动推上高潮。进而在1964年《关于城乡高利贷活动情况和取缔办法的报告》中第一次明确提出禁止并取缔月息超过一分五厘的高利贷借贷行为。随即，1986年国务院发布《中华人民共和国银行管理暂行条例》，正式以法律形式明确规定任何个人除了不得设立银行或其他金融机构之外也不得经营金融业务，并将非金融机构经营金融业务也规定在禁止范围之内。

虽然在此期间，农村信用社曾一度经扮演民间金融机构角色，在形式上具有民主参与的管理性，但是始终是外在力量意志结果，其运行违背市场经济发展规律，难以实现市场化目的，特别是在1958年之后，农村信用社收归国有，连形式上的民间意义都不具有了。至此，在农业合作化与对私营工商业经济改造完成之后，公有制度彻底确立，城市的商业经济活动也以国企和集体企业为主，农村以社队为主，城乡的私营经济基本上被转变，真正的民间金融生存活动空间已非常狭小，多半处于压抑状态，即使存在少量的个人之间资金的运用，也是以互助的普通借贷形式出现。

2. 社会主义市场经济体制确定：民间金融短暂宽松期

1978年开始实施改革开放政策，我国经济体制也逐渐转型，从1978—1984年的计划经济为主、市场调节为辅的阶段到1984—1988年的确立社会主义商品经济的阶段，再到1989—1992年的正式确立建立社会主义市场经济体制。这一过程体现出政府放权让利的渐进性改革特征，并激发出市场中压抑已久的农村个体经济和民营经济等非国有经济的苏醒与迅速发展，尤其在党的十一届三中全会之后，农村实行家庭联产承包责任制大大推动了农村的经济发展与繁荣，并提高了农民收入。但是在取得经济发展的骄人成绩时也出现了资金供给不足的问题，而此时传统的以四大国有银行与财政补贴为主的资金供给方式已无法适应市场的要求和满足民营经济、农村个体经济的需求。在此环境之下，民间金融得以复苏和发展，政府为保持经济的增速，特别是农村经济的发展，对出现的各种形式的民间金融活动监管也采取有限承认的方式，并未全部打击。

这一时期我国民间金融的主要形式包括民间私人借贷、各种形式的"会"、私人钱庄、农村各种合作经济组织。其发展特点是基本上发生在血缘、亲缘的小范围之内，借贷双方无正式契约方式（口头或简单借条），缺乏统一的政策法规监管，活动处于较为无序状态。但由于处于复苏之初，规模较小和形式简单，能较好克服道德风险与逆向选择问题。因此，一方面，我国政府出台相关的法律有限支持和承认经济个体之间自由借贷,如 1986 年的颁布的《民法通则》中对合法借贷关系受法律保护的明确规定和 1991 年最高人民法院《关于人民法院审理借贷案件的若干意见》中进一步对自然人之间、自然人与企业之间不超过银行利率 4 倍的借贷属于合法行为,而企业间的借贷行为则属于非法金融行为的详细解释。另一方面,我国政府给予农村各种合作经济组织各种政策上的支持,如在 1985 年中央 1 号文件、1986 年中办发 27 号文件、中国农业银行 1986 年农银函字第 414 号文件中都分别提出搞活农村金融的资金融通效益,并对只要不对外吸收存款,只在内部相互融资的用于支持本乡、本村合作经济组织和农户发展商品生产的农村合作经济组织应当允许试行,农行更要求各地农业银行和信用社对农村合作经济组织内部融资活动不要干预,并给予引导。在 1987 年中央 5 号文件、1990 年中央 19 号文件、1991 年 11 月中央十三届八中全会《决定》中更是进一步明确对于不以营利为目的的合作基金会、信托投资公司的肯定和支持。并在国发〔1993〕91 号发布的《关于农村金融体制改革的决定》中首先明确了农村合作基金会的性质,即其不属于金融机构,是社区内的资金互助组织,不得办理存、贷款业务,制订《农村合作银行条例》,在农村信用合作社联社的基础上,有步骤地在县(含县)以下地区组建农村合作银行。而私人钱庄和合会的发展在这一时期则较为一波三折,政府的态度也是辗转反侧。这一时期的私人钱庄和合会处于萌发时期,具体形式多种多样。私人钱庄简单的形式是"银背",还有部分以基金会和各种协会的名义运行,合会则以标会、摇会等各种形式出现,大部分都是处于隐蔽和非公开的状态,但也存在公开通过机构建立运营的。然而由于当时国有金融机构认为私人钱庄扰乱了资金市场,不利于金融秩序的建立和未来发展,要求监管当局取缔。因此,监管当局依据国务院 1986 年的《中国人民共和国银行管理暂行条例》规定的个人不得设立金融机构和从事金融业务的规定将私人钱庄和合会列入了取缔之列,使得公开挂牌的私人钱庄被迫再次转入地下活动。这在 1984—1985 年温州出现的四家经当地工商行政管理部门批准公开营业的苍南县的"钱库钱庄""金乡钱庄"、"肥艚信用钱庄"和乐清县的"乐成钱庄"挂牌后被监管当局摘牌经历被例证。

因而,虽然这段时期的民间金融监管依然存在一定程度上的压制状态,但是在经济快速发展的需求前提之下,民间金融取得了较大的发展空间,生存环境相对宽松,获得了正式部门的些许支持。并在发展之中始积累市场经验和培养创新理念,为不断完善自我形式的创新奠定基础。

3. 金融体制改革目标确立:民间金融严格监管期

我国民间金融经过一段相对宽松期之后,无论从形式上或者规模上都较之前取得较大发展,这种趋势也推动了我国非国有制经济发展的如火如荼,从而掀起全国经济发展热潮。但是由于前期经济增速过快导致出现经济过热现象,国有金融也一直认为民间金融的存在与发展争夺了储源，影响了宏观调控和货币政策的实行。加之当时我国民间金融处于发展初期的混沌状态，投机主义行为逐渐显现，一些不法分子也利用其从事非法活动，金融犯罪活动猖獗。最终，在1993年为抑制经济过热局面，我国加强了调控力度，确立金融体制改革目标，严格管理金融市场，整治了市场外不合法金融行为。至此，我国民间金融再次被列入整治范围，受到严格监管。

1993年，国务院对盛极一时的各种集资行为，尤其是企业集资行为进行限制，相继在当年的62号文件《关于清理有偿集资活动坚决制止乱集资问题的通知》和24号文件《关于坚决制止乱集资和加强债券发行管理的通知》中强调禁止各种有偿乱集资行为和对债券形式集资的行为进行限制，并在1996年颁布的《贷款通则》中再次确认企业和企业之间的相互借贷属于非法行为和1999年《最高人民法院关于如何确认公民与企业之间借贷行为效力问题的批复》中对关于企业以借贷名义向职工或社会非法集资，企业以借贷名义向社会公众发放借贷的行为给予明确无效认定的答复，并要求予以制止。随后在1994年《关于加强农村合作基金会管理的通知》中也提出对之前持支持意见的合作基金会应当限制的意见并规定只能在当地社区范围内设立，乡（镇）一级的只限于本乡镇范围内业务，村一级则只限于本村内开展活动，不得异地另设网点，也不允许对城市和单位开展业务，并且资金互助的占用费不得高于国家金融部门规定的利率标准。

特别在1997年亚洲金融风暴之后，我国金融风险防范意识加强，对于资金的融通活动监管更加严格，驱使我国政府对民间金融的监管更为强化。在1996年的《商业银行法》中首次提出了非法吸收公众存款概念，随即在《关于惩治破坏金融秩序犯罪的决定》中正式确定了"非法吸收公众存款罪"和"集资诈骗罪"，并对其行为模式进行定性，但当时仍未能清楚界定非法吸收公众存款行为和企业合法的融资行为。同时在1997年《刑法》中新设"破坏金融管理秩序罪"一节，并增加了"擅自发行股票、公司、企业债券罪"。在1998年国务院通过的《非法金融机构和非法金融业务活动取缔办法》中也首次提出了变相吸收公众存款的概念，该《办法》还规定了未经依法批准，不得以任何名义向社会不特定对象非法集资的究底条款，使得几乎所有未经批准的融资行为都被纳入了监管范围。并在1998年、1999年和2002年分别出台并转发了中国人民银行《整顿乱集资乱批设金融机构和乱办金融业务实施方案》《中国人民银行关于取缔非法金融机构和非法金融业务活动有关问题的答复》《关于取缔非法金融机构和非法金融业务活动中有关问题的通知》，主要规定未经中国人民银行批准，擅自设立从事或者主要从事金融业务的机构及其筹备组织都被视为非法金融组织，擅自向社会不特定对象进行的企业集资、发放贷款、办理结算、票据贴现、资金拆借、信托投资、金融租赁、融资担保、外汇买卖都被列入非法金融活动。在2000年和2001年，最高人民法院、最高人民检察院和公安部联合分别发布《全国法院审理金融犯罪案件工作座谈会纪要》和《关于经济犯罪案件追诉标准的规定》，对"非法吸收公众存款罪"的法律适用标准和审理程序都有所涉及。至此，这一系列的政策方案和办法的出台，使得监管机构的权力空间骤然增加，监管范围极大的扩展，几乎所有只要未被纳入允许范围之内的融资行为和未经批准的融资组织都被纳入监管范围。而为了达到监管的强化效果，更是辅以刑事上的司法权威的手段。

4. 市场经济制度深化阶段：民间金融逐步开放期

我国民间金融在经历几经坎坷之后，其作用和存在意义终于逐渐被政府所接受和认识，对待民间金融的存在和发展态度也随之逐渐开始转变。国务院在 2004 年中央 1 号文件中提出鼓励在注意防范风险和监督管理的条件下，充分利用社会资本和外资，积极兴办为"三农"服务的多种所有制的金融组织。2005 年的 1 号文件也提出抓紧制定农村新办多种所有制金融机构的准入条件和监管办法，同年央行在山西平遥、四川广汉、陕西等地进行民间小额信贷的试点工作。2006 年中央 1 号文件则再次提出鼓励在县域内设立多种所有制的社区金融机构，允许私有资本、外资等参股，大力培育由自然人、企业法人或社团法人发起的小额贷款组织，引导农户发展资金互助组织，规范民间借贷。

民间金融在此精神之下迎来了新的机遇和契机，使得民间金融市场也获得新的发展空间。在 2004 年中国人民银行公布的中国区域金融运行报告中，其中关于全国民间融资的整体情况介绍和调研数据显示出我国民间金融相当活跃，并在以数据分析作为论证条件之下正式在官方金融机构的文件中提出正确认识民间资本的补充作用，要积极引导和规范，发挥优势作用，剔除风险因素。而 2005 年 4 月，央行副行长吴小灵在银监会、中国人民银行与世界银行组织的"微小企业融资国际研讨会"上总结发言，也认为民间合法的金融行为对微小企业和小额贷款需求者能提供最好服务，政府不该过度干预。同年，国务院发布了《关于鼓励支持和引导个体私营非公有经济发展的若干意见》，其中提及要做好非公经济的资金融通和保障工作，对于一切有利于非公经济发展的合法金融活动应该予以支持。

同时，在根据 2004 年、2005 年和 2006 年的文件中支持农村金融发展精神之下，2006 年颁布了《中华人民共和国农民专业合作社法》和同年 12 月银监会发布《中国银行业监督管理委员会关于调整放宽农村地区银行业金融机构准入政策，更好支持社会主义新农村建设的若干意见》，在资本准入和民间金融机构设立方面逐步放开，允许农民设立社区性信用合作组织，服务对象主要为入股社员，管理方式为社员民主决定，允许农村合作金融发放社团贷款，银监会对贷款发放的对象、期限，以及监管规则和程序也相应做出规定。并首批选择在四川、甘肃、吉林、内蒙古、湖北、青海六省区试点。而为进一步支持农村金融发展，2007 年银监会还发布了一系列的农村民间金融组织的行政许可实施细则文件，如《村镇银行管理暂行规定》《农村资金互助社管理暂行规定》《村镇银行组建审批工作指引》《贷款公司组建审批工作指引》《农村资金互助社组建审批工作指引》和《贷款公司管理暂行规定》。允许经银监会批准条件下，境内外金融机构、境内非金融机构企业法人、境内自然人出资，在农村地区设立当地农村经济发展的村镇银行。这些举措都表明我国政府已深刻认识到民间金融对农村经济发展的重大意义，并正在努力地试图寻找出民间金融发展的新路径。

为此，2008 年，最高人民法院发布了《关于为维护国家金融安全和经济全面可持续发展提供司法保障和法律服务的若干意见》（法发〔2008〕38 号），提出在打击违法违规金融活动的前提下保证金融市场的可持续性发展。同时，为了进一步改善金融环境，政府进行小额贷款公司的试点创新发展，并于 2008 年 5 月由中国银监会和中国人民银行联合发布《关于小额贷款公司试点的指导意见》，规定小额贷款公司可以由自然人、企业法人与其他社会组织投资设立，但是不得吸收公众存款，其性质是有限责任公司或股份有限公司。小额贷款公司的成立意味着降低了民间借贷的准入条件，潜在地合法化了公司之间的借贷行为。但是由于其定性为公司法人制，其活动的实质是进行资金融资的金融活动性质，难免在监管上陷入公司法人治理与金融行为定性两难境地。随后，2008 年 11 月，央行起草《放贷人条例》草案提交国务院法制办，此条例最大的突破在于允许符合条件的个人注册从事放贷业务。如果条例能够通过则可以为金融市场中存在的各类民间放贷机构提供明确的法律依据并将完全打破国有银行垄断信贷市场的现状，解决中小企业融资困境。通过国家立法形式在法律上明确对民间借贷与非法集资、非法吸收公众存款的界定标准，使民间借贷逐渐向契约化和规范化发展，将合理但欠缺合法的私人钱庄阳光化。然而，到目前为止，仍然未见任何法律规范出台，民间金融市场各种鱼龙混杂的形式依然如火如荼，合理的民间金融组织仍然面临着被"牵连"的危险。

不过，令人可喜的是 2010 年 6 月 30 日，当时的国务院总理温家宝主持召开国务院常务会议上再次提及将"切实向民营资本开放法律法规未禁止进入的行业和领域，加快垄断行业改革，鼓励民营资本通过兼并重组等方式进入垄断行业的竞争性业务领域。"的讲话。在此精神指示之下，紧随国务院 2009 年制订《中华人民共和国中小企业促进法》《国务院关于进一步促进中小企业发展的若干意见》之后，2010 年国务院随即制订了《国务院关于鼓励和引导民间投资健康发展的若干意见》（国发〔2010〕13 号），这表明我国政府再次认识到民间资本对市场经济的建设，对中小型企业的发展和对农村经济的发展都具有重要的支撑作用并积极认可民间资本活动。同时，进一步为其提供担保制度上的支持，中国银监会等七部委发布了的《融资性担保公司管理暂行办法》（2010 年第 3 号），重视融资性担保机构在缓解中小企业融资难方面的作用，提出对融资性担保公司在法律制度监管框架内开展的投资等业务要在司法上予以确认和保护。更是针对社会上存在的各种集资行为，最高人民法院审判委员会于 2010 年 11 月通过了《最高人民法院关于审理非法集资刑事案件具体应用法律若干问题的解释》，该《解释》的出台对于进一步界定存在各种民间金融交易行为的合法与非法、罪与非罪的界限，对于打击非法融资活动，保护正常的民间融资行为有着重要意义。

由此看出，随着市场经济制度建设的改革深入，我国民间金融的作用和意义已逐渐被市场、政府和社会所接受和认可。但是这种态度上的认可和行政上的确认方式并不代表我国民间金融已经获得明确的合法化地位，也并不意味着我国民间金融已形成一套规范化的法律制度保障体系。

四、我国民间金融的立法与执法现状

通过对我国民间金融法制建设的历程研究，分析出我国政府对民间金融活动随着经济发展的不同时期表现出不同的监管态度。当我国经济发展处于探索期和深化期时，经济增速较快，资金需求旺盛，国有金融体系供给有限，我国政府对待民间金融的态度相对缓和，监管相对宽松。当我国经济发展处于调整阶段，金融市场环境缺乏稳定性，我国对待民间金融的态度则较为严厉，监管相对严格。而我国当前民间金融的生存现状和法律框架成型则开始于第三时期，转折于第四时期，随着我国现阶段民间金融市场的活动主要表现为各类民间金融组织的成立和各种集资行为的层出不穷，我国的立法活动和执法活动也相应集中于民间借贷纠纷的处理、非法金融机构和非法集资行为的判定和处罚。

1. 立法现状

（1）法律法规中合法地位确认的缺失

由于金融在经济中占有举足轻重的作用，各国对于金融业的监管特别严格，绝大多数国家都是采用金融特许经营原则。我国属于发展中国家，尤其处于经济转轨时期，因此对金融制度的设计更为严格，亦是遵从国际做法，采用严格的金融特许经营。其逻辑起点在于所有从事金融业活动的经营主体或组织的设立都必须要经过我国金融业特许机关——央行或银监会的批准或审核。否则，不管设立者的目的是出于为自我需要筹集资金，亦或是为自我之外的其他原因需要从事金融经营活动，只要未经过金融特许机关的批准或不属于相关金融经营法律法规之内的行为就被视为非法行为，不具备合法性地位。据此，通过梳理已存在的法律法规发现除了对具有直接性私人契约关系的交易行为提出了法律上的明确合法地位之外，其他凡未经央行或银监会批准的从事和设立合会、私人钱庄、民间集资或其他形式的民间金融组织和活动并未找到明确的法律地位认可规定，《中国人民银行法》《银行业监督管理法》《商业银行法》等也均不涉及民间金融相关法律地位确认内容。这种法律困境直接导致了在实际活动过程之中，一些合理且确有必要存在的民间金融交易形式由于法律地位确认的缺失而被认列入从事类似于非法集资、放高利贷等非法金融活动的非法金融机构之列。

（2）民事法律和部门规章成为民间借贷纠纷的主要处理依据

我国对民间借贷纠纷的处理主要通过民事法律和部门规章进行规范。根据《民法通则》《合同法》对借贷双方所建立的经济关系进行法律上确认，并以相关部门所颁布的民间借贷的规章内容作为处理具体纠纷行为的依据。如《合同法》第196条对借款合同的规定，是指借款人向贷款人借款到期返还借款并支付利息的合同；第210条和第211条对自然人之间借贷合同法律关系的规定；最高人民法院《关于人民法院审理借贷案件的若干意见》中第6条规定民间借贷的利率可以适当高于银行的利率，但最高不得超过银行同类贷款利率的4倍（包含利率本数）；最高人民法院《关于如何确认公民与企业之间借贷行为效力问题的批复》中对只要公民与非金融企业之间的借贷意思表示真实则认定合同有效的规定；中国人民银行《关于取缔地下钱庄及打击高利贷行为的通知》中第2条规定出借人的资金必须是属于其合法收入的自有货币资金，禁止吸收他人资金转手放款。由此可见，只要作为平等民事主体的自然人之间、自然人与企业之间所成立的借贷合同法律关系符合《合同法》的规定特点，并借贷利率不超过银行同期的4倍规定，且不存在《合同法》中第3章所规定的合同无效或被撤销的瑕疵和符合第197条合同规定形式的要求，就能受到《合同法》和相关部门规章的保护。在我国金融监管机关的实际执法过程中对民间借贷纠纷案件的法律关系认定以及具体借贷行为合法与否的判断就是主要依据《合同法》中的法律成立生效的要件和4倍利率的部门规章认定方法解决。但是，在对民间借贷的立法内容进行分析时有个问题值得我们思考，即《合同法》第196条的规定并没有限定借款人和贷款人的范围，如按照民法中契约自由的司法原则，《合同法》上的借款合同的主体则可以既包括自然人，也可以包括企业、非金融机构等经济主体。

（3）行政法规成为判断民间金融主体合法与否的主要依据

针对目前金融市场出现的各种民间金融组织，我国金融监管机关对其是否合法的判断依据主要是国务院制定的《非法金融机构和非法金融业务活动取缔办法》，中国人民银行颁布的《关于取缔非法金融机构和非法金融业务活动有关问题的答复》《关于取缔非法金融机构和非法金融业务活动中有关问题的通知》《整顿乱集资乱批设金融机构和乱办金融业务的实施方案》等部门规章。其规定指出任何单位和个人未经中国人民银行依法批准，不得擅自设立金融机构或者擅自从事金融业务活动。这意味着我国的民间金融组织形式，如互助会、储金会、合作会、基金会、投资公司及其筹备组织未经中国人民银行批准实施的类似于银行业务的范围，包括冠以银行、信用社、信托投资公司、融资租赁公司、典当行等名称的机构擅自向特定多数人或者不特定多数人从事或者主要从事吸收存款、发放贷款、办理结算、票据贴现、资金拆借、信托投资、金融租赁、融资担保、外汇买卖等金融业务活动的机构都被视为非法金融活动和非法金融机构，一概不被法律所认可。

（4）部门规章对非法集资行为做出明确规定

目前，我国金融主管机关对具有中介性质的中、高级形态的各类民间金融交易行为合法与否的判定主要是从谨防和打击非法集资行为理念入手，设定法律行为边界。但是由于我国缺乏规范社会集资的专门法律法规，因此对非法集资的明确规定仅限于在部门规章中有所体现，还未出现统一的准法律概念。主要表现在中国人民银行发布的《关于取缔非法金融机构和非法金融业务活动中有关问题的通知》中规定，非法集资是指"单位或者个人未依照法定程序经有关部门批准，以发行股票、债券、彩票、投资基金证券或其他债权凭证的形式向社会公众筹集资金，并承诺在一定期限内以货币、实物及其他方式向出资人还款付息或给予回报的行为。"以及中国人民银行《关于进一步打击非法集资等活动的通知》中对非法集资的几种形式进行了规定：通过发行有价证券、会员卡或债务凭证等形式吸收资金；对物业、地产等资产进行等份分割，通过出售其份额的处置权进行高息集资；利用民间会社形式进行非法集资；以签订商品经销等经济合同的形式进行非法集资；以发行或变相发行彩票的形式集资；利用传销或秘密串联的形式非法集资；利用果园或庄园开发的形式进行非法集资。

（5）刑事法律和行政法规成为对非法集资具体行为的处理依据

我国当前立法对非法集资具体行为的追究主要是通过刑事法律和行政法规来实现，尤以刑事法律追究模式为主。在《刑法》中并没有直接规定"非法集资罪"的直接罪名，而是涉及与非法集资活动有关的罪名，即套取金融机构信贷资金高利转贷罪、非法吸收公众存款或者变相吸收公众存款罪、集资诈骗罪、擅自发股票、公司企业债券罪。而为了进一步加强对非法集资行为的整顿，我国最高人民法院出台了《关于审理非法集资刑事案件具体应用法律若干问题的解释》，该解释对非法吸收公众存款或者变相吸收公众存款罪、集资诈骗罪、擅自发行股票、公司、企业债券罪的具体特征从法律要件和实体要件予以细化，该法条最大的进步之处在于以正式法条形式规定"未向社会公众宣传，在亲友或者单位内部针对特定对象吸收资金的，不属于刑法规定中的非法吸收或者变相吸收公众存款"和对个人犯罪以及单位犯罪行为在认定和责任承担方面做出了详细的区分，解决了实践中部分案件难点认定的问题。另一方面，如非法集资行为未触及刑事规定，性质较轻者，我国立法则予以行政法规进行处罚，如《非法金融机构和非法金融业务活动取缔办法》《整顿乱集资乱批设金融机构和乱办金融业务的实施方案》等行政规章中规定了对非法集资行为的行政处罚。

（6）最终形成行政性、刑事和民事的法律责任格局

关于我国民间金融经营活动的法律责任承担后果并没有专门的规定，多分散于《民法通则》《合同法》《公司法》《证券法》《刑法》，以及有关的行政法律法规、规章、文件以及最高院一系列经济活动的司法解释之中，形成一个体系庞大、内容分散的责任支撑格局。更进一步地对各种责任类型和程度进行分门别类的整理发现我国民间金融监管措施是行政取缔与刑事规制双重结合的方式，法律追责模式则是以行政处罚、刑事惩罚和民事责任追究三者相结合。并且每一种类型的法律责任都有其不同的强度和治理方式的侧重点，行政法责任承担强调责任人承担行政违法性后果或行政不当行为引起的纠正否定性法律后果，采取的由金融监管行政机构（央行或银监会）对民间金融违法主体和违法行为予以取缔、清理、整顿、查处、行政罚款等行政追究方式，注重的是行政式管理效率执行程序，如在1998年的《非法金融机构和非法金融业务活动取缔办法》中的第6条、第9条、第12条、第22条的相关责任追究规定，在《整顿乱集资乱批设金融机构和乱办金融业务的实施方案》中的乱批和乱办措施中的第2条、第1条责任规定，在《关于取缔非法金融机构和非法金融业务活动中有关问题的通知》中对非法集资的界定，以及《银行业监督管理法》中的第44条的行政责任规定中。刑事责任的承担方式则以责任人的非法行为为基础，注重法律对社会的威慑力和强制性及对行为本身责任的惩罚性，突出社会秩序维护的特点，采取的方式是由国家专门审判机关经过审判程序对民间金融主体的非法行为和主要犯罪人进行的人身和财产方面的剥夺，颇有以儆效尤之意。《刑法》第174条擅自设立金融机构罪、第175条高利转贷罪、第176条非法吸收公众存款罪、第179条的擅自发行股票、公司企业债券罪、第192条集资诈骗罪成为我国民间金融经营活动的刑法规制的主要责任罪名。辅以民事责任调整公民之间自由借贷契约型关系，侧重于对私人主体财产方面的损失予以赔偿的机制，保护投资者的利益。《合同法》第58条和民法通则的第106条规定的规则突出了此方面的特点。至此，我国民间金融的法律责任格局呈现出一个多元的立体架构模式，以行政取缔和刑事惩罚方式为主，其中刑法中有关资金融通行为中的所有罪名规定更是成为了悬在我国民间金融组织头上的"达摩克利斯之剑"。

（7）政策规定成为我国民间金融发展的重要指示依据

由于我国民间金融的重要性越来越被国家所认识，因此我国立法机关在努力地不断进行法律扩容的同时也在出台一系列新的政策推进金融市场有条件地开放以成为我国民间金融市场发展和法律环境改善的重要指示依据。如2009年1月中国人民银行召开的工作会议上强调要重视和发挥直接融资与民间金融的作用，多渠道加强

资金供给能力；要规范和引导民间金融健康发展，充分发挥民间金融支持中小企业发展的作用和增强在民间多样化需求中的优势特点。2010年5月国务院颁布《关于鼓励和引导民间投资健康发展的若干意见》中强调鼓励民资进入基础产业、基础设施、市政公用事业、政策性住房建设、社会事业、金融服务、商贸流通和国防科技工业领域。2012年2月1日国务院常务会议中关于支持小型和微型企业健康发展议题时提出对符合条件的中小企业信用担保机构免征营业税，并放宽小额贷款公司单一投资者持股比例限制，符合条件的小额贷款公司可改制为村镇银行。2012年2月在全国两会工作报告中，当时的国务院总理温家宝再次强调民间资本的重要作用和意义，提出对于民间借贷的法律关系和处置原则应该做深入的研究，使民间借贷有明确的法律保障，并表示应该允许民间资本进入金融领域，使其规范化、公开化，既鼓励发展，又加强监管。中国人民银行和中国银监会也正在积极考虑将温州的民间金融作为综合改革的试点之一。

2. 我国民间金融的执法现状

目前，我国法律法规并未明确规定民间金融的监管执法主体。但是，根据我国一贯奉行的金融特许经营原则，以及相关的行政法规和部门规章对金融活动的规定，可以认定我国民间金融的现阶段的监管主体应是以银监会为主，中国人民银行、公安机关和地方政府协助管理。这体现于1998年国务院出台的《非法金融机构和非法金融业务活动取缔办法》中第6条、第10条和第11条之中，2003年《中国人民银行业监督管理法》中的有关金融业务的监管规定中。但在实际经济生活中，我国民间金融活动多半是以是否属于非法集资和放高利贷等非法行为来判定，而这类非法金融行为的主要调查和执法主体是我国公安机关部门，具有金融监督管理权的职能部门事实上很少行使相应的金融监管权。

3. 我国民间金融法制建设现状评价

现今，我国经济发展已经进入新阶段，经济国际化趋势已相当明显，以强制性变迁方式为主的国有垄断金融体系早已不合时宜，民间金融的重要作用已不可否认。因此，原来持有的压制态度已不符合当今经济发展的趋势和特点，必须积极肯定民间金融在金融市场中的合法地位，客观理性地分析其内在特点，构建适合于民间金融的专门法律制度。但是，从我国立法现状来看，我国民间金融的法制建设其实已经严重滞后于社会经济的脚步。如《合同法》《关于人民法院审理借贷案件的若干意见》《关于如何确认公民与企业之间借贷行为效力的批复》等司法解释中对民间借贷问题都只做了简单规定。而属于金融法领域的《中国人民银行法》《商业银行法》《银行业监督管理法》都未涉及民间借贷的具体行为和组织形式的规定。可以参照的与民间借贷有关的规范性法律文件则多半是由国务院的行政法规，以及中国人民银行的部门规章、办法所组成。对于类似于合会等这种互助形式的金融主体或是正常经营的私人钱庄，以及其他大部分形式民间金融主体的法律监管处于真空状态。由此分析出虽然我国出台并实施了大量的各种规范性规定，但民间金融的生存状态从未改变停留于行政政策的"精神"取向之下。这就造成我国民间金融从表面上看的确有其相关规定引导，实质上民间金融主体并未真正具备进入市场的合法资格，成为金融市场中的竞争参与者，并未真正享受到法律赋予的权利，仍然徘徊于法律的边缘。

而民间金融法律制度建构中的监管者确认的模糊不清与管理的真空状态更是使本来就极为有限的法律规定都难以发挥出其应有的效应，其后果就是治标不治本，使得正当的民间资金融通行为容易向非法集资演变，陷入出现风险—禁止、打压—逃避监管—转化形式—再次出现风险—再次打压—再次转化的无限循环怪圈模式。从近几年的福安倒会事件、吴英非法集资案、包头巨商金利斌自焚等事件都昭示着我国民间金融法制建设的漏洞和缺陷，以及在民间金融治理问题上的欠缺。当然，这也反证了即使在所谓的现有法律法规的监管之下民间金融的生命力非但没有减弱，却依然显示出客观存在性。正如国务院发展研究中心研究所副所长巴曙松认为，在现行法律制度中，非法集资打击取缔办法存在明显缺陷，缺少保护民间融资和规范社会集资的法律法规。

第二节　民间金融的法制现状反思

一、我国民间金融的立法缺陷

1. 民间金融主体的法律权利与义务严重失衡

通过对我国民间金融现阶段的立法考察，发现我国相关的法律法规中对民间金融活动的规定大部分表述都是民间金融主体"不得"或者"禁止"做出某某行为，又或者"未经监管机关批准、审核"的某某行为被视为非法金融机构和非法金融活动，必须予以"取缔"之类的禁止性要求。并且绝大部分规定都是原则性的禁止规则，具体应当禁止的行为和机构并没有清晰区分，造成民间金融组织在无法对自我行为进行预期的情况下，稍有对我国民间金融的立法与执法的偏差就易触犯刑法中的"非法吸收公众存款罪""集资诈骗罪"等"口袋罪"。而一直采取的高强度监管措施就像一把利剑悬在民间金融主体的头上，使得民间金融主体不得不面对和接受法律制度"赐予"的超重义务，时时刻刻完全以义务规范来衡量自己的行为是否超出规定界限，而不是在承担义务的同时确认民间金融主体自身享有有权做出或者不做出某种经济行为，以及要求他人做出或者不得做出某种经济行为的权利，或是享受法律赋予民间金融主体其他的权利资格。即使在市场经济发展的深化阶段，民间金融的高强度监管力度有所放松之下，依然维持以承担义务为主的调整方式，所赋予的权利内容虽然在一些行政规范文件中、司法解释、指导意见中原则性地有所体现，但实质上仍然处于行政规范层面的认可，"可以""有权""有……的权利"等文字结构的具体法律规定与内容在立法意义上的权利确认几乎留白。

作为金融市场中的竞争主体与补充力量之一，合法的民间金融主体本该就在法律所确认的权利和义务规定之内理性地得到发展，使其整个民间金融市场进入良性循环。但是现今权利和义务的严重失衡极易引起民间金融主体对于法律制度权威性的质疑与挑战，权利分配的不合理和超重义务承担所带来的与国有金融不平等的差别待遇阻碍了民间金融向高层次正式组织升级，权利保护确认的缺失使得其组织进化过程被高监管强度及禁止性规范所强行阻断，难以实现科层制的转化，而只能沿用初始的首属群体的原始模式。同时当自身的权益受到威胁时，为了生存与发展，民间金融主体便铤而走险，游走于利润风险的边缘，与国有金融形成一个新的对抗趋势，影响金融市场的稳定秩序，同时也更加深了政府对民间金融的压制，其结果就是民间金融市场发展的恶性循环。

2. 民间金融活动承担过重责任的格局

在我国，由于民间金融本身就缺乏合法性的确认与行为规范性的法律预期指导，导致在法律责任上的制度设计也无相应的合理的系统性规定。同时现实中的民间金融组织也正是由于行为指导的缺失出现金融活动安全性问题，从而影响整个金融市场秩序的稳定。为了纠偏失控的民间金融主体行为，在缺乏相应合理的责任体系评价标准之下，最终选择采用高强度的监管和过重的行政、刑事、民事责任模式，特别是刑事责任模式下的严刑峻法更是成为制裁民间金融主体的主要手段。刑法所规制的民间金融属于经济犯罪，相对于杀人、抢劫、盗窃、强奸等"自然犯"而言，基本上都属于"法定犯""行政犯"，带有鲜明的政府主观意志色彩，其犯罪化的认定尤其受到政府宏观经济政策的左右。正如前述的如"非法吸收公众存款罪""集资诈骗罪"等几种规制民间金融主体的具体犯罪罪名都是属于刑法中"破坏金融管理秩序罪"一章节。而根据我国金融业特许经营制原则可知，我国刑法对未经过金融监管机构批准或核准的各种民间金融组织的行为极易偏差定性为非法经济犯，并且每一类民间金融活动的犯罪罪名都能在这一章节找到一一对应的位置。换言之，即使民间金融组织主体筹资目的并非以非法占有为目的，资金的渠道使用是用于经营或者是消费与公益事业，只要未经过金融特批机关同意，只要不属于金融法律法规允许范围之列，只要结果出现了符合刑法中的客观要件规定，也可能无法逃脱非法行为的定性，只是罪名和量刑的区别而已，这与刑法中一直强调的主客观相统一的原则具有出入性。同时，由于我国民间金融所能依据的法律规定本身就比较杂和乱，缺乏统一而又明确的法律规定，导致在实际案件的审理中对罪与非罪，行为损害界限与程度的定性强烈依赖于办案者、立法者、法官的个人专业知识背景，对法条与司法解释的理解和经验的积累。当年赫赫有名的孙大午案既是一个最好的例证，只不过这位幸运的民营企业家在众多学者的强烈关注之下获得法律迂回的同情。

因此，基于责任承担程度的价值判断的思考前提之下，我们必须反思以下问题：我国民间金融经营活动的行动标准，以及这种标准的判断所需要达到的效应适当性应如何衡量？利益的获得超出社会普遍认可或容忍的程度界限如何界定？现行法律责任的这种格局的适用规定又是否真正体现出了法律对民间金融主体的公平公正本质？

的确，必须要承认的是不同价值观对于责任划分和承担具有不同的影响因子，加之我国存在制度之外的主观因素干扰，更加剧了对这些问题思考的复杂性与难度。但是有一个事实是我们必须要关注的，那就是纵观全球金融发展史，发展从来都是建立在不断创新基础之上，创新—发现问题—监管规范—再创新，沿着这个链条发展。我们应当理解创新过程之中试错行为出现的必然性，并学会积极发挥人类客观能动性对偏差进行必要指正，要做到客观看待并允许民间融资、民间信用的自身发展，不要动不动就给它戴上"非法""扰乱金融秩序"等帽子，而是重点在于如何指明其发展的"出路"。政府须注意过重的责任体系将不是对社会损害成本的一种补偿，反而变成了另一种成本的损耗和成本赤字，即由社会利益实现转向对违法者的报复和惩罚的原始理念。

3. 不同位阶的法律之间协调性差

由于我国民间金融并无专门法律，也未形成统一的法律体系，因此有关民间金融活动的规定多分散于各个法律法规之中，加之我国政府抱有立法宜粗不宜细的指导思想，造成政出多门、标准不一、立法协调性较差，甚至法律法规之间相互冲突，如上位法与下位法之间。而按照立法原则，通常立法者和执行者、立法过程和执法过程应是相区别的，其目的是保证法律供给程序和存在形式的合法性，以及执行过程中的公平公正性。但是，我国民间金融的法律法规却体现出立法者和执法者同一的状态，由追责模式和现存的规则来看，行政机关作为民间金融主体的主要监管者既是法律法规的制定者也是其执行者。这种双重身份的角色难免在整个规则的程序设计中明显充斥着行政政策性味道，可能并非反映出社会各个利益群体之间的利益平衡结果和大多数群体的支持程度，而是更多地反映出行政各个主管机关自身的监管利益需要，法律法规执行过程之中的不当行为也会被为实现社会整体经济福祉的法律目标等描述性语言所掩饰和接纳。而各个行政管理机构在依据自我职能和利益考量进行立法过程之中过滤或无暇考虑与其他法律法规的协调性问题，也就导致法律法规之间较大重叠与冲突性。

民间金融活动就其行为本义理解应是财产的合法所有人基于意思自治原则，选择与合同意思相对方缔结契约关系，自由处理自我财产的行为。按照私法的立法精神和理念角度来说，如没有做出重大影响社会公共利益的行为，法律一般无须也尽量不要干涉。但由于法律法规之间的协调性和统一性的缺乏，对同一行为所依据的立法精神和指导思想不同所得到的评价结果大相径庭。《宪法》第13条为资金的所有者自由处理自我的合法财产权利和行为不受侵害提供了法律支撑，同时在《民法通则》和《合同法》的法律规定之中得以体现。我国《合同法》和最高人民法院相关司法解释都明确规定对属于双民间金融活动就其行为本义理解应是财产的合法所有人基于意思自治原则，选择与合同意思相对方缔结契约关系，自由处理自我财产的行为。按照私法的立法精神和理念角度来说，如没有作出重大影响社会公共利益的行为，法律一般无须也尽量不要干涉。但由于法律法规之间的协调性和统一性的缺乏，对同一行为所依据的立法精神和指导思想不同所得到的评价结果大相径庭。《宪法》第13条为资金的所有者自由处理自我的合法财产权利和行为不受侵害提供了法律支持，同时在《民法通则》和《合同法》的法律规定之中得以体现。我国《合同法》和最高人民法院相关司法解释都明确规定对属于双方真实意思表示，符合合同成立的基本要件并不超过银行同期贷款利率4倍的范围受法律保护和确认，其中包括公民与非金融企业之间的正常的借贷行为合同。但在2004年之后，我国央行逐渐调整了金融机构的贷款利率浮动空间，放宽了贷款利率的上限和存款利率的下限，这就使之前规定的借款利率限制的规定出现了适用的冲突与效力的矛盾性，其行为极易被"两非"办法和《贷款通则》认定为非法金融机构和从事非法金融业务而受到行政取缔和刑法责任追究，加大了实际执法操作难度。另外，我国《合同法》第196条规定借款合同是借款人向贷款人到期返还借款与支付利息的借款合同。《合同法》在没有对借款人和贷款人做出限制的条件下，借贷合同的主体应当包括自然人、金融机构和其他非金融机构主体。但是《贷款通则》《关于对企业间借贷问题的答复》规定中则将企业之间的借贷行为予以否定并禁止非金融企业从事借贷行为，这显然出现立法精神上的冲突，同时就效力层次而言，《合同法》的效力层次高于《关于对企业间借贷问题的答复》，理应以法律规定为准。

由此看出，我国民间金融的各类法律法规之间存在法律位阶协调性差问题，法律法规之间甚至出现明显的冲突。这将导致有关监管机关由于法条的适用难度而无法区分所涉及的民间资金融通行为是否合法，在客观结果上极有可能出现本该取缔的非法集资行为被侥幸逃脱相关主管机关的监管和法律的规制，而正常的集融资行为反而被划入了非法集资行为遭到市场的排斥，打击了民间金融主体的创新活力。

4. 非法金融活动的法律界定标准粗糙

在立法方面，我国现有的法律法规体系中关于民间金融活动的合法与非法的法律界限标准模糊，缺乏具体的分类规定，不利于正常的民间资金融通行为发展。目前，我国执法机关判断民间金融活动是否属于非法集资的主要标准是"是否经过有关机关批准""违反相关金融法律法规""以非法占有为目的""不特定对象",所依据的法律法规主要是《非法金融机构和非法金融业务取缔办法》《最高人民法院关于审理诈骗案件具体应用法律的若干问题的解释》和《最高人民法院关于审理非法集资刑事案件具体应用法律若干问题的解释》。然而,实际情况是市场上绝大多数的中小型企业为解决金燃眉之急,无力也无法承受高昂的行政审批成本而不得不冒险自行进行社会集资,但由于法律标准界限模糊,往往导致集资当事人根本无法对其"合法"和"非法"行为做出准确区分。如最新司法解释中的"非法吸收公众存款罪"的主体认定之一是向社会公众,即社会不特定对象吸收存款。那么,什么是公众存款?特定与不特定如何区分?什么人是"不特定对象"?是特定中的不特定,还是不特定中的特定?如解释中指出亲友或单位内部特定对象不属于吸收公众存款,那么特定对象又指的多少人数?吸收方法如何界定?"亲友"如何界定?在1997年《刑法释义》中对存款人数与公存款的解释也出现不相协调之处,加之合法的民间借贷行为与非法集资行为都具有融通资金和给予利息回报、双方当事人都是非金融企业和个人的共同特点,导致实际办案过程之中,大部分借贷关系可能发生在亲友之间,办案人员基于专业背景做出亲属具有特定性,而朋友就不太具特定性的结论,导致是否属于非法集资出现判断的差异,本不属于的极有可能就列入了其行为。而根据《宪法》和《立法法》相关法律规定,立法解释权由全国人大常委会行使,其他行政机构或办公室无权对法律做出解释,而国务院政令在法律规范层级中属于低位阶规范,也无权对法律做出解释。因此,在缺乏人大常委会的权威立法解释参考之下,刑法也未明确规定,最高院的司法解释则成为实际执法中的可参考依据,但是如果均无规定,则不能轻易根据个人主观判断罪与非罪的定性。

同时,作为"非法集资"的刑事基础罪名"非法吸收公共存款罪"的适用范围有扩大趋势。此罪名的主要判断标准是主观方面的"未经过有权机关的批准",而客观方面的吸收存款目的性判断标准的考虑则显得较为缺失。如果行为人或企业筹集资金之后,用于全体集资成员的正当利益需求或者办企业,资金使用权由全体成员共同占有、使用和支配,并未造成不良的社会影响,虽未经过有权机关认可却应该认定合法,而不是依目前最新解释认为志善而违于法者免。反之,如果集资的目的是以非法占有,供个人或者团体少数人使用,并影响了社会利益,必然认定为非法吸收公众存款或变相吸收公众存款。由此可知,主客观因素判断在罪与非罪之间具有很大的指导性作用,不能有失偏颇。但是我国的有关司法解释中并无此内容的明确体现,而1997年《刑法释义》中对于客观方面的观点是只要行为人实施了符合刑法规定的非法吸收公众存款的行为基本要件就构成此罪。换言之,不管以什么名义,通过什么方式,只要实质上是非法集资,都属于非法吸收公众存款。而参与集资的债权人的财产权益保护权利由于受其非金融机构的"非法集资"或"非法融资"行为定性而被认为是"参与非法金融业务活动，不受保护"。事实上，这种简单标准的认定相当不利于非法集资的打击工作，也不符刑法中要求的主客观相统一原则，反而导致在实际办案过程中，不同监管机关对同一案件基于不同职能与援引不同的法律法规处理出可能完全不同的结果。如在惠民吴云水集资事件中，当地法院认定其工厂与当地居民之间的借贷行为合法有效，而检察机关却以非法吸收公众存款罪对吴云水进行立案起诉。

5. 民间金融相关监管内容的缺失

金融业是一个高风险高信用的行业，因此必须把金融监管的思想纳入民间金融制度设计中，打击非法地下金融，为民间金融发展做好安全保障。运用民间金融的监管制度设计规范民间金融组织的运作和控制民间金融的风险。由于我国民间金融的各种交易行为中渗透着基于异常亲密的血缘、亲缘和地缘关系独特文化属性为基础的借贷行为，那么理所当然地以人为信用主体的社会关系行为准则和公德成为民间金融绵延至今的理由和潜在的天然约束规则。但随着民间金融组织和交易形式在金融市场中的不断创新和发展，其早先存在的先天不足必然在经济活动中暴露出巨大的风险性，单纯依赖于以人为信用主体的社会公德已无益于自身发展，必须得到国家监管制度的扶持和指引。然而，目前我国民间金融市场实际上仍然是以人为信用主体的方式运作，并未纳入国家金融监管体系，也未得到国家法律的认可。我国民间金融该如何规范地发展？具体的监管主体是谁？应由哪个部门监管？如何对其监管？对民间金融组织的设立、撤销、破产、清算等方面的监管制度如何设计？对于某一新出现的民间金融组织可否设立？对于已存在的某一民间金融组织是否应该撤销和宣告破产？被撤销或宣告破产后又如何清偿债权债务？对于这些问题，我们发现既没有明确的法律标准也没有统一的规章制度可循，市场准入、退出、业务和风险的管理制度处于空白状态。在民间金融未来发展中的这种监管体系的缺失极易造成民间金融组织和交易形式的鱼龙混杂，即不利于民间金融市场的可持续性发展也不利于国家金融秩序的建立。

二、我国民间金融执法方面存在的问题

1. 执法主体缺位、权限不明确

在民间金融监管主体方面，由于我国民间金融合法地位一直都未得以明确，对待民间金融活动也是以打击非法集资等反面形式处理，导致事实上的管理处于"真空"状态，监管者缺位。根据我国有关的法律法规，银监部门的监管权力主要针对银行业金融机构的金融活动实施监管，而对属于非银行领域的企业、个人等金融活动是归于合法融资行为还是非法集资行为都无法实行检查权。虽然国务院 2005 年要求建

立以银监会为主，中国人民银行、公安部、证监会等多个部门参与协调，非法集资行为发生地政府予以配合的查处和取缔非法集资的执法主体，但对社会集、融资的审批、登记、备案等具体程序和流程等制度都未真正建立起来。而现今作为管理企业的工商管理部门也无法对非法集资行为进行监控。工商管理部门的权力范围主要是对企业法人资格的确认，并依照工商法规管理企业。如果出现非法集资行为，又无人举报，工商管理必然无法涉足。并且非法集资行为一旦触犯到刑法就必须要公安系统介入。目前，我国的非法集资行为主要还是由公安机关作为主要调查执法机关。因此，由此多个执法主体的并存引发职权不明，银监会监管"力不从心"，其他相关涉及部门也是基于自身部门利益考虑的情况下自发自力或者是相互推诿，"不审批，不出事不管，不控告不管"即是当下监管部门和司法部门的一般做法。这种境况必定会使得民间金融更加脱离国家金融监管体系，出现无序发展，合法和非法的民间金融行为更加混淆不清，造成金融市场蕴藏着巨大风险，削弱国家宏观调控力度。

2. 执法绩效低下

从新中国成立时的计划经济实行到现今的社会主义市场经济体制的确立，我国政府对民间金融的管理从未停止过，期间也颁布了大量各种形式的法律法规和采取各种执法措施，只是在不同时期表现出不同的特点、需求与强度。对此，我们可暂不讨论我国政府对民间金融实行从紧或从松的监管措施的真实目的是以社会整体经济福利事业发展为主又或是监管措施中蕴含有既得利益集团自身需求的追求。但是，有一点却是值得肯定的是各种形式的法律法规的执行必定会产生一定的社会效果，而这种社会效果的反映也正是对初始民间金融法律制度建构源目标设定合理性与监管具体程序等整个制度安排效率运作的一种结果反映，即法律法规执行绩效的成就与效果。而法律法规绩效的效果评估标准完全可以基于监管成本—收益原理说建立起一套客观的效果评价体系。具体而言，监管措施执行的成本与收益匹配时，执行绩效的社会效果会达到最佳状态，但如果其执行成本大于收益时，执行效果则会出现一种反常态现象，呈现负效应趋势。

我国民间金融主体在从紧，甚至严格的法律监管措施之下，屡遭取缔的危机，政府为达到监管和调控的预期目标也付出了巨大立法与执法成本。正如前述不管其真实意愿如何，但从所取得的实际效果来看，多次的取缔、处罚和查处，甚至采取刑事责任惩罚等严厉措施似乎都并非达到官方所预期的目标，反而民间金融本身愈加表现出一种在夹缝中求生存的超强生命力。2010年中国民间借贷的贷款余额为2.4万亿。其中，鄂尔多斯民间金融系统的资金量至少在2000亿元以上，民间借贷活动规模不断扩大，由于资金供求矛盾突出，以投资公司、担保公司、典当行和委托寄卖行名义注册的民间借贷机构（准金融机构或新型借贷组织）发展迅速，仅截止到2009年末已发展到912家，5年增加了6.30倍。还不包括大量没有办理工商注册手续的地下中介组织机构和个人，据鄂尔多斯市商务局估算，仅专门从事民间借贷的中介人就达 2000 户以上。在民营经济发达的温州，2010 年温州市流动的民间资本容量基本在 6000 亿左右，当地的央支行对 400 户监测对象进行调研，发现全年的民间借贷利率达到 23.01%，接近银行基准贷款利率的 3 倍。2011 年上半年的广东民间借贷的余额约 4500 亿。并且随着组织主体的不断创新和变化，组织主体的行为也出现新的特点和风险类型。如由"月月会"到"日日会"的转变、简单的一对一式的借贷关系向传销式多层次金字塔式高利贷集资、单一的小额信贷公司经营转向国外不少机构参与小额信贷公司经营的积极性较大，单一民间资金来源向国有资金渗入民间资本的转变等多种新的风险特点的出现。

这些数据的例证真实而又客观地反映出即使在我国实施从紧的监管措施，花费高昂的行政执法成本之下，我国民间金融生存与发展依然保持着如此迅猛的速度，并呈现出扩大和新的风险的发展特点，而非法集资行为也未得到有效遏制，依然与合法融资行为难以区分。这种执法绩效的反差促使我们必须重新反思我国民间金融法律制度建构的初始目标设计合理性和真实动因，以及法律制度中的法律法规之间的具体安排合理性与存在的缺陷。同时，我国民间金融生存与发展的现状本身也正是对当下从紧的金融监管制度的一种否定，有力地证明了我国法律制度绩效是低效的，甚至是无效的，由此确有必要对我国民间金融法律制度建构重新做出安排，以真正实现促进民间金融良性发展的最终目的。

三、我国民间金融的立法与执法缺陷成因

1. 经济自然权利的漠视

我国民间金融伴随经济的发展已存在许久，却始终无法得以阳光化，只能是在经济体制中做到"如影随行"的境界。然而这些年来，民间金融之所以迟迟不能放开，主要是因为金融监管机构基于两点原因：第一、民间金融自身具有较强的脆弱性，为了维护金融稳定、防范金融风险不能轻易放开。第二、保护金融消费者的利益，认为民间金融组织具有极强的逐利性，容易滋生高利贷现象，借机剥削借款人。的确，这些理由听起来似乎合情合理，民间金融本身产生模式因不同于正规金融体系，内部系统结构稳定性较之正规金融业也确实要薄弱很多。但是有风险并不等于对其需要全盘否定和禁止，以至于每次出现局域性的民间金融市场危机时，金融执法机构采取的方式都是一有问题就关，一有问题就一刀切，不容许任何人再从事民间金融业务的做法，行政命令性管理方式味道浓厚，即使运用法律调整，对其行为也定性为"非法集资""非法吸收公众存款"等刑事上的罪名，保护债权人的利益方式似乎更多的也是一种严刑峻法般得出了口恶气。这种只"堵"不"疏"的做法不仅没有达到金融监管机构预想的使民间金融在金融市场中灰飞烟灭的目的，反而造成

对民间金融主体的经济自然权利的否定和侵犯。

因为监管的理念必须要承认一个基本的前提，从事任何经济业务的权力应该是自然权利第一，我们生到这个世界上，我们必须得有这个谋生的权利，这种谋生的权利就跟我们自己能不能活下去紧密地联系在一起，这种权利的内容也至少包括自愿金融借贷的权利。由此看出，经济监管的目标的确包括保持社会经济秩序的安全与稳定和保持金融消费者的利益，却又不仅限于此，经济监管所要达到的实质目的在于使每个置身于经济体制中的经济人都能在安全与稳定的环境中最大地实现自我的经济权利。但在我国长期苛刻对待民间金融的社会意识取向之下，我国金融监管机构从一开始就对民间金融持有否定为主的态度，认为对金融制度消极影响多过积极影响，从内心而言并不愿真正地扶持和培育民间金融市场的发展，并且也认为直接取缔的办法也为监管机构省去较大麻烦，简洁了事。所以这也就不难解释为什么监管机构措施如此激进，并且多采用行政权力禁止的事后监管方式，而甚少运用法律的事前和事中的调整监管方式。同时，这种社会意识的指示性也使得手中有闲钱且有能力放贷的人认为不能把钱借出去，因为借钱给别人不仅有投资风险，还会面临社会的负面评价和指责，甚至成为政治运动中的打击对象和牺牲品。其结果必定是在巨大压力之下，大量闲散可用资金被挤出了民间金融市场。可资金需求却没有改变，依然存在一方流动性过剩，另一方则资金短缺的状况。相反，正如古语有云："授人以鱼，三餐之需；授人以渔，终生之用"，为缩小资金缺口，监管机构再三要求银行加大对中小企业的贷款，但宏观政策意愿往往被具体监管政策所否定，中小企业现实贷款空间依然狭窄。对于农村金融建设，则是年年谈"三农问题"，年年进行财政补贴方式，效果也依然不乐观。根据 2008 年中国人民银行《中国农村金融服务报告》说，我国有近 3000 个"零金融机构乡镇"，只有 1 家金融机构的县（市）2 个、乡镇有 8901 个，其中，西部地区情况最严重，共有 2645 个"零金融机构乡镇"，占全国"零金融机构乡镇"数的 80%。相比之下，人均 GDP 是中国八分之一的孟加拉，人均 GDP 是中国四分之一的印度，农村金融却远比中国发达。增加贷款、补贴都只是"鱼"，恢复民间自主办金融的权利，并开放商业银行等金融机构的创新自由才是"授人以渔"。因此，如果想要真正改变金融饥饿、民间高利贷盛行的现状，我国监管方式不应该是堵，而是疏。抛弃运用传统行政权力直接禁止取缔的事后做法，加强运用法律规范的事前和事中疏导机制，合理引导民营金融和金融创新方向和内容，提供宽松的金融发展环境。只有在金融环境更宽松自由之后，才能有金融机构之间更多的竞争和金融创新，金融供给才会增加，民间利率才能降低。同时民营金融从地下走向阳光、走向合法，民间金融的契约风险才会随之降低。

2. 政府的经济人利益追求

从早期简单的民间金融组织形式发展到现代复杂的各种民间金融组织形式，伴随而来的风险实质上也经历着一个由小到大的过程，直至风险大到足以影响我国的货币政策、经济结构等宏观层面和投资者、企业可持续发展等微观层面的利益负效应产生。因此，我国民间金融的存在和发展就像一把双刃剑，即赋予金融市场经济活力的同时，也会引起资金供求关系的变化而导致民间借贷利息越来越高，整个社会的福利损失也随之增大，而人们的经济权利也未得到充分的尊重和实现，随着不当的监管方式而被主观压制。

金融市场的发展存在着威胁，此时积极地选择合适的民间金融引导行为方式变得尤为重要。然而，令人失望的是当民间金融主体开始萌生市场化运作意识之时，并以竞争主体正式身份进驻金融市场，试图按照市场经济发展规律参与金融活动之时，却发现无法对自我行动进行预期和纠偏，造成民间金融无法准确定位自己在金融市场中的角色。实际上，我国民间金融作为金融市场中的一部分，以其自身的优势已经获得市场经济本身的认可，成为金融市场中资源配置的有效补充方式，理应获得相应的市场经济相关制度的扶持和培育，使其与金融市场的其他经济主体协调发展。但是，恰恰相反，我国民间金融却并未得到正规金融制度的认可，尽管我国政府已经清楚地意识到民间金融的优势，并出台了类似于《非公36条》一样原则性的政策支持指导文件，但现实中的具体执行情况永远与政策目标所要达到的期望不一致，且不论至今为止国家仍未以法律权威认可方式确认其合法地位和专门法律行为引导规范，甚至在实际经济活动中还遭到正式金融制度的排挤和监管机构的抑制和否定，并未真正被我国金融制度安排所接纳，也未真正融入我国金融竞争环境之中。而这种实际制度安排中的巨大反差也使得我们必须进行一个更深层次的制度内在层面的思考。

我国是一个以计划经济向市场经济转轨的国家，制度内的安排一向都是由政府为主导的方式进行的，所扮演的角色是事物管理者和改革的推动者，这也是我们通常所能直观且理所当然认为的角色。但实际上除此之外，政府也具有我们常常为之忽略的经济人角色，即完整诠释为政府既存在为全社会利益谋福祉的职责和功能，也存在自身效用函数最大化追求和自身利益集团的保护要求。因此，为了维持我国公有产权的主体地位，为了维持制度建构中的政治性支持需求，政府必须保障国有金融主体和国有企业的市场垄断地位，以及国有金融对国有企业的强大金融支持，进而维护垄断制度中的既得利益集团的经济要求。然而，这种无形之中的行为抉择偏好必然需要排斥民间金融市场和中小企业的发展，尽管当初培育民营经济的目的是引进市场活跃因子，政府也试图努力加大国有金融体系对民营经济的扶持力度，可惜现实事与愿违。正如"日日会"倒会案调查中，中国农业银行的徐水支行一位副行长当时接受采访时所言："近几年贷款权利不断上收，民营企业一般不可能贷到款。"因此，在这种强制性制度方式与诱致性制度方式之间的严重失衡境况之下催生出了民间金融的营利机会，繁荣了民间金融市场。但是民间金融市场的扩大与繁荣也促使国有金融主体忧心忡忡，一则担心民间金融会大量分流市场资金，二则担心民间金融的强竞争力会危及国有金融主体长年以来的垄断地位。所以，一向倚靠国家公权力占据金融市场"老大哥"地位的国有金融主体必须再次依仗国家权力维护自我利益，排斥民间金融市场发展，政府也会出于各种考虑，维持国有金融的主体地位，采取政策偏向方案，最终导致民间金融在市场中缺少地位。而此时的民间金融在市场经济的法律地位迟迟未能被确认的情绪之下，在市场活动缺乏制度约束的条件之下，则极易失去自我控制状态，为逐利性的欲望实现而游走于市场经济发展的合法和不合法行为的边缘，其结果便出现"日日会"、典当行非法融资等事件，对社会造成极为不良影响，民间金融也由此得名灰色金融或者黑色金融等称谓，与地下经济混为一体。由此可见，民间金融的地位如若得不到确认并以法律形式加以固定，则极易面临来自公权力的利益侵蚀，成为经济市场中的弱势群体，无法与市场中其他金融主体处于同一起跑线的位置，更无从谈起所享有的权利和承担的义务。进而当民间金融主体权益受到侵害时，无法获取权益保障的情况下，私人处理风险方式便成为最后的维权方式选择。而当民间金融主体侵害他人权益时，却无法找到真正相应的法律规范，只能采取简单的严刑峻法方式解决了事，结果造成规制方式的不当，行政权力干预式的方式代替法律规范引导的调整作用，造成民间金融市场仍然维持无序状态。因此，民间金融的发展急需纳入法律制度建设之中，以法律的评价、指示、预测等作用规范和保障其行为的市场适应性。

3. 监管理念的主观偏差

所谓"理念"是指理想和信念的组合，是主客观条件相结合，以及主观较之于客观的能动性活动，现实中是指人类追求理想中的最高目标，以及为了实现最高目标而不断进行方法、途径的实践过程的含义。"法的理念"则是指对法的应然规定性、理性的、基本的认识和追求。从学术角度看，它是法及其适用的最高理想；从实践角度看，它是社会成员及立法、执法或司法者对待法的基本立场、态度、倾向和最高准则。它是包括理想的法律目标模式与该目标模式的实现途径和方式两方面的含义。因此，法的理念本身并无正邪之分，也不能表明是否代表或体现了公平正义，它是随着人类社会变迁过程之中不断变化的价值观和道德观的形成与变迁而发生变化，反映人们在不同阶段的理性认识水平、能力和不同时代的价值观、道德观。只是在人类社会由初级原始状态向现代文明发展进程中所凝聚的价值观和道德观内容所包含的正义观念和形式的不断的精益求精，使得所有法律都努力指向这一目标——法律理念是正义的实现，及实现在某地某时的条件下所可能实现的有关社会生活的最完美的和谐。

　　而这种社会生活最完美的和谐来源于社会发展中每一个成员和群体之间的物质与精神层面的完美结合，以及人类进程变革之中经济技术条件日益提升所带来的价值观和道德观评价标准的提升。由此，一定的法及理念的形成必定与一定的经济基础相适应，就是说，一定的经济基础既是一定的法及理念的出发点，也是法及理念的归宿。因为法及理念所反映的价值观和道德观所要达到目的归根到底服务于一定的经济基础，进而服务于整个社会的进步。所以说，法及理念根源于一定的经济基础，既是必然的选择结果，也是自我信念的选择。但是，并不是经济基础一经存在就自发产生一定的法及理念，而是必须通过充分发挥人的主观能动性和主客观条件相结合才能实现。即随着社会经济时代要求的不断变化发展，法及理念不仅反映当时的社会发展价值观和道德观，也能根据其观念的转变而进行法及理念上的调整。同时主观上人们通过不停的实践机会也可以感受到这种认识过程并完成这种理念的认识，并对其社会经济现象所展现出的深层次本质的内容进行研究，进一步形成一种理性的认识。正如我国目前处于转轨时期，从新中国成立初期百废待兴中的自我建设转向改革开放的春天，从计划经济体制转向市场经济体制目标的建立，深深渗透着国家管理职能和经济市场客观条件的变化，以及社会特定时期的理性认识水平、能力和特定时代的价值观、道德观的变化。而这一转型期间所形成的相关法律保障制度理应是社会经济生活每经历一次变革之中的主客观条件的共同作用的结果，是对实然状态的理想抽象与归纳中的无限靠近应然状态的认识过程。而这种每一次无限靠近的变化都必定促使不断变迁的价值观、道德观中所包含的正义观会选择或摈弃一些特定的价值判断，呈现出较之前一个时代不同的正义面貌，体现出社会正义观的时代性，进而促使法及理念对正义的诠释朝着更加客观、理性和准确的方向形成和发展。

　　而实践是检验真理的唯一标准，社会经济生活变迁中的不断吐故纳新之间彰显出自由、自治、独立的市场精神与政府职能转变的现实要求，促使法及理念在解决市场中不正当竞争、垄断、不合理经济利益分配和金融创新等社会经济问题时向我们展现出正义实现的新特点和方向，即从形式正义向实质正义的转变，形成社会本位、国家调节等理念。而民间金融作为社会经济生活变迁中的客观产物，其存在和发展的合理性映射着社会变革中当代价值观和道德观的不断提升，理应反映于法及理念蕴含的内容之中并被法及理念所确认。但是，政府总是会以实现国家战略计划的信贷配给任务为主，并偏向行政权力干预方式实现控制金融资源的目的，进行所谓的市场资源最大化和最优配置，进而将大量的储蓄配置给那些指定的产业，以达到所设定的经济增长预期目标。为了保证国有金融的发展，民间金融的法律保护、公平对待中小企业和农户的态度必然会被适当地牺牲，致使金融市场的职能就会受到动摇，大量金融活动所能产生收益的减少，金融活动也会趋于减少，大规模的银行及其他金融机构的破产退出就成为事实，金融市场职能的稳定性就难以维持。而这种过度强调发展而引致的金融创新压制必定忽视普惠性的公平正义，使得本该真实体现现今时代特征价值观和道德观的法及理念出现偏差。这不仅与我国民间金融在社会中所起的作用十分不相对称，也与社会要求的价值观和道德观中蕴含的正义观应然状态相违背。

同时，金融监管就像一把双刃剑，一方面合理程度的监管可以降低金融体系的风险，另一方面如果过度的监管或者监管不当就会造成金融市场的效率普遍低下，无法促进金融市场的良性循环，进而阻碍经济的繁荣。1995 年 De. Gregorio. Guidotti 发现了金融管制程度与金融效率之间的倒"U"型关系，其后弗莱使用了 85 个发展中国家 1971—1995 年间的资料验证了该结论：严格的金融管制既有可能在一定程度上弥补金融市场的不完善，也可能出现由此带来的效率损失导致管制失灵。放松金融管制可以促进金融业效率提高，也可能加剧风险导致金融危机发生。因此，国家为保障金融安全和促进经济迅速发展履行监管职能本无可厚非，此乃正义之理念。但是如果为了实现此目标而主观偏差地认为只有金融活动以现代形式运作才是有效率的，只有所有的金融活动全都纳入到政府监管视线范围之内，由政府行政权力去干预才能强化风险，甚至过分压制或抑制本来就符合市场经济规律的民间金融的存在和发展，偏离社会真实与实质的公平正义观的价值理念就并非恰当之举了。这必将积聚社会矛盾并最终爆发，原本合理的目标南辕北辙，其结果必定是减少资金所有者的收益，剥夺了资金投资者的多样性自主选择权，金融资源的流动性受到限制，整个金融体系出现僵化状态，金融资源配置严重扭曲，金融市场秩序反而受到威胁。

因此，我们必须重新思考我们金融监管的目的和理念是什么，只是为了不惜牺牲公平正义的代价实现零风险或是政府认为的最佳发展模式？还是为了更好地促进市场的开放，创造更为优越的发展环境？在我们看来，后者才是我们法及理念要实现的最高目标。因此，政府必须转变职能，立法者、司法者和执行者必须客观理性地面对社会所需的真正的公平正义的价值观与道德观的理念，秉承公平对待民间金融的态度，制定适合民间金融的法律法规以促进民间金融的健康发展。

第三节　本章小结

本章以我国不同时期的经济发展背景为条件，将我国民间金融发展及法制建设的历程分为四个时期：改革开放以前：彻底压制期——社会主义市场经济体制确定；

短暂宽松期——金融体制改革目标确定；民间金融严格监管期——市场经济制度深化阶段；逐步开放期。虽然第四期的逐步开放的转折态度的确在一定程度上为现阶段民间金融的发展提供了较之前时期宽松许多的市场环境和制度空间，但是却并未真正解决民间金融市场主体的合法身份问题和完善民间金融法律制度框架，并未真正制定适合民间金融的法律引导规范，解决其法律制度方面的困境。多年来的民间金融立法建设最终形成的是大、杂、乱的法律框架，行政性规范、文件精神和政策指示成为民间金融法制建设的主要航向标，涉及的仅有的几部相关法律规定和标准也过于抽象和原则化。只从民事立法角度简单地对民间借贷进行规定，对于中、高级形态的私人钱庄、合会等法律规定则是仅从刑事立法角度对非法集资相关行为进行规范。执法现状是多个规范文件导致多个监管主体。这种不完善的法制建设现状使得我国民间金融存在参与主体的权利与义务严重失衡，禁止性义务规范太多，权利的赋予和保护缺失；承受着行政取缔与刑事规范为主、民事规范为辅的过重责任格局，尤其是严苛的刑事责任，几乎成为所有民间金融活动都极易滑入的雷区。同时，我国民间金融法律制度体系缺失统一性，法律法规之间协调性差，甚至出现冲突，多半法律法规效力层次偏低，导致出现无法援引的问题。法律法规合法化标准不明确，过于简单，立法上缺失清晰区分民间集资和非法集资的判断标准，具体内容的规定也过于粗糙。监管体系缺失，既缺失明确的市场准入、退出、业务和风险管理规则，也缺少相应的监管程序。执法上存在管理者处于事实上的"真空"状态，部门之间职责不明、权限不清。而造成我国民间金融立法和执法缺陷的成因，除了在监管理念上的偏差之外，还有就是我国政府对金融业活动采取严格管制政策。当民间金融因其自身的缺陷和失灵造成市场内风险时，在缺乏明确规范引导的条件下，我国政府通常采用的是行政命令式的只"堵"不"疏"的监管方式，这种方式实际上是对我国民间金融主体的经济自然权利的侵犯。然则，更深层次原因在于我国政府即拥有管理人角色职能也具有经济人角色需求，即政府有为社会利益谋福祉的职责所在，也存在维持制度建构中的政治性的需求。因此，为了维护公有产权的主体地位和寻求政治上支持需求，我国政府必须保障国有经济体系中的主体利益集团的经济要求，这种行为抉择偏好也必然会排斥民间金融市场和中小企业的发展，最终使得我国民间金融的法律制度完善只停留于"说"的层面，始终难以进入实质"做"的层面。

第四章　民间金融的法律原则、准入形态、行为规范及理论基础分析

第一节　民间金融法律制度重构的基本原则

　　法律原则是法律制度的重要组成部分，法的基本要素之一。布莱克法律辞典的解释是：法律的基础性真理或原理，为其他规则提供基础性或本源的综合性规则或原理，是法律行为、法律程序、法律决定的决定性规则。换言之，法的原则是法在调整一定的社会关系时在一定范围内普遍适用的基本准则，提示和指导人们行为的方式和方向，协调和调整法律机制的运行，它促使法律规则必须与具体的社会关系相融合，为其内部要素提供基础或本源的综合性原理和出发点。法律原则包括抽象原则和具体原则之分，不仅在法的创制层面还是在法的实施层面都具有重要的意义。它直接决定法律制度的基本性质、内容和价值取向，反映了法律精神，同时也是法律制度内部和谐统一的重要保障，对法制改革具有导向作用。而从法律实施上看，最重要的功能在于补充法律漏洞，强化法律的调控能力，可以防止由于适用不合理的规则而带来的不良后果。因此，不管是公法或者私法、高位阶或者低位阶，亦或是部门法，都有自己的基本法律原则。

　　而对于民间金融的法律制度设计而言，不管是参详各国相关方面的经验或是就本国情而言，现存的规制正规金融的法律制度无法适应民间金融的特点，势必需要专门系统立法与建立相应的监管体系。那么，民间金融法律规制原则的讨论与研究就显得尤为必要。因为它是民间金融法律规则制定的基础性真理、原理和精神实质的概括和抽象，不仅反映出民间金融法律规制应有的价值、功能和理念，也反映出立法者对于民间金融法律规制的价值、功能和理念把握的认知程度。民间金融法律规制的基本原则将会贯穿于规则内涵的始终，指导民间金融主体的经济活动行为方向，并体现出民间金融法律监管须达到的效果和特点，即普遍性标准确立与特色标准确立的结合，而这些标准实际上也是民间金融法律原则确立的衡量标准。由此，民间金融法律原则的确定绝非单靠凭空臆想就可以获得，必须具有一定的依据性和

条件背景。

　　民间金融作为我国金融体系中重要的组成部分，对其监管也必定属于我国金融监管系统中的一部分。自然，民间金融法律监管原则就必须与我国金融监管总原则相适应与相协调。我国金融监管的原则主要包括：依法监督、系统监督与区别对待、预防风险为主、加强内部监控、加强国际合作，以及加强行业自律与外部审计原则。因而，我国民间金融法律原则的产生须以此基本原则为依据和基础，达到民间金融法律规则与日益复杂的市场中各种具体的经济关系之间的融合以及具体法律规制之间的调整机制作用。但是，在遵循普遍性标准确定的同时也要考虑民间金融特色标准的需求，由于民间金融具有不同于正规金融的自身特点存在，其法律原则也必将体现出民间金融的特殊之处，与金融监管的总原则有所区别。

　　经过以上分析，结合我国经济发展国情现状及民间金融未来发展的趋势，笔者认为我国民间金融的法律原则应该包括规范目标明确性原则、制度化的系统监管原则、运用适度的监管原则和注重效率的原则。

1. 规范目标明确性原则

　　如将民间金融实行法律化监管，首要之事便是需要确定明确的规范目标，只有具有清晰而又正确的指导目标，在后续的法律规则制定过程之中才能逐渐向所要达到的法律效果靠近，同时提高和指示民间金融主体进行相关经济活动时行为的方向。

　　正如本文第二章中对民间金融法制化需求探讨中所做出的研究分析，民间金融就像一把"双刃剑"，既存在积极作用也存在消极作用，如何趋利避害、扬长避短，如何在民间金融的规范之中体现出当今时代日益提升的价值观及法律规范中的公平正义等理念成为原则确定的主要解决思路。鉴于此，民间金融的规范目标应该是承认民间金融的合法地位，运用民间金融的优势面正确处理与正规金融之间的互补关系，使其共同发挥对经济的支持作用，同时积极地减低或者消除民间金融的消极影响，引导使其向规范化发展的趋势。

　　此项目标原则不仅确立了民间金融在市场经济中的地位，也梳理了民间金融与市场中其他经济因素之间的关系，促使民间金融能够摆正自我的位置，按照规定行事，不越位，不乱来。

2. 制度化的系统监管原则

　　由于民间金融具有较强自身的独特性，因此需要有科学的、制度化的、系统化的法律监管思路，建立适合于现今我国国情和当今与未来民间金融发展的法律监管体系。

　　而此项原则要求主要表现于对外与对内的关系处理之上。对外要注重协调民间金融法律体系与正规金融法律体系之间的紧密关系。民间金融与正规金融同属于金融体系中的重要内容，两者之间的关系也已在前文中详细分析，因此难免在立法、司法、执法过程之中三者存在较大范围的交叉之处。特别是在立法过程之中，民间金融的组织形式、运作方式、责任承担模式等规则制定方面必将会参照正规金融的法律规则内容。但毕竟正规金融与民间金融之间有所区别，正规金融的法律规则内容并不完全适合民间金融的特点，因此如何在保持民间金融独特性规则要求方面同时做到与正规金融之间的协调性成为思路之一。然则对内主要是指由于我国经济发展不平衡的特殊国情，民间金融的组织形式复杂，交易方式也具有一定的隐蔽性，监管起来有难度，如何在制度内划分不同类型的民间金融控制对象，各控制对象之间监管的区别，以及规则制定过程之中的相互协调性，如内部组织结构形式、运作方式、监管主体、责任分配等方面必须根据实际情况，权衡轻重，不可有失偏颇，也不可"眉毛胡子一把抓"，交叉重叠内容都是不可取的。因此，必须保持整个相关法律规范之间的协调性、系统性，使其各司其职、各归其位，避免出现由于权责不清而相互推诿之事，也避免由于法律的不完善导致的所谓"钻空子"的现象出现，损害民间金融市场的良性发展。

3. 运用适度的监管原则

此项原则来源于目前不合理的民间金融法律规制现状，正如前立所述，我国民间金融规制现状是严刑峻法和行政性规范手段为主，管制相当严格，强度较大，监管的效果不理想。而之所以出现这种结果是民间金融发展的特点有关。民间金融之所以与正规金融是平行关系，而非替代关系，成为正规金融之外的融资补充渠道，其理由就在于它的民间金融交易习惯。便捷的交易方式、信息对称性与较低的交易成本，并且依托于本地的经济环境与人文背景，促使交易行为中渗透出本地的习俗和惯例，因此带有强烈的地域性。虽然随着市场经济的确定，交易的范围和规模有所扩大，但交易对象仍然主要是中小企业、农村小商户和个人，交易来源的资金，以及交易的范围多具有本地区域性，因而本身的特征决定地域扩展的局限性，仍旧保留了地域性特点。因此，如果对民间金融仍然坚持采用规制正规金融的严格制度，必然无法实现民间金融存在的初衷，极易造成民间金融的如同正规金融一般缺乏灵活性和刻板，反而不适应民间金融市场的需求，有碍于民间金融未来的规范发展。与此同时，我国现今的金融监管权力格局较为集中，监管范围非常宽泛，基本上形成严密的监控体系，这种格局极易出现权力寻租的现象，再加之监管主体毕竟精力有限，并非每个监管对象都能触及到，造成监管机构什么都想管，结果什么都没有管好的局面。

由此，立法者、司法者和执法者应该充分考虑到民间金融的自身特点，尊重其交易习惯和人文文化，采用适度的监管方式。由一味的静态合规性的监管转变成静态合规性与动态的风险性审慎原则相结合，并可以参详德国的非现场监管方式，将某些监管职能以法律形式赋予给民间金融的自律组织，鼓励民间金融组织构建自律组织机构，同样赋予权力与义务的方式促使自律组织机构发挥自身效用，更好地服务于民间金融市场的长远发展，实现民间金融的可持续性的良性状态。

4. 注重监管效率原则

任何监管制度的构建和运行应该都是具有效率性的，包括法律监管模式也是一样。而这种效率性应该体现于监管的成本与收益之间的比较，如果监管的成本大于收益，自然，效果甚微甚至起到反效果。反之，则属于有效率的监管方式，不仅能达到监管所需要的效果也能带来正面的连锁社会效应。因此，民间金融法律监管体系的构建和运行应该考虑到法律立法、执法和司法过程之中付出的监管成本与民间金融市场所产生的监管收益之间的问题。一般而言，民间金融也是拥有经营成本，这种经营成本的本义应该是与民间金融自身的收益建立关系并为之服务，而不应该为监管负担过高的额外成本。民间金融一旦纳入法律制度的监管，如果其经营成本为法律监管超出负担的界限，不仅会影响民间金融的法律监管效果，出现监管局面的混乱和扭曲的经济行为，还会影响民间金融的经营活动，严重者甚至会导致民间金融市场的萎缩。因此，民间金融法律监管成本应该控制在一定的范围内，避免由于这种超额的成本造成金融监管机构的低效率工作与负担，这本身也是与经济效率原则是相违背的。

第二节 民间金融准入形态的模式确立

一、主要国家和地区的民间金融准入模式之经验借鉴

1. 主要国家和地区的民间金融准入形式

（1）美国

美国的民间金融主要由合作性质的信用社和储蓄贷款协会两部分组成。其中，合作信用社是美国民间金融主要的准入形式。目前，美国的信用社主要有三种形式：一是由雇员组成的职业性合作社；二是行业性信用合作社；三是社区内信用合作社。其特点在于这些信用社一般都要求其会员必须来自于同一职业领域、同一社区或者同一团体组织，通过自愿申请入社，交纳适当股金既可享有社员的存贷款、获得红利和作为会员的选择合作社管理者等权利。另一种民间金融准入形式是储蓄贷款协会，类似于我国合会等互助会形式，其特点是以熟人熟事的声誉机制为基础。在20世纪70年代以后，由于一些互助性质的储贷协会或者储蓄银行在存款账户管理体制变革的情况下，纷纷改制成了股份制。另外，美国目前比较常见的民间贷款形式还包括一种小额信贷组织和社区银行，以满足特定地区的人们对金融服务的需要。

同时，美国政府除了关注中低收入家庭和个人的资金需求之外，对中小型企业的融资需求也提供多种资助方式，其中有一种资助方式值得我国借鉴，即民间资本可以通过股权融资进入中小企业。共有四种方式：①主要所有者股权占所有者权益资产的2/3，大约占总资产的31.33%。②"其他股权"，大约占总资产的12.86%，部分股权主要由亲戚和朋友组成，他们既不拥有重要股权，也无重大决策权。③"天使资金"的股权，约占企业总资产的3.95%。"天使资金"是指中小企业在初创期，给中小企业提供一定发展的个人与家族，并给予公司发展的指导意见。④"风险投资"，这类投资往往是投资中、小高科技企业。这部分投资的资金中小企业很难获得，其额度只占总资产的1.58%。外来资金所占比例并不高，大约在2.69%，投资的目的就是鼓励与促进高科技企业发展。

更为重要的是，美国政府在各种民间金融信用主体出现之初就选择了采用法律引导方式赋予合理的民间金融形式以相应的合法地位，这不仅激发了美国民间金融市场的创新，也肃清了金融市场中的非法行为。如早在1909年，美国马萨诸塞州就制订了首部信用合作社法案。从1930年开始，美国32个州通过了信用社合法化案，1934年美国国会又通过《联邦信用合作社法》规定所有在联邦注册的信用社必须参加。1977年制定的《社区再投资法》的规定。1998年美国信用社管理局还修订了《准则与规章》。目前，美国仍然维持州立信用社立法与联邦信用社法案并存，这一立法格局意在市场经济高达发展环境之下，既能维持信用社运作的灵活性也能促进信用社的创新性，并且通过州和州之间的立法活动推动整个信用合作社的更优发展。

（2）德国

德国是信用合作社产生的源泉之地，自从1846年舒尔茨（Herman Schulze-Delitzsch）建立了城镇信用社和雷发胜（Frierich Raiffeisen）建立了世界上第一个农村信用社之后，合作制金融体系为主民间金融准入形式得以传承，并拥有非常完整的组织结构，涉及金融、农业、非农业、消费品、住房等各类领域。其中合作金融组织最为发达，在合作社系统和银行体系中具有相当重要的地位。合作金融组织主要分为信用合作社（地方合作银行）、合作社联盟（区域性合作银行）和中央合作银行三个层次，都拥有独立的法人资格。具体而言，地方合作银行一般由农民、个体私营企业、城市居民、合作社企业和其他中小企业入股组成，由入股股东共同拥有，采用民主管理方式，一人享有一票决定该组织安排和经营策略的投票权，社员既是组织的所有者也是服务对象，过去社员必须是存款者，后来这一限定条件慢慢被放宽。区域性合作银行则是由地方合作银行入股组成并拥有。主要的职责是向基层的信用社提供资金的支助、结算业务和再融资的活动，同时利用外部资金进行证券投资业务和国际银行业务。中央合作银行属于一家全能型的股份制银行，除了向各地区合作银行提供全国性的支付和结算业务及短期的业务之外，还可以为有直接业务往来的外国公司和其他机构提供类型众多的金融业务银行产品及金融服务。

尽管德国的各种合作社与政府并没有建立直接的行政关系，也不依赖于政府，具有很强的独立性。但是，长期以来，政府通过立法上合法性的确认和提供大量政策上的支持以保障合作社运作的合法权益，促进合作金融组织的健康发展。德国的基本法规定促进合作制和支持合作自助，并把促进与支持作为优先目标。同时对合作社采用综合单独法律确认方式，从 1867 年德国制定第一部合作社法——普鲁士国通过《关于经营和经济合作社私法地位法》开始，德国合作社法就一直建立在明确的法律基础之上不断进行发展、变化和调整，直至发展到最新的《德国经营及经济合作社法》出台。德国合作法作为与公司法同等重要的主体法，是法律体系中一项不可或缺的基本法，具有综合性、不分行业地规范和调整各种不同类型的合作社组织经济行为的特点。其法律规定合作社属于法人组织，为基本的民商事主体，享有同其他经济主体同样的经济权利和承担相应的责任，并在合作社法中明确其成员主体的基本权利和义务。

（3）日本

日本的民间金融是以互助会的形式为基础发展，经历了一个相对完整的演变过程，实现了从互助性的一般组织体系向具有专业特点的银行体系转变，是民间金融向正式金融转变的模板经验。互助会在日本早期就已出现，一般是指轮转储蓄和信贷协会（日本称之为 Mujin 或者 K（f，也被成为"无尽""无尽讲"或"讲"），这种形式在前工业时期是非常普遍的资金融通形式。19 世纪后期开始，随着经济的发展，大量的轮转储蓄和信贷协会的性质逐渐有所改变，由传统的互助性性质转变成具有商业性，资金从参会员者拥有并使用扩展为会员之外的人以利息方式使用，并且大部分组织主体变成有实力的企业，很大程度上具有银行特征。由此，互助会的总体特点：一是成员取得汇款后并不解散，而是多次不断轮转。二是互助会的创办者以有经验实力的企业家为主。

由于这种极大的转变引起日本政府的高度关注，很多省份开始制定相应的规范管理模式，最早针对非营利性的互助会制订了《讲会取缔规则》，最终在 1915 年，日本金融当局和日本银行在仔细研究评估了互助会的特点及利弊的基础之上，制订了《轮转储蓄和信贷协会金融法案》（Ministry Finance Law）。二战后，日本的民间金融出现更为全面的服务形式，即为中小型企业提供融资的小型金融公司，或者称之为产业促进公司。这种组织形式与传统的互助会既有区别又有共同点。区别在于它不需要固定的会员，并且资金的使用也不需要用竞价或者抽签的方式获得，相同之处在于每次参加的会员都必须要多次参加缴纳份额资金。新的金融形式不断地出现使得法案出现了力所不能及的局限性，虽然几经修订，但是仍然未能满足金融市场的需求。于是 Mujin 协会要求起草新的法律以促进互助会转变成互助银行，1951

年 5 月，日本政府通过了《互助银行法案》，使得轮转储蓄和信贷协会开始向以商业银行准入形式转变。到 1985 年，在日本金融顾问研究委员会的倡导下把大部分互助银行转变为商业银行，并在此后几年里完成了把所有的互助银行转变成了商业银行的使命。因此总体而言，日本的民间金融主要包括办理存款形式和非存款类两种形式。其中办理存款类形式的机构主要有三类：第一类是长期信用机构，如长期信用银行、信托银行；第二类是中小企业金融机构，如相互银行、信用金库、信用组合、劳动金库、商工组合中央金库等。第三类是农林渔业金融机构，如农林中央金库、农业协同组合机信用农业协同组合联合会、渔业协同组合及信用渔业协同组合联合会。非存款类机构包括证券投资信托委托公司、生命保险公司、损害保险公司、住宅金融公司、消费者信用机构和证券金融公司等。

2. 启示：我国民间金融准入模式的辩证分析

近几年，我国民间金融合法化的声音相当强烈，民间金融的支持者一再要求对其进行正名，并以国外的民间金融经验为依据。虽然国家已经认识到民有资本的丰厚及民有市场的需求，但是却迟迟因主客观原因而未能将其正名推上日程。的确，民间金融市场的存在已经具有深厚的经济基础与"肥沃的培育土壤"，承认并规范它已成为我国刻不容缓与不可回避的事实，并且从各国民间金融的法律制度构建分析来看，合理的法律监管体系的建立前提也应是民间金融合法的准入形式的确立。然而，当民间金融主体压制内心多年的抑郁得以释放时，当经历民间金融的区域风暴后开始重新反思法律制度时，人们极易被激情有余而理性不足的情绪所包围，合法化准入形式的判断也极易被披上一层朦胧的主观臆断，盲目而又急功近利地模仿和植入国外的治理经验，从而造成我国民间金融合法化的价值判断出现偏差，以价值完全代替事实的做法，进而忽略其行为的真实判断。

实际上，国外民间金融的合法化准入模式的选择不仅是一种价值的判断，也是事实与行为的法律性选择的判断，以尊重和承认民间金融的良莠不齐事实为基础，以行为对于社会并非全部消极作用也非全部积极作用为依据进行客观评价。因此，我国民间金融法律规制应该摈弃这样一种潜在的命题，即只要民间金融存在就是合理的，只要存在民间金融形式就应该被合法化。这种带有极度主观感情色彩的论断必定会导致不加区分地对不同性质的民间金融进行一般化概念，无形之中将不合理的民间金融形式及其行为的存在性否认了，取而代之为所有的民间金融理所当然的被认为是合理的。而这一认知上的偏差必定会蒙蔽人们理性看待民间金融所具有的消极影响和积极影响，一味扩大民间金融所具有的积极作用同时淡化消极作用。同时，这种具有传导性的偏差反应在法律行为的选择之上必定只会让人们强调要如何保护民间金融，而忽视对坏的和非法的民间金融进行规制。民间金融的合法化应该是一个确认与规制并存的法律性选择过程，法律在此过程之中展现出的是惩恶扬善的功能和建立合规的秩序架构。

各国历史背景的差异性必定带来经济发展基础的差异性，我国作为一个发展中国家，正值两种经济体制交替转轨时期，市场需求由强制性变迁需求向诱致性变迁转变，各种复杂因素浮出水面，民间金融市场在此期间表现出异常的活跃指数，加之本身一直缺乏明确的指导和规范，导致民间金融市场较为混乱，各种形式层出不穷。因此，从现实而言，我国民间金融合法化准入模式的选择应该真正体现出客观事实行为的现状，而不应该表现出强烈主观的"官民对抗情绪"，两边各执一词，相互压制。长期以往如此，不但不利于我国金融市场的发展，反而因为这种情绪所带来的主观认知偏差更加不利于我国民间金融法律环境的培育和建设。由此，我国民间金融合法准入模式的确认除了需要价值层面上的认识之外，也需要对客观事实的理性认识，应该更多的从技术层面对事实加以研究分析，即对市场上不同性质和类型的民间金融的特点和风险程度进行区分，并根据民间金融各自不同的内在特点与经济环境的适应度相结合，选取或重整民间金融市场中的各种交易形式，进而对不同类别的形式设立规范标准，从而最终达到鼓励真正适合金融市场发展的民间金融形式留下，非法的民间金融活动将被法律规制驱逐出经济市场，以实现金融资源的优化配置。

二、我国简单、中间与高级形态的民间金融准入模式

我国民间金融形态准入模式确定这一命题的提出实际上就是民间金融如何合法化的辩证分析。一方面，不仅是部分合理的民间金融合法化过程，也是剔除部分不合法的民间金融过程，充分体现出法律的保障和惩罚的完整机制作用。另一方面，准入模式的选择并不是对现存民间金融市场中存在形式的简单分类相加，而是从深层次对民间金融市场内部进行规范、培育和引导的过程。

鉴于此，目前学界内对民间金融的准入模式探讨提出了两种具体方案：第一种是提议以类似于正规金融机构的股份制形式或者合作制规范民间金融形式合法化。第二种是提议以信托方式建立民间金融与正规金融之间的合作关系合法化。这两种方式虽然各有千秋，各有其好处，但是根据我国的经济发展的实际情况而言，也有其缺陷。第一种方式实际上就是将民间金融全部转成正规金融的准入模式，这也是业内学者支持最多的一种看法。倘若以此种方式转变，笔者认为其缺陷表现为三点：第一点是对金融市场而言并不是深化，而是市场退化。我国金融市场一直强调深化改革，进行金融创新，一旦民间金融形式全部转化成正规金融形式，金融市场中的竞争活力与资源优化配置状态就会陡然下降，直至回到正规金融单一市场独大的原点。第二点是对于民间金融市场本身而言，强行的转变使其优点枯竭殆尽，与正规金融区别无异，仍旧无法成为弱小群体的融资补充渠道，反而促生更多的其他不规

范形式的民间金融产生。第三点是对民间金融的法律监管制度而言，被转化为正规金融机构的民间金融形式监管对象，其监管模式、法律规则制定和监管强度等方面必定与正规金融机构的法律制度如出一辙或者相似，造成民间金融仍然无法改变高强度的监管力度和不合理的监管格局，无法建立适应于自身特色的法律监管体系。而第二种方式虽然符合民间金融发展的需求并且满足于金融市场的需要，但是却缺乏充分考虑到与正规金融合作的中间的委托代理成本与风险的存在，极有可能出现银行只作为中介机构的盈利者，民间金融组织则成为了风险承担者。

由此，我国民间金融准入模式的建立，不仅要同时满足于正式金融与民间金融的要求，更要符合我国国情的经济发展水平的现实状况。不同经济发展程度的地区和不同类型的经济个体对不同形式民间金融的需求目的和满足度时有所差别的，不能简单地统一地认为应该转为正规金融或者是不转为正规金融，而是确有必要地将民间金融的具体形态与现实经济情况相结合逐一进行法律内准入对象选择分析。

第三节　民间金融的行为规范

一、非法集资与合法民间借贷的法律标准重新界定

由于我国至今仍没有一部完整规范民间金融的法律，现有的法律法规不是完全没有涉及关于民间金融法律地位确认问题，就是只停留于"意见"层面，并未上升到法律层面。目前，我国对于非法集资行为的监管法律依据主要是 2010 年 1 月最高院出台的《关于审理非法集资刑事案件具体应用法律若干问题的解释》。正如前文所述，该《解释》首次对非法集资相关行为从法律要件与实体要件两个方面进行界定，并首次提出了不以非法吸收或者变相吸收公众存款的判定行为，的确较之前的行为界定标准而言，具有较大的进步空间。然而，根据经济发展的现状与实践中的行为表现来看，该《解释》只是解决了部分应急性疑难问题，我国关于非法集资与合法民间借贷的法律行为层面上的深层次含义认识仍有待挖掘与研究。鉴于此，笔者认为对非法集资与民间借贷的区分应从筹资行为内在属性、筹资范围、筹资基础三个部分进行界定。

在筹资行为内在属性方面认定，我国法律应把握非法集资和民间借贷行为的运作特点和运作目的。我国资金市场内非法集资的行为主要包括非法吸收公众存款行为、集资诈骗行为，以及擅自发行证券、股票行为。其中，非法吸收公众存款行为是资金市场的主要表现形式，也是与民间借贷最具有错综复杂关系的行为。因此，这两者的区分自然也成为辨析非法集资行为与民间借贷行为的关键之处。目前，我

国对非法吸收公众存款行为主要是以破坏金融管理秩序的意义层面上进行规制，这在《刑法》的章程结构安排上和"两非"办法中的相关规定得以体现。既然是被视为非法从事金融业务行为，其行为运作特点和运作目的理应体现出与银行等金融机构相同的金融特征，即吸收资金的用途是投资或转贷谋利。这在行为表述用的是"存款"一词，而非"资金"也得以证明，"存款"在金融学中具有特定含义，是指类似于银行等金融机构对社会公众的剩余资金的一种吸收，与之相对应的是贷款。换言之，筹资人吸收资金的目的如果是用于自身生活或生产需要，则所吸收的资金不属于存款性质，应是资金或借款。但当筹资人吸收的资金是用于发放贷款谋利，则构成非法吸收公众存款行为。现今，我国民间金融市场中存在的以互助或解决生产资金困难的各种借贷行为，尤其是中小企业的集资行为广泛存在，如果不从行为运作特点和目的上严格界定去两者之间的区别，极易将民间借贷的合法筹资行为界定为非法吸收公众存款行为。

在筹资的基础方面，民间借贷的交易双方之间是既基于金钱利益又基于人情因素，甚至有时候人情占主要原因。而非法集资的交易双方之间则纯粹是基于金钱利益为基础，投资者多半是受到非法集资一方的高利率许诺的诱惑。

二、社会集资行为的法律法规完善

针对于目前我国信贷市场中广泛存在的社会集资行为，我国现有的禁止性法律法规已不合时宜，亟待完善。笔者认为我国在进行完善社会集资行为的法律法规时必须要与简单形态的私人借贷行为区分开来。可尝试从集资行为主体的集资范围和规模、集资对象的特定性范围界限等方面加以区分，当集资规模超过一定人数范围和区域，债权人变得具有不确定性时就应列入社会集资，反之则为简单形态的私人借贷行为。社会集资行为的特点是规模大、涉及范围广、资金出借人具有不确定性。由此，我国立法机关可制定类似于《社会集资管理条例》《内部集资管理办法》，或《社会集资管理办法》等行政法规或部门规章，先在集资行为较为活跃的地区进行试点工作，并尝试性地允许试点的中小企业或其他经济组织实行以吸收股本金、企业职工内部集资方式进行融资。最终在经验总结的基础之上制定出适用于社会的普遍性的社会集资专门方面的法律。当然，在实行合法方式试点工作的同时，银监会也应当对集资诈骗的各种非法行为进行打击，轻者予以相应的行政处罚，重者应按照刑事立法有关规定予以严惩。

三、放贷人与中介人行为的法律规范

目前，我国民间金融市场内存在大量的职业放贷人和具有银根或银背性质的中

介人，他们运用自我信息的优势与自有资金的富足进行各种形式的民间借贷活动。因此，一旦其行为处于法律边界之外，高额利益的诱惑极易造成放贷人与中介人的非理性行为，从而出现类似于欺诈等违法行为，这对于民间金融活动的规范发展产生不利影响，必须对民间借贷中放贷人与中介人的借贷行为进行规范。对此，笔者认为可以从以下几方面入手：第一、设立职业放贷人与非职业放贷人的标准。其标准可尝试性地从借贷资金数量、借贷次数或者放贷者收益的比重等方面进行界定。如果放贷人的借贷资金的数量和次数超过一定的指标，或者其收益超过一定的比例则可以定性为职业的放贷人。相反亦之。第二、实行职业放贷人的特许制。我国金融监管机构对职业放贷人应实行国际的传统做法金融特许经营制，这也是鉴于我国目前不完善的金融市场而言。对此可借鉴中国香港的《放债人条例》，其规定地方政府部门作为对职业放贷人资质审查的主体，符合条件的主体发放职业放贷许可证，并规定了营业范围、营业地点。职业证规定的范围以外则是违法行为，需要承担有关的法律责任。考虑到金融监管的职能的分业原则与职能分工的区别，仍应由银监会作为审查人较为合适。第三、规范对职业放贷人的资金管理。可要求职业放贷人必须设立完善的会计财务制度，并设定按月或按期向监管登记部门进行业务报表的例行检查。同时可要求职业放贷人要么只能以自有资金放债，其数额不能超过自有资金的范围，要么属于民间中介机构或者中介人性质的，对于中介形式、中介业务和中介责任等必须做出相应规定。例如规定中介人不能收取中介费之外的其他费用。第四、加强借贷合同的管理。对民间借贷双方主体的交易格式、合约要件、权益保障和违约责任等方面都需要予以明确，并加强合同公证意识，规范抵押品的范围，避免由于不规范的契约所造成的违约事件出现。

第四节　民间金融的理论基础分析

"规制"一词来源于英文"regulation"，属于经济学范畴词汇，是规制部门通过对某些特定产业或企业的产品定价、产业进入与退出、投资决策、危害社会环境与安全等行为进行的监督与管理。依据规制性质的不同，规制可分为经济性规制与社会性规制。其中经济性规制主要是政府针对微观企业主体的产品定价、准入与退出等方面进行的监督与管理；而社会性规制是以确保居民生命健康安全、防止公害和保护环境为目的所进行的规制，主要针对经济活动的负外部性问题所制定的相关规制政策。如今，"规制"一词广泛运用于法学、社会学、管理学等领域。从公共政策的角度而言，规制是指政府根据相应的规则对微观主体行为实行的一种干预，一般是通过设立政府职能部门来管理经济活动，运用行政的、法律的、经济的各种手段来监督管理微观主体的经济行为。故法律规制是规制手段中的一种，从立法、行政执法、司法等各个方面对相关经济组织、经济行为进行监督与管理。

金融领域所特有的风险，使得各国长期以来高度重视金融管制，是加强管制，还是放松管制，无论是政府，抑或是经济学家、政治学家总在纠结。正如波斯纳教授所言，在美国，没有哪一个学科领域的研究像管制这个主题一样，受到经济学家、法学家和政治学家的高度关注。但是金融领域不仅仅是直接的干预，用"管制"并不全面，就法律角度而言，更应该强调"规制"。那么非正式金融领域的法律规制与正规金融领域的法律规制有何不同、理论基础是否有区别、规制理念如何？毫无疑问，无论是非正式金融，亦或是正规金融，规制的理论基础基本一致，只不过非正式金融的隐蔽性，使得非正式金融的风险更难监测，其脆弱性可能更加明显，故对非正式金融的法律规制理论基础进行分析时，会兼顾其与正规金融的区别。

一、政治学基础：公共利益理论

现代经济并不存在完全自由竞争的市场经济，亦即市场机制不可能带来完全最优的资源配置，即而造成资源浪费，市场行为的负外部性给政府干预市场主体的行为提供了合理性基础。政府干预市场的公共利益理论根植于福利经济学理论和市场失灵需要政府进行干预的理论。20世纪30年代经济危机之后，以国家干预和财政政策为主的凯恩斯主义理论盛极一时，基于凯恩斯主义国家干预理论，金融市场同样存在着大量的市场失灵现象，那么以维护公共利益为己任的政府，应该利用法律、税收、补贴和激励等手段来克服这些市场失灵现象。公共利益理论就此运用于金融市场，也是这一时期金融管制的主流理论。

政府之所以规制金融市场，其理由主要如下：

1. 金融市场行为的负外部性

金融活动存在风险与收益的外部性、监督与选择信贷的外部性，对于金融机构而言，破产的社会成本明显高于其自身的成本，个别金融机构的破产因多米诺骨牌效应，会产生整个金融系统的崩溃而引发金融危机，故美国常有一些"大而不能倒"的说法，这些负的外部性需要政府的监管来消除，以防止大规模金融风险的发生。

2. 信息不对称

借贷双方信息的不对称，容易导致"逆向选择"和"道德风险"。正因为这种信息不对称的效果，作为贷款人的正规金融机构由于无法从小微企业的财务报表中了解其真实的资信情况，故往往不愿放贷于小微企业，以减少其违约风险。与此同时，作为非正式金融活动中的放贷者，除了利用社区信用的作用，为了减少这种风险，大肆提高借贷利率；高息揽存现象也屡见不鲜，在未发生风险之前，是双方乐在其中。

作为高息借款人而言，一旦违约，则银行坏账率大为提高；反之，如果高息揽存的金融组织发生危机，则存款难以保障，这些存款者成为金融机构"道德风险"的直接承担者和牺牲品。对于这种信息不对称，需要政府提供相关的公共产品，如企业信用平台等，减少信息不对称的范围，间接规制金融市场。

3. 垄断

银行业是具有规模经济的行业，而中国的银行业可谓是高度垄断，金融机构的垄断可能会造成价格歧视、寻租等有损资源配置效率和金融消费者利益的不良现象，对社会产生负面影响，从而降低金融业的服务质量，造成社会福利的损失，对此，需要由政府来规制这种垄断。

当然，该理论前提是政府具有规制的能力，且是为了社会利益最大化进行监管的，但结果并非完全按照公共利益理论的方向发展，在监管过程中政策有被俘获的风险，故此后又出现了金融监管效用理论，即政府掠夺论、寻租理论等，如何设计法律制度，又如何依照多数人利益的"公平"来执行此制度，成为金融监管效用应该考虑的问题。

二、经济学基础：金融脆弱性理论

美国经济学家海曼·P. 明斯基（Hyman P. Minsky）以其 1963 年发表的《"它"会再次发生吗？》（"它"是指大危机）一文为出发点，对金融危机进行深入研究，逐步形成"金融不稳定假说"（Financial Instability Hypothesis），最终于 1991 年形成一个逻辑完整的理论。金融业自身高负债经营的行业特性决定了金融业的内在脆弱性，这种内在脆弱性极易带来金融业的不稳定，而金融在经济中的核心作用决定了金融的不稳定必然造成整体经济的不稳定。金融活动是否稳定除了受外界因素的影响，经济主体的类型也决定了金融这种特殊债务行为的稳定性。明斯基利用"债务—收入"关系将经济主体区分为谨慎型、投机型和庞氏型三类。这三类经济主体所带来的融资安全程度并不相同。融资结构中股权融资比重越高的越是谨慎型经济主体，其在任何时候都可能以收入来偿还债务，故而有足够的能力应对未来可能发生的现金流方面的变化，从而是最为谨慎的经济主体，同时也是融资安全程度最高的类型。投机型经济主体往往依赖于借新还旧的运营模式，希望通过某种投机拥有足够的资金以偿还债务，其应对冲击的能力较弱，根据明斯基的理论逻辑，那些不断地发行新债的政府、企业或者银行即为典型的投机型经济主体。作为庞氏型经济主体，无法依赖其正常经营所得还本付息，只能通过变卖资产来偿还债务或者借新还旧，根本不具有吸收冲击的能力。在经济活动中，如果投机型和庞氏型经济主体占主导，则将导致经济处于脆弱的边缘，失去平稳性；而如果是谨慎型经济主体占主导地位，则经济趋于平稳状态。在明斯基看来，经济在经历一段时期的繁荣之后，以谨慎型经济主体占主导的融资结构将转向以投机型经济主体和庞氏型经济主体占主导的融资结构。在此过程中，现金流短缺的经济主体将为了维持其头寸不得不抛售头寸（to make position by selling out position），进而，经济将陷入费雪所言的"债务—通缩"境地，最终导致资产价值的崩溃。

依照明斯基的理论，对于此番温州民间借贷风波，以及鄂尔多斯全民借贷潮中完全依赖借旧还新的资金炒作者，即为庞氏型经济主体，不具备吸收冲击的能力，不具备偿还债务的能力，只能通过不断举借新债来偿还旧债，当这种非正式金融主体居多时，非正式金融将处于不稳定状态，极易发生危机，最终崩溃。

明斯基认为政府对经济的干预是必要的，为此提出了"大政府"（Big Government）和"大银行"（Big Bank）的概念。但明斯基所指的"大银行"实指中央银行，而以商业银行为代表的信用创造者及借款人的类型使得金融体系具有了内生性的不稳定性，作为最后贷款人的中央银行，可以通过干预行为阻止金融陷入不稳定状态。由金融不稳定所引起的危机，在明斯基看来，很大程度上是经济的周期波动结果，但在其理论中更看重的是金融危机与金融内在不稳定性之间的关系。故而，政府的干预并不能从根本上消除金融的内在脆弱性，因为金融业的高负债特性是不争的事实，也是无法改变的事实，故而其脆弱性并不能彻底消除。20世纪30年代的美国大萧条、20世纪80年代末90年代初的日本，以及20世纪90年代的东南亚金融危机都很好地证实了这一理论。

明斯基的金融不稳定假说的内涵可以概括为两个层次：第一个层次是金融业内在的脆弱性决定了金融行业的不稳定性，其关键因素在于融资机制的类型，如果是谨慎型的融资机制则是稳定的，相反，如若是投机型和庞氏型的融资结构则是不稳定的；第二个层次是金融危机与经济的周期性波动密不可分，经济经过一段时间的繁荣之后，会从稳定型的融资机制转向非稳定型的投机型或庞氏型融资机制。但这两层内涵，都是设定在资本主义经济模型中，与资本主义经济的内在动力和政府的监管制度相关。

在此轮全球金融危机发生后，金融脆弱性问题再次引起人们的高度关注，而中国近年来民间借贷风波及各地民间借贷异常活跃的事实，说明不仅正规金融的内在脆弱性值得关注，非正式金融的脆弱性同样可以引起金融业"地震"。非正式金融如果没有适当的法律规制，其脆弱性终将对社会经济的发展造成更大的负面影响，正面积极地促进中小微企业发展的功效也将淹没于此。关于非正式金融的脆弱性主要表现在以下几个方面：

1. 资金来源的脆弱性

非正式金融，由于多数并非是国家承认的金融活动和金融组织，故其并没有稳定的资金来源，一般通过较为隐蔽的方式吸收民间资本，即便是在当下，民间资本规模庞大，但对于非正式金融活动及相关组织而言，并不是稳定的资金流，会随着国家宏观经济政策的变化，随之浮动。资金来源方也不乏经济状况不是很好的普通民众，如不能收回其资金，将严重影响其正常生活，进而影响社会稳定。

2. 借款人的脆弱性

一般通过非正式金融方式融资者多为无法从正规金融机构融入资金者，如财务状况不佳、资金实力弱的小微企业或者农业生产经营者。

3. 非正式金融组织的脆弱性

如同前文所述，非正式金融组织多是基于亲缘、血缘、地缘关系形成的社区信用组织，虽有软约束机制，但并没有强制性的责任机制，且无法形成规模经济效应，一旦非正式金融范围扩张，同样面临信息不对称问题。所以这种不具规模经济优势的金融活动，制约了非正式金融的进一步发展。

4. 非正式金融活动的非组织化、非规范化、分散性，加剧了脆弱性

多数非正式金融活动是分散的、非规范化的操作，其运作机制、约束机制和风险防控机制均缺乏，在自有资金比例较低的情况下，这种状况极易发生危机，发生系统性风险。

三、法经济学基础：法律制度的普适性准则和制度的供给需求关系

人类的一切活动都需要一种秩序，无秩序，则人类处于混乱之中，要维持这种秩序，就要依靠各种禁止不可预见行为和机会主义行为的规则。这种规则，便是"制度"。根据柯武刚、史漫飞在《制度经济学：社会秩序与公共政策》一书中的观点，"制度抑制着人际交往中可能出现的任意行为和机会主义行为，它依靠某种惩罚而得以贯彻，没有惩罚的制度是无用的。"制度可以区分为内在制度和外在制度，其中内在制度是在人类经验中不断演化而来，正如非正式金融组织内部的制度，虽没有法律约束力，即强制执行力，但违反这种内在制度，会受到共同体中其他成员的非正式惩罚，如该违反者从此被驱逐出该共同体、他人不再对其有信任等，当然也不排除内在制度中的一些正式化规则，如行业协会的自律治理，是一种正式化的内在规则。外在制度因设计而产生，被制订在法规和条例之中，是被自上而下地强加和执行的，这种规则最终要靠强制性法律手段来执行，如通过司法系统。外在制度的有效性很大程度上取决于它们是否与内在演变出来的制度互补。同时，外在制度一般是应该具有普适性的，至少是在某一范畴内具有普适性。普适性的首要准则便是制度应具有一般性，即"制度不应在无确切理由的情况下对个人和情境实施差别待遇"，哈耶克将一般性定义为"适用于未知的、数目无法确定的个人和情境"。第二项准则是，有效规则必须在两种意义上具有确定性：它必须是可以认知的、必须就未来的环境提供可靠的指南。秘密法令和含糊、多变的法律同样违背了确定性原则。第三项准则是制度应当具有开放性，允许行为者通过创新行动对新环境做出反应。一旦违反

普适性准则，制度的规范性和协调性功能将受到削弱。

毫无疑义，法律制度作为外在制度而存在，即使部分法律制度源自于内在规则，但仍是外在制度，那么作为外在制度的金融法律制度是否具有普适性、是否与内生演化而来的规则相互补、金融法律制度的供给是否满足社会需求？这一系列问题一旦得到解释，非正式金融法律规制的必要性就将迎刃而解。

新中国成立后随着三大改造的完成，我国确立了全民所有制企业一统天下的格局，稀缺的金融资源自然就成为支持全民所有制企业发展的强大后援。20世纪80年代改革开放初期，随着私营企业的不断出现，我国现行宪法进行了第一次修正，为私营企业的生存提供了一定的法律空间，但其空间小得可怜，此时的金融资源的配给制度并没有多少改变。直到今天，正规金融机构仍然严格按照信贷配给制度来分配金融资源，导致私营企业要想生存不得不依赖于各种非正式金融。对此，前文阐述非正式金融的生成逻辑时已有论述，不再赘述。而这种金融配给制度显然与制度的普适性准则相违背，这也是立法者、决策者不断对其进行修正的理由之一。

对于金融法律制度的供给与需求关系问题，在此，笔者从非金融企业间借贷行为的法律制度供给为例来说明相关金融法律制度供给需求关系的不平衡性。企业间借贷行为作为企业间资金短缺时的一种融通行为，在现实生活中极其普遍，但是源自于1996年《贷款通则》第61条有关"企业之间不得违反国家规定办理借贷或者变相借贷融资业务"的规定，这种正常的资金融通行为成为非法行为。究竟我国对企业间借贷行为提供了哪些法律制度，又何以对其加以禁止，都需要对相关法律制度进行疏理，并且分析其制定的依据与背景。有关非金融企业间借贷的法律制度主要有以下法律、行政法规、规章及司法解释：

1. 规范企业间借贷行为的法律

（1）金融法律

1995年5月10日通过并公布的《中华人民共和国商业银行法》第11条第2款规定："未经国务院银行业监督管理机构批准，任何单位和个人不得从事吸收公众存款等商业银行业务。"

2004年2月1日施行的《中华人民共和国银行业监督管理法》第19条规定："未经国务院银行业监督管理机构批准，任何单位或者个人不得设立银行业金融机构或者从事银行业金融机构的业务活动。"

从以上规定可以看出，"未经批准，任何单位与个人不得从事银行业金融机构的业务活动"，但如果将企业间偶尔为之的借贷行为视为从事银行业金融机构的业务活动，那么银行业金融机构的业务活动的持续性将受到严重质疑。

（2）《合同法》关于借款合同的规定

1999年的《中华人民共和国合同法》并没有将借款合同类型化，只是在第196

条中笼统地规定："借款合同是借款人向贷款人借款，到期返还借款并支付利息的合同"，并没有对贷款者身份加以区分，更没有完全限定为金融机构，故企业间借贷符合本条规定，同时最高院在 1999 年通过司法解释承认了公民与非金融企业之间的借贷。对此，国内部分学者认为，企业间借贷与民间借贷在法理上并无不同，公司作为合法的具有独立行为能力的法人，只要意思表示真实，就不应与民间借贷区别对待。但企业间借贷行为属于商业行为，其性质区别于民事性质的民间借贷。

故，仅就《合同法》第 196 条而言，《合同法》并未禁止企业间的借贷行为。

（3）《公司法》关于企业间借贷的规定

作为公司行为能力之一，现行《公司法》间接规范了公司间借贷行为，即第 149 条和第 116 条。根据第 149 条的规定，公司将资金借贷给他人，需要有公司章程规定；须由股东会、股东大会或董事会同意。而根据第 116 条的规定，"他人"应该是公司内部人之外的"人"（包括法人或其他组织或是个人）。据此可以推断出：只要满足相关程序，公司间借贷至少在公司法上是合法的。但是为何立法者要将公司间借贷行为放在规范公司董事、监事和高级管理人员行为的第六章中？不在总则中加以规定？将其放入第 16 条中岂不是更为直接？

对于以上疑惑，笔者认为，这不可能是立法者的疏漏，而是故意为之。因为我国现行的金融立法和司法实践均对企业间借贷合同效力予以否定，即使根据《立法法》有关法律效力级次的规定，作为规范公司行为的《公司法》也不可能在总则中大张旗鼓地将其规定为合法行为，必须为其制定一套制度，较为隐晦地出现在《公司法》中。这也不难看出国家立法时的重重疑虑，并非没有认识到公司间借贷行为的必然性与合理性，只是囿于金融传统而让步。

就以上规制企业间借贷行为的法律而言，只有金融法律不允许，《公司法》间接规定了公司间借贷行为可以为之，《合同法》没有禁止，也无明确规定，即企业间借贷行为有一定的合法身份，但是法律制度应有的确定性，在《公司法》与《合同法》有关企业间借贷行为的规定上无从体现。

2. 规范企业间借贷行为的行政法规

（1）1986 年 1 月 7 日国务院发布的《中华人民共和国银行管理暂行条例》（现已废止）第 4 条：禁止非金融机构经营金融业务。

（2）1998 年 7 月 13 日国务院颁布的《非法金融机构和非法金融业务活动取缔办法》（后文简称《取缔办法》）第 4 条、第 5 条有相关禁止规定。

（3）2008 年 1 月 1 日起实施的《企业所得税实施条例》第 38 条第 2 款："非金融企业向非金融企业借款的利息支出，不超过按照金融企业同期同类贷款利率计算的数额的部分，可在税前准予扣除。"即税务部门征收企业所得税时，企业间借贷中产生的不超过金融企业同期同类贷款利率的利息支出作为税前准予扣除项目之一，即认可了企业间的直接借贷行为。但是税务机关考虑的是企业的实际利息收入与支出行为，并不一定要求行为本身必须合法，只要发生了支出与收入，那么就可能征税。

故就现行有效的行政法规而言，只有《取缔办法》直接禁止企业间的资金拆借行为。

3. 规范企业间借贷行为的部门规章

（1）金融部门规章

① 1996 年 8 月 1 日中国人民银行颁布的《贷款通则》第 61 条："……企业之间不得违反国家规定办理借贷或者变相借贷融资业务。"

对于该条中的"业务"理解至关重要，根据史际春教授的观点，只要不是"不务正业"，如果"专事或主要从事资金融通活动"，其宗旨和经营范围将发生实质性改变，则其借贷行为就成为一项"业务"，也不再是偶尔的缓解资金压力的行为。所以，将企业为了缓解资金压力进行的临时调剂行为确定为一贯为之的、具有持续性的"业务"是不合理的。

② 1998 年 3 月 16 日中国人民银行复函最高人民法院经济审判庭的《关于对企业间借贷问题的答复》：借贷属于金融业务，非金融机构的企业之间不得相互借贷。

对于本答复值得商榷，首先其依据的行政法规已经失效，其次，其定位的前提是借贷一定属于金融业务，故非金融企业之间不得相互借贷。这样会掩盖银行信用借贷、民间信用、消费借贷和企业之间货币财产处分、资金调剂的不同性质的资金关系。

③证监会 2003 年 8 月 28 日发布的《关于规范上市公司与关联方资金往来及上市公司对外担保若干问题的通知》从公司治理角度禁止上市公司与关联方的资金拆借与委托贷款。

综上，金融部门规章以借贷属于金融业务为逻辑起点，故非金融企业不能经营金融业务，即企业间进行的资金拆借、资金借贷是不合法的。但如果按照此逻辑进行推理，公民之间的借贷合同也将成为无效合同，岂不是金融法与合同法要发生严重冲突。

（2）税务部门规章

1995 年 4 月 17 日国家税务总局发布的《关于印发〈营业税问题解答（之一）〉的通知》第 10 条规定：不论金融机构还是其他单位，只要是将资金贷与他人使用，均应视为发生贷款行为，按"金融保险业"税目征收营业税。

考虑到广泛存在的企业间借贷现象，为了保证国家税收收入，税务总局将企业间借贷作为金融业务来对待，并对其进行征税，即企业间借贷行为获得了税法的认可。

4. 规制企业间借贷行为的司法解释

根据金融法规的相关规定，最高院对各类企业间借贷基本持否定态度，具体包括以下司法解释：

（1）1990年11月12日《最高人民法院关于审理联营合同纠纷案件若干问题的解答》规定："……名为联营，实为借贷，违反了有关金融法规，应当确认合同无效。"并且据此，1991年8月21日，最高人民法院经济审判庭发布了《关于刘水清与钟山县钟潮塑料工艺制品厂之间是否构成联营关系的复函》称："经理部与钟潮塑料厂所签订的协议，是明为联营，实为借贷，违反了有关金融法规，应按无效借款合同处理。"

（2）1996年9月23日《最高人民法院关于对企业借贷合同借款方逾期不归还借款的应如何处理的批复》指出，企业借贷合同违反有关金融法规，属无效合同。

（3）1997年11月25日通过，于1997年12月13日公布起施行的最高人民法院《关于审理存单纠纷案件的若干规定》第六条，间接规定了企业间借贷行为，即企业通过将其资金交付给银行，再行借贷给其他企业，完成了企业间借贷的间接路径。

（4）2004年9月29日通过，2005年1月1日起实施的《最高人民法院关于审理建设工程施工合同纠纷案件适用法律问题的解释》第6条规定：当事人对垫资和垫资利息有约定，承包人请求按照约定返还垫资及其利息的，应予以支持，但是约定的利息计算标准高于中国人民银行发布的同期同类贷款利率的部分除外。

（5）2004年11月23日通过，2005年8月1日起实施最高人民法院《关于审理涉及国有土地使用权合同纠纷案件适用法律问题的解释》第26条规定："合作开发房地产合同约定提供资金的当事人不承担经营风险，只收取固定数额货币的，应当认定为借款合同。"

（6）2010年6月29日《最高人民法院关于为加快经济发展方式转变提供司法保障和服务的若干意见》第七条："……妥善审理非金融借贷纠纷案件，正确认定非金融借贷合同效力，依法打击各种以合法形式掩盖的非法集资等违法犯罪活动，维护金融安全和社会稳定；依法保护合法的民间借贷和企业融资行为，维护债权人合法权益，拓宽企业融资渠道。"

就以上司法解释而言，随着中国社会经济的发展及金融体制的不断改革，最高院的态度也有所松动，如2005年对建设工程中的公司之间垫资借款的承认，且明确支持不高于同期同类贷款利率的借款利息。地方法院也有所突破，如民营经济发达的浙江省对于企业间借贷行为更是从司法上进行了突破：

（1）2009年浙江省高院发布《关于审理民间借贷案件若干问题的指导意见》明确规定："自然人与非金融企业之间的借贷中，企业将借贷资金用于合法生产经营活动，不构成集资诈骗、非法吸收公众存款等金融犯罪活动的，不宜认定借贷合同无效"。这一条虽然规范的是自然人与企业之间的借贷关系，但是对于通过自然人为中介来实现资金融通的变相企业间借贷而言，其意义非凡，将合法生产经营活动所借资金与集资诈骗、非法吸收公众存款等相区别，为坊间许多"企业集资"行为解围。

（2）2010年5月27日浙江省高级人民法院发布的《关于为中小企业创业创新发展提供司法保障的指导意见》指出："企业之间自有资金的临时调剂行为，可不作无效借款合同处理。"这一意见被坊间认为是"破冰之举"，但其中的"自有资金的临时调剂行为"如何界定又成为难题，但无论如何都说明企业间借贷向前迈进了一大步。

（3）2012年8月7日浙江省温州市中级人民法院《关于审理民间借贷纠纷案件若干问题的意见》第一条明确将从事非金融业务的法人、其他组织之间的借贷行为归入民间借贷范畴，这是我国有关非金融企业组织之间借贷法律规范的重大突破，这预示着最高人民法院有关非金融企业间借贷的司法性文件即将有所变化。

（4）浙江省高级人民法院出于服务于金融改革大局、解决民间借贷纠纷的需要，于2013年2月20日发布了《关于服务金融改革大局依法妥善审理民间借贷纠纷案件的若干意见》，将民间借贷区分为生活消费性民间借贷与涉企经营性民间借贷，并且在第2条中强调"审理涉企经营性民间借贷纠纷（包括企业之间的借贷纠纷），要充分考虑纠纷发生的背景情况、当地民间融资市场的交易习惯，注意交易的商事性特征，加强对借贷事实的审查，正确处理法律适用和政策考量的关系，把握民间借贷纠纷和非法集资活动的界限，依法妥善化解矛盾纠纷。"显然，该司法文件承认民间借贷包含企业间借贷行为，与2012年8月7日温州市中级人民法院发布的《关于审理民间借贷纠纷案件若干问题的意见》明确将企业间借贷纳入民间借贷的界定一致。该司法文件以浙江省地方司法一贯的原则反映了在相关立法制度不完善的情况下，通过司法能动性来反应非正式金融创新的事实。

从上述司法文件看出，长期以来我国法院处理非金融企业间借贷行为，基本是以金融法规章制度为依据，将其视为金融业务，故属于无效行为。但是，浙江省地方司法通过"试错"的方式对相关法规的变通适用，以及现实经济生活中大量存在的变相企业间借贷行为，足以说明现有相关法律制度的供给无法满足企业融资的需求。

通过上述规制企业间借贷行为的法律法规的疏理，可以看出我国有关企业间借贷行为的法律制度供给严重不符合实际需求，适当放开非金融企业间借贷势在必行。换言之，对这种非正式金融形式加以适当地法律规制是必要的，而不是一味地禁止，否则会衍生出更多的变相企业间借贷行为。

综上所述，现有法律制度供给和普适性的缺失，成为非正式金融异化发展的原因之一，也是对非正式金融进行法律规制的理论基础与现实需求。

第五节　本章小结

何谓非正式金融，关键在于其是否受到监管、是否纳入政府金融监管体系。对于目前中国的金融体制而言，凡是处于金融监管之外的各种金融组织及各种资金融通活动都可以纳入非正式金融领域，正如 Anders Isaksson 将非正式金融定义为游离于正规金融体系之外，不受国家信用控制和中央银行管制的信贷活动及其他金融交易。即使学界对于非正式金融内涵与外延的界定纷繁不一，但对于其是否受监管仍是比较一致的，故而，非正式金融可以定义为不受政府对于资本金、储备金和流动性、存贷利率限制、强制性信贷目标，以及审计报告等要求约束的金融组织和金融活动的总和。非正式金融根据不同的标准可以有不同的类型，其中以是否吸收存款为标准，可以区分为吸收存款的"会"、地下钱庄与集资等金融组织与金融活动，而非吸收存款类的非正式金融则包括民间借贷（自然人间借贷与自然人与企业组织间借贷）与非金融企业间借贷（笔者认为应该对其加以解禁）；如果以参与主体的不同，可以分为自然人间的非正式金融活动、组织机构间的非正式金融活动，以及自然人与组织机构之间的非正式金融活动；此外，亦可以根据金融专业化程度与融资方式的不同对非正式金融加以分类。与此同时，需要将非法金融与非正式金融进行区分，二者虽有一定的交叉，但在内涵上截然不同，这也成为后文分析我国现有规制非正式金融的法律规范的一个重要基点，正因为当下法律规范多将非正式金融多数界定为非法，才进一步造就了当今非正式金融如此异化的发展。

"存在即为合理"？这句被奉为哲学经典之语能否用于非正式金融的产生发展之中，取决于非正式金融生成环境的分析。众所周知，非正式金融的广泛存在与其内生性密不可分，同时与我国长期存在的金融抑制政策也脱不了干系，但更为重要的是非正式金融生成的制度动因，非正式金融的变迁本身就是一种诱致性制度变迁的结果，更是地方政府、中央金融监管机构与非正式金融参与者三者之间博弈的一种金融制度创新，非正式金融的发展也是经济学上交易成本理论作用使然，是长期以来个人与企业的自发选择。一方面，如何将这种已经广泛存在，且对中国民营经济发展做出了不可磨灭功绩的金融形式加以适当地承认，使其规范化、阳光化发展才是相关法律应该加以重点规制的内容。另一方面，非正式金融虽广泛存在，但其长期隐蔽经营所带来的社会问题同样不可小觑，故而对现有非正式金融进行规制，既考虑非正式金融其固有的私人契约治理机制，又将正式治理机制融入其中，才是今后非正式金融进一步发展之路。无论是从金融脆弱性角度，亦或是公共利益角度，更或是法律制度的供给与需求角度而言，目前中国的非正式金融都需要改变现有法律规制状况。

重构我国民间金融法律制度首先应该确立具有合理性和普遍性意义的法律指导原则，它促使法律创设层面和实施层面能够反映出该法律制度与社会关系的契合度以及该法律制度的价值和精神。为此，笔者根据时代发展的特点与民间金融发展的趋势及生存现状提出四大原则：规范目标明确性原则，促进更为理性认识民间金融，正确处理民间金融和其他金融主体之间的市场关系；制度化系统监管原则，促使树立可持续监管的理念，协调立法、司法和执法过程之中的关系和权限；运用适度的监管原则，改变目前不合理的监管方式，建立新型的静态合规性和动态风险性审慎式监管方式；注重监管效率原则，使之监管所付出的成本与民间金融市场所产生的监管收益成正比。

法律原则的确定为民间金融法律制度的构建提供了行动指南，在此原则指导之下面对形态复杂的民间金融市场，首要之义便是需要清晰确立民间金融各形态的准入模式。而准入模式的确立过程实际上也是民间金融合法化过程。因此，本章在借鉴主要国家和地区的民间金融准入模式经验基础之上结合我国现实国情，根据民间金融市场中存在的不同形态中的不同对象自身特点做出不同的分析：简单形态的民间金融一般包括具有一对一关系的自然人之间借贷、自然人与企业之间的借贷和企业与企业之间的借贷。同时自然人之间与自然人与企业之间的借贷行为因其在社会中具有普适性，我国也有相关法律进行规制，可依其原行为模式运作即可，而对于企业之间的行为我国应该改变绝对禁止性规定，根据经济高速发展特点与企业自身实力的增强，有选择性地予以认可其合法地位，打击非法行为。中间形态的民间金融监管对象一般包括以各种互助会（合会）、合作基金会、民间集资等形式。因这种形态的民间金融主要特点是具有非营利的互助形式，其存在的目的是解决当地区域因日常事务中所出现的资金短缺情况，尤其是对偏远的落后地区作用显著，因此应该保留其本身的非正式特点，不易转化为正规金融。高级形态的民间金融一般包括以具有与正规金融机构特点和业务经营相接近的银根或银背、私人钱庄、典当行等形式。对于此类民间金融因其市场化营利性目的极为明显，社会经济性影响较大，同时出现人数规模化和业务扩展化的趋势，内部结构运作较为严密，可建议将其转化为民营中小银行，以促进市场资源的更为优化的同时，本章进一步对我国民间金融的行为规范进行分析。从非法集资与合法民间借贷的法律标准重新界定、社会集资行为的法律法规完善，以及放贷人与中介人行为的法律规范三方面入手。其中在非法集资与合法民间借贷的区分方面，本书认为应从筹资行为内在属性、筹资范围、筹资基础三个部分进行界定。在社会集资行为方面，本书认为可尝试从集资行为主体的集资范围和规模、集资对象的特定性范围界限等方面加以区分，当集资规模超过一定人数范围和区域，债权人变得具有不确定性时就应列入社会集资，反之则为简单形态的私人借贷行为。在放贷人与中介人行为规范方面，本书认为可以从以下几方面规定：第一、设立职业放贷人与非职业放贷人的标准；第二、实行职业放贷人的特许制；第三、规范对职业放贷人的资金管理；第四、加强借贷合同的管理。

第五章　民间金融的法律监管制度构建

第一节　主要国家和地区的民间金融
法律监管模式之经验借鉴

一、主要国家和地区的民间金融法律监管模式

1. 美国：信用合作社模式与中小企业融资管理

在民间金融的法律框架构建方面，美国的主体架构以具有分层次特点的监管主体方式形成。美国政府对合作信用社与储蓄协会或者储蓄银行都是实行联邦政府和州政府双重监管。同时，为了强化这种监管作用，1934 年成立了美国信用社协会，1965 年各州政府成立了"各州信用社监督专员全国协会"。1978 年成立美国联邦信用社监管局，是独立于美联储之外专门对在联邦注册的信用社实施监管的机构，负责和管理信用社存款保险基金。而对于美国社区银行的监管体系，总体而言，是以社区银行内部控制为基础，政府相关部门的专职监管为核心，自律组织的自律监管为依托，中介组织的社会监督为补充。联邦特许社区银行除了要受美国联邦存款保险公司和州政府的金融监管之外，同时还必须受到美国联邦储备银行和美国货币监理署的金融监管。而这些监管机构职责分工各有不同，联邦储备银行重点在于信用监管，货币监理署着重于具体的监管业务，存款保险公司则在于监管资产的流动情况。州政府监管的重点在于社区银行行为是否合法，除了受正式监管机构监管之外，美国还形成了多个社区银行自律协会，在社区银行的业务决策上给予指导，帮助社区银行的发展。如独立社区银行协会，美国银行家协会专门设立的社区银行分会等。

作为金融市场及金融业务高度发达的国家，美国是世界上商业银行最集中的国家。但由于美国的商业银行长期忽视中小型企业和低收入阶层的贷款需求，使这些群体的贷款需求无法从正规金融机构得到满足，并且需要付出很高的成本。20 世纪初，信用社作为美国民间金融市场的重要组成部分，逐渐发展壮大，与此同时，金融监管制度也日渐成熟。

美国的信用合作社是基于血缘、地缘关系上的，主要有职业性信用合作社、行业性的信用合作社及社区信用合作社三种形式。信用合作社为了避免因信息不真实

导致的高风险贷款，要求会员必须属于相同社区、相同组织或处于相同的职业领域内。美国对民间信用合作社的监管采取同银行业监管一样的双轨制形式，监管主体主要是联邦政府及州政府，信用合作社可以选择在任一个政府进行注册，参加任一种保险机构。

美国的信用合作社是基于血缘、地缘关系上的，主要有职业性信用合作社、行业性的信用合作社以及社区信用合作社三种形式。信用合作社为了避免因信息不真实导致的高风险贷款，要求会员必须属于相同社区、相同组织或处于相同的职业领域内。美国对民间信用合作社的监管采取同银行业监管一样的双轨制形式，监管主体主要是联邦政府及州政府，信用合作社可以选择在任一个政府进行注册，参加任一种保险机构。

尽管美国的金融业十分繁荣，但部分中小型市场主体经营状况不稳定，很难从正规金融机构获得贷款，只有那些信誉优良、资质好的大型市场主体才能从金融机构筹措资金，这方面与我国金融市场形势较为相近。美国政府主要采取了以下做法：首先，政府为金融机构提供基金担保，鼓励其为中小型市场主体提供资金支持。美国政府为推动中小企业的长期发展，为其提供财政专项基金，一方面鼓励中小企业吸纳就业、创新产品，另一方面，也为中小型市场主体提供了风险保障；其次，政府出台融资相关的法律规范，促进中小市场主体融资规范化；再次，设立专门机构为中小型企业融资提供服务，如提供担保及各类援助。在美国，SBA（联邦小企业管理局）是主要负责管理中小企业的部门，它在各个州分设机构，服务于中小企业，为其争取平等的竞争条件；最后，通过 SBA 制定国家经济政策，鼓励民间金融为中小型市场主体提供融资服务。美国四十多年来，隶属于 SBA 的小企业投资公司为九万多家小企业提供投资资金 400 亿美元，创造新工作岗位约一百多万个。

20 世纪 30 年代开始，美国民间金融机构开始划分不同的业务领域。1933 年，美国出台了《银行法》，正式规范金融机构按领域划分经营范围，在自己专属领域内从事经营活动。20 世纪 70 年代末以来，美国对金融市场进行了改革，激发了各领域民间金融主体跨领域经营，逐渐取代了原有的经营模式，民间金融组织的业务范围和经营方式也逐步多样化。

2. 英国：PFI 融资模式

英国同中国一样，民间金融活动也非常活跃，同时很多地区公用事业也同样面临着资金短缺问题。英国政府对此采取 PFI 融资模式对民间资本进行疏导。实践中，PFI 主要采取以私人资本或者私有组织的人力、物力和科技等形式为公用事业筹措资金，推动其工程的完善和管理。政府部门作为项目的启动方和项目的监管主体，私营企业负责项目的建设、管理及资金的投入。按照资金来源不同，PFI 模式有三种类型：第一种是独立运作型，指政府对 PFI 项目不提供资金支持，项目完成后由项目的最终使用者支付费用；第二种是建设转让型，这类项目（如私人建设的铁路设施、医疗机构等）建成以后，PFI 公司根据政府的需求情况为其提供有偿服务；第三种是综合运作型，按项目的性质和规模程度度作为标准，由政府和社会个体按相应比例共同出资，但主要由社会个体负责项目的管理和控制权。财务回收办法和相关注意事项均在协议中进行明确。此种模式转移了投资风险，减轻了政府的压力，又拓宽了企业的融资渠道。继英国之后，该模式在其他国家和地区也迅速得以推广，包括美国、日本、中国香港等国家和地区。2008 年北京奥运会奥运场馆的建设项目也借鉴了这种模式。

3. 德国：信用合作社与高效的金融监管体系

信用社最早发源于德国。19 世纪中叶，因农作物歉收德国发生饥荒，Herman Schulze-Delitzsch 为帮助市民节省开支渡过难关，建立起了具有合作性质的面粉厂以及面包加工店。之后，他又将这种观念运用到信贷领域，设立了城镇信用合作社，称为"人民银行"，在德国又叫 Volksbank（大众银行）。1864 年，德国人 Friedrich Raiffeisen 建立了世界上第一家农村信用合作社，专门为农民购买种子、牲畜等提供资金支持，该信用合作社日渐发展为 Raiffeisen bank（雷发胜银行）。这种合作性质的金融模式在德国长盛不衰。在德国的金融模式中，合作信用社作为金融架构的最底层，具有独立的法人人格，存款人拥有所有权，组织经营决策的制定与组织的管理采取一人一票的方式；该体系的第二层是具有区域性质的合作社联盟，既可以是区域内归各信用社独立所有的具有合作社性质的合作银行，也可以是吸收外来股份的具有股份性质的合作银行；德国合作金融体系的最高层为中央合作银行（DG Bank），它采取股份形式，由各地区的合作银行所有。

德国基层信用合作社管理方式民主，之前信用社只为其存款用户提供贷款服务，后来渐渐解除了这种限制，凡是信用合作社的社员都可作为所有者和服务对象。地区合作银行除了为信用合作社提供融资服务和结算服务，还可开展证券投资、国际银行等业务。中央合作银行除了向地区合作银行提供资金支持外，可以从事的金融业务种类更多，几乎是一家全能性质的银行机构。

除了信用合作社，德国高效的金融监管体系也应成为我国重点研究的对象。联邦的金融市场监督局作为德国金融市场的主要执法力量，依《联邦金融市场监督法》成立于 2002 年的 5 月 1 日，其对原德国联邦贷款监督管理局、德国联邦证券交易监督管理局及德国联邦保险监督管理局进行了整合。该局雇用了 1300 多名执法人员及专家，与德国联邦银行（另一个监督机构）既分工负责又相互合作。联邦银行负责审核各金融机构的报表，检查其资本充足率和风险防范水平。联邦金融市场监督局主要为符合法律规定的金融机构颁发经营许可证，维护金融市场高效运行，其有权对违规人员进行调查。德国对合作银行的监管主要采用的是自律组织与政府金融监管机构相结合的方式，合作银行与德国的商业银行具有同等地位，其组织结构必须遵守合作社法，业务运作必须遵循商业银行法。政府的金融监管机构主要由联邦金融监察局及联邦中央银行组成，负责监管德国的银行业、证券及保险业，并在各州和地方设有分支机构。联邦监察局对合作银行的监管只是非现场监管，现场监管和流动性监管及监管数据和信息的获得主要是由合作社审计联合会和联邦中央银行及其分行实施及提供。根据德国合作社法规定，各类合作社企业每年都要接受行业审计协会的审计。虽然合作社审计联合会属于自律组织，但其监管职能是受联邦金融监管局的委托，依法进行审计。审计依据是商业银行法和合作社法，审计内容除了对资产负债、贷款、损益等业务财务情况进行审计之外，还包括对合作银行的日常管理也进行审计，具体指主要负责人和管理人员的管理能力、个人职务行为、执行制度情况等，并对其发现的问题享有处置权和重要的建议权。另外在完善风险防范机制上，德国合作银行体系与联邦中央银行提供的多种融资手段保证了合作银行资金的流动性和安全性，避免了合作银行支付风险的发生。一旦出现非常时期，区域性合作银行和中央合作银行将给予地方合作银行支持，联邦中央银行给予中央合作银行支持。同时，合作银行体系还设立了信贷保证（风险）基金制度，主要用于帮助出现危机的合作银行。地方合作银行由区域审计联盟集中的保证基金补偿，区域性合作银行和中央合作银行则由信用合作联盟集中的保证基金补偿。

除了信用合作社，德国高效的金融监管体系也应成为我国重点研究的对象。联邦的金融市场监督局作为德国金融市场的主要执法力量，依《联邦金融市场监督法》成立于 2002 年 5 月 1 日，其对原德国联邦贷款监督管理局、德国联邦证券交易监督管理局及德国联邦保险监督管理局进行了整合。该局雇用了一千三百多名执法人员及专家，与德国联邦银行（另一个监督机构）既分工负责又相互合作。联邦银行负责审核各金融机构的报表，检查其资本充足率和风险防范水平。联邦金融市场监督局主要为符合法律规定的金融机构颁发经营许可证，维护金融市场高效运行，其有权对违规人员进行调查核算的，其主要费用由其所监管的金融组织进行提供。因其完备的法律规范体系，要求德国上市公司将资金来源和销售前景进行公示，甚至合作对象和评估机构人员的信息也须依法进行公示。所以，德国企业想伪装上市困难重重。即使个别评估机构人员做了虚假汇报，联邦金融监管部门严格的审查程序也会发现其存在的问题，在程序上被"通融"的可能性为零。而且除了金融监管部门的审查，还要再经过声望高的会计师事务所的审核。所以在德国很少发生非法集资、非法诈骗类的金融犯罪案件。因为无论怎样，集资者都不可能绕过金融监管部门的审核直接到社会上进行集资活动，假使真的有人这样做了，其集资行为所产生的效应也逃脱不了媒体的关注。而且德国法律规定的犯罪成本极高，很少有人会冒这种风险。

4. 日本

日本的民间金融十分发达，法律上也具有合法地位，日本农村基本上形成了民间金融格局。在日本，传统的非正规金融机构是 Mujin，相当于我国的"会"，其起源于传统佛教，经印度、中国、韩国最终传播到日本，是一种具有互助性质的金融组织。二战以后，Mujin 被商业化，互助性质逐渐减弱，之后被重组为互助银行，20世纪 80 年代，最终发展成为商业银行。

日本政府主要依据《Mujin 金融法》对民间金融机构实行监管。该法共 44 条，分别对民间金融机构的设立、经营范围、资本充足率，以及相关的法律责任进行了系统规定，如：（1）市场准入须实行行政审批制度，未经监管当局的批准，不得私自营业。（2）对资本的运作范围实行严格控制，民间金融组织从事的业务范围不得超过邮局和银行的业务范围。（3）民间金融组织的高管人员对外部债务仍需承担无限连带责任。（4）严格禁止高管人员从事关联交易。（5）监管部门有权随时检查 Mujin。从其完善的监管制度可以看出，日本政府对民间金融市场监管工作高度重视，Mujin 的设立、经营、退出都进行了详细规定，制定了完整的监管程序。

日本民间金融的监管模式是以政府为主导和以非政府的自主合作为基础，强调以职能监管为主要方式的分类监管模式。之前日本传统的监管方式是侧重于事前的限制，这极易形成对民间金融机构过度保护的监管机制。随着金融监管厅的设立与运营，监管将逐渐转变成事后监督，以法律规范交易行为促进民间金融市场的公平竞争。充分发挥各职能部门相对应的监管业务的职权分工，对民间金融市场中不同性质和类型的组织和行为进行分类监管。并且在监管内容上尽量缩小行政监管范围，不干涉被监管的民间金融组织的具体业务内容。同时加强信息披露和对公众的风险教育。

二、主要国家和地区的民间金融法律监管模式之评价

通过上一章中对主要国家和地区的民间金融准入模式分析发现绝大多数国家都是运用立法功能将合理存在的各种民间金融形式采用不同模式合法化。实际上，这种准入形态合法化的过程与法律监管对象的确立是一脉相承的，为法律监管制度的构建提供了一种主体前提。然而，法律本性决定了，法律与行为在对接过程中通常会主动（强行法）或被动（任意法）产生法律评价，如果法律评价不关心法律后果，行为将转化为事实，如果法律评价关心法律后果，行为将具有法律性。但是法律性行为是通过法律与法律后果之间搭上桥的，故法律的性质及其对法律后果的确认规则将对法律后果产生决定性影响，进而改变法律性行为的选择。因此，主要国家和地区的民间金融法律监管为了实现行为的法律性，以及这种法律性行为的选择所体现出公平公正与未来各国社会经济发展相契合的目标性价值，通常对可能影响民间

金融行为后果的法律确认规则采取客观标准界限化原则。以行为对象选择中的法律属性的可塑性为逻辑起点，促使法律外部作用的确定性、权力制约性与行为本身所要求的扩张力之间达到相对的融合。在行为法学来看，如果对行为上的法律形式进行要求，必然会引致法律调整对象范围的限制性与司法自由权的制约。但是，同时我们也不得不承认，社会作为自变量，从来都是存在法律不能或不应进入的领域。

由此，在对主要国家和地区的民间金融的法律监管现状进行研究时不难发现大多数国家的民间金融都是采用专门立法的形式，法律控制对象都有形式上的要求，并且这种形式的特点大多都是属于具有系统性的组织化，在本国范围内基本上有着相似架构体系。如美国、德国、法国、英国的信用合作社形式；日本的合会形式、菲律宾、法国的农业信贷等形式；除了这几种，基本上找不出法律规制所涉及的民间金融的其他对象形式。分析到这里，不免就会出现一个让人思考的空间：难道民间金融没有其他的形式了吗？法律为什么不规制？答案显而易见，经济的日益变迁必定会带来大量其他民间金融形式的出现。但是法律对社会的指引作用在于以社会中最具影响力的行为和价值理念进行评价进而使其法律性，最终达到使社会行为规范趋向于统一性、合理性、合法性的秩序要求。选取在本国经济中占有重要地位并具有大规模影响力，与其他经济因素存在千丝万缕联系的民间组织形式，以主要形式规制的示范效用达到全国范围内的标准化，进而促进社会整体经济的和谐统一。其他的非组织性的影响力较小的民间金融则可以法律制度之外的方式进行引导和监督，无须专门的法律规制制度涉及。同时，各国在民间金融法律监管模式选择方面也存在各自的界限点。一般而言，各国在进行监管模式选择之时必须考虑各自的社会发展变量因素与调控对象的因子变量特性，对其进行因素整合之中建立行为的法律性与法律结果之间的关联点，深刻表达出法律调整的现实性与目的性要求。各国正是在此认知之下，寻找出了适合于自身的民间金融法律监管模式。如上文所介绍的美国实施的双重监管机制的建立，其重点在于强调监管本身的效用，并逐渐建立一个适合民间金融生存的包括监管机构、资金融通中心、互助保险集团和自律行业协会的立体式金融监管体系，自然而然的监管方式倾向于程序控制和结果控制，而对于法律控制范围之内的民间金融主体的自身的运行方式和存在形式却没有固定的标准，只要其主体的法律性行为选择在程序和结果可控范围之内即可。而德国的法律监管模式选择恰恰相反，主要偏重于形式控制，要求所有的民间金融存在形式必须遵循法律规定而定，亦是合法化的前提，独立法人治理结构模式成为德国民间金融组织法律存在性基础。而对于组织业务具体的运作方式则基本上采取自律协会监管和政府监管相结合的方式，其中，自律协会监管更为占有主动地位。日本的法律监管模式则更多地体现出政府的主观制度设计意识，如金融厅是日本金融监管的专职机构，强调过程、内容与形式的控制，将政府对民间金融制度安排的先前意识以外部行为的内部化为基础，以实现整个民间金融市场的存在形式与具体行为完全符合政府制度设计的可预期性。同时，日本在监管方面注重于以职能监管为主的方式，各职能部门在职能分工明确的基础上将性质和类型各异的金融主体分类监管，这就无形中在监管中缩小对被监管机构的具体业务的行政监管范围，强化信息披露制度，控制了民间金融风险以防止投机行为泛滥。

因此，主要国家和地区关于民间金融的法律监管模式都有其自身不同的特点和倾向。但是，不管最终是采取何种监管模式，其共同点在于并不是片面地急于否定民间金融进而取缔，而是在客观理性的分析基础之上以立法的形式辩证对待民间金融的利弊，尊重民间金融对于公平正义与金融自由的价值取向追求。

三、主要国家和地区的民间金融法律监管经验之启示

1. 我国民间金融法律监管对象与标准的区分

由于民间金融市场从来都并非具有统一的形式，各种类型的民间金融在市场中的地位和作用都各有不同。但纵观主要国家和地区的民间金融法律监管模式，绝大多数国家都实行的分类监管标准，要么通过现有产权的改造，要么以新建方式引导。

我国是属于典型的二元制经济结构的发展中国家，经济发展不平衡的特点所引致的地区之间发展显现出较大的差别，落后地区的资金需求和民有资金规模与发达地区（如珠江三角、东部沿海地区相比）经济需求和资金规模也相应呈现出不同的特点，更加造成金融市场中的形式参差不齐。由此民间金融的活动在不同的地区之间亦有不同的孕育土壤背景，落后地区的民间金融发展更多地表现出一种互助性质和本土特色的特征，如我国的互助社、民间合作社等。发达地区的民间金融发展则表现出更为先进的高级形态，如银根或银背、私人钱庄、典当行等形式。与此同时，据经济学家研究表明，这两种不同形态的民间金融与经济因素之间的互动关系表现出不同的反应程度。发达地区中更高级的、接近于正规金融形式的民间金融形态与宏观经济政策之间的反应更为直接与强烈，如增加和缩减货币供应量，造成民间金融市场的资金供给与信贷需求受到影响。再则更易受金融内在因素的影响，如正规金融管制政策、信贷约束和利率调整。对金融监管政策的变化也反应最为迅速，往往能够在政策出台之初就调整自我市场战略，同时，如若出现调整的滞后性也往往引致风险巨大。然而，与发达地区的民间金融活动情况相比，落后地区的民间金融与经济因素之间的相互作用力则小了很多，影响也较为轻微。一般不易受政策调整而波动，其原因是民间金融组织涉及的范围和人员及规模比较小，资金都用于当地内部成员之间的满足和建设需要，真正充分发挥了民间金融本身具有的信息优势和地域性优势，降低了交易成本。

因此，本书认为对于高级形态、接近与正规金融运作方式的民间金融形式，总的原则应该是承认其在市场上的地位和作用，放宽市场的准入条件，取缔不合理的压制政策。在一定的范围内授予法律认可的金融业务经营管理的权利，并指定相应的实施细则进行细化，便于规范与指导。同时可以适当放开利率市场，只要是没有超过法律规定的利率水平认可范围，双方当事人之间的契约关系理应受到尊重和法律权益的保护。但是鉴于这类民间金融与正规金融机构之间关系较为紧密，并与国家政策的互动影响较为强烈，法律也应同时对其行为进行监管，授权专门的监管机构和自律组织相结合方式，积极发挥第三方监管力量对民间金融的内部组织结构与资金流向与运作进行适当的监管和指导，但同时有别于直接的干预方式。通过权利赋予与义务承担，促使此类民间金融的积极作用和参与主体自我责任的加强，慢慢使其纳入正规金融的一部分。而对于不适应转入正规金融体系，对经济政策反应灵敏度较低，结构层级不高但同时具有很强的存在合理性的本土特色的互助性为主的民间金融形态，我国可以结合国情的需要，给予足够的生存发展空间，不强行采取干预的政策，只需确定行为的边界范围，超出边界范围的金融活动即会受到法律的追究，边界范围之内的契约活动则被法律监管逐渐向正式规范方式引导，促使其与整个金融市场相协调。

另外，针对目前市场中普遍存在的集资类形式的民间资金融通活动，如企业集资等活动，我国法律监管也应该遵从分类监管原则，这类资金活动在我国较为普遍，也比较迎合目前经济发展供给不足的背景，所以如果强行压制只会带来活动的扩张化与恶果。相反，如果法律合法认可同时对行为归纳总结，将分散的交易主体连结成一个整体实行监管，将有利于监管的可行性实现。但是，对于处于地下非法状态，假借民间金融组织之名行非法资金交易的组织则应该采用法律的武器严惩不贷，以正金融市场之安全秩序。

2. 监管中"政府适当干预"的程度把握

根据各国（地区）的法律监管经验的分析发现如果政府只单纯地采用抑制民间金融的手段将会更加增加民间金融的交易费用，而这些成本最终将转嫁到借贷者身上，其结果也必定是民间金融市场愈加旺盛，需求愈加明显，市场利率反而会上升，从而对经济造成巨大影响。反之，如果把我国民间金融活动作为一种经济的创新源泉与推动力，正确对待与加以系统的规范引导，则不仅仅能够有力的推动经济高速发展，也能促进金融市场的不断更新升级，增加金融市场的活力。即一国对待民间金融活动的立法态度与相关的法律制度设计在某个层面而言对未来民间金融的规范发展具有重要的意义。

马克思曾善言："经济基础决定上层建筑，上层建筑反作用于经济基础。"金融作为经济中的核心，法律作为上层建筑的代表，其金融的夯实基础带动经济指数和速度的稳步增长，也势必需要法律制度上权利与义务的实现客观要求。与此同时，法律权利与义务的规定反过来也必定会对未来的金融活动趋势造成一定的影响。正如美国、德国、日本的民间金融逐渐步入正轨，向合法化发展的过程其实都是法律起到了重要的先导作用。当然，这些重要的例证和经验都并不表示在我国民间金融法律监管构建过程中，政府的适当干预是不必要和无效的。相反，无数经验和事实证明金融市场的完善需要政府的介入，金融效率与经济增长不可能建立在排斥政府行为的完全自由放任的基础之上。因此，我国民间金融法律监管制度的构建势必需要得到政府的支持与促进。但是需要强调的是政府的干预并不是无限度的和无止境的，它并不是民间金融发展的最终目标，随着民间金融法律监管体系的建立和完善，过度的政府干预只会越来越阻碍金融市场的发展。目前，由于我国宏观市场经济环境不稳定和部门性政策倾向使得我国普遍存在严重的法律和规章障碍等因素，政府的一些干预阻碍了民间金融的发展。我国民间金融的管理现状正在经历由于法律监管缺位而带来的法律适用不合理，形成严刑峻法和行政过度管理局面。整个法律制度适用较为混乱，行政性的文件、规章和管理办法出台甚多，但是却缺乏一部真正地与民间金融监管有关的立法，其否定性的制度设计安排不利于民间金融向规范化的方向演化。2010 年 5 月 27 日，国务院批转国家发改委《关于 2010 年深化经济体制改革重点工作意见的通知》的公布，其中提到"修订出台的《贷款通则》，积极引导民间融资健康发展，加快发展多层次信贷市场。"然而，对于民间融资究竟如何"健康发展"，并没有清晰的细则。如合会组织如何定性，组织的运作方式、业务范围和监管主体等活动行为规定都属于真空状态；民间集资又该如何定性，活动行为的边界如何划定、监管主体如何设定，类似于像担保和反担保的设置、处理、包括物品的抵押、质押等问题都没有实施细则，所以目前的资金放贷大多属于信用性的放贷。然而，我国信用体系基础是相当薄弱的，一旦资金回收出现问题，信用不足以支撑市场资金的流动性，经济问题所带来的社会问题必然会陡然增加。而目前尚未出现一部能够有效解决以上问题的金融法律法规。

因此，政府应首先把握"适当干预"的原则，将民间金融纳入法制轨道，体现出法律的时代契合性。制定并出台专门规范民间金融的相关法律法规，明确一个基本的法律监管框架，制定相应的监管细则，如借贷利率、额度、管理机关的登记及纳税，通过法律、行政、经济相结合的手段规范民间金融市场，将民间融资活动纳入国家金融监管的范围。这一目标的实现虽然任重而道远，但是令人倍感欣慰的是我国有关的法制部门已有觉醒的意识，开始朝着民间金融法制化进程迈进。2010 年 5 月，浙江省高级人民法院发布《关于为中小企业创业创新发展提供司法保障的指导意见》，首次对民间融资行为的性质和效力进行界定和融资环境的创新进行保障，其中对"非法集资"更是做出较为明确的界定，并说明了不属于非法集资范围的一些集资活动。对此，《人民法院报》对此的评论是：（该意见）无疑成为后金融危机时期中小企业在"缝隙市场"茁壮成长的"阳光雨露"。

3. 建立合规监管与风险监管相结合模式

不论是何种形态的民间金融，也不论是何种类型交易形式。由于我国民间金融是基于地缘、血缘、亲缘为基础而存在，经营范围也仅限于特定区域或范围，这使得地域集中性风险、行业集中性或业务集中性风险都较高。而民间金融的服务对象主要是中小企业、农户和个人，这些借款人的资金风险承受能力具有一定的脆弱性和风险性，很难评估借款人的信用风险。正因如此，在我国融资渠道有限的条件下，这些借款人对民间金融组织相当依赖，而民间金融组织所提供的金融产品目前都较为单一，缺乏多样性产品的风险分散能力。并且民间金融主体决策的主要依据是信息快捷或缺的特殊"软信息"，但是随着民间金融组织的不断创新与发展使得原来所依赖的这些信息的准确性和透明度变差，其决策者和管理者等人为因素容易产生决策错误和道德风险。因此，这种关系型的融通资金方式除了发放关系性贷款之外，也以人工服务方式吸收关系型存款，这难免就会使关联交易的风险和成本提高。

由此分析，我国金融监管机关根据民间金融所存在的这些风险特征应采用合规性监管与风险性监管相结合的模式。合规性监管是指金融监管部门应严格依法监管民间金融主体的设立、运行和交易行为的合规性。具体包括如民间金融主体最低融资比例是否遵守对所在地区的民间金融相关法律规定，是否存在非法洗钱或以合法形式掩盖非法行为，是否符合国家关于账户管理的相关的金融法律规定。同时，金融监管当局也应该建立对民间金融的风险监管模式。对民间金融主体的财务状况和风险状况应成为日常监管的重点内容，并采用现场检查对民间金融组织的资本充足率、资产质量、盈利能力、资金流动性情况进行全面风险评级和对风险进行分类。鉴于我国目前经济发展不平衡和二元经济结构的特点，民间金融形式的层次不齐和数量众多，为了提高监管效率，降低监管成本，可借鉴国外的分类监管模式。对风险较低且具较为正规的民间金融形式，可适当减少现场检查，多采用非现场的日常检查。但对于风险较高的民间金融形式则需要以现场检查为主要方式，必要时要求进行预警和对外披露信息。

4. 完善信用性风险和流动性风险监管机制

目前，我国民间金融市场处于不成熟的初级阶段，资本金规模小和信用级别低，借贷过度集中，资金的主要来源仍然是存款，这就使得民间金融的流动性风险比正规金融的流动性风险大得多。因此，我国法律应当加强民间金融活动的流动性风险和防范信贷过度集中的管理。监管机关应针对民间金融不同的交易形式尝试制定存贷款比例，并规定一定限度内的资产负债缺口限额，采用比正规金融机构更高的单独备付金率。

另一方面，关系到民间借贷信用风险控制的另一个关键问题，即控制贷款风险问题。根据各国监管部门的实证研究证明，过度关联贷款会造成金融机构内部关系的滥用，不规范的关联交易进而导致金融机构的大量不良资产出现，危机金融市场的安全秩序。目前，我国金融市场存在资金信贷难问题，这使得大量民营企业家纷纷投资金融业的现象出现，其目的就在于通过控制投资在民间金融组织的自有资本进而获得贷款支持。但是，如果这种关联贷款过于普遍或比例太大，民间金融活动又会变成关系人的资金运作平台。而一旦关联贷款资金链出现断链，大量资金无法偿还，民间金融主体就会面临巨大的倒闭风险。因此，我国金融监管机构应当根据民间金融的不同交易形式，以现有的正规金融机构中关联贷款的法律规定为参考，制定民间金融活动中有关关联交易的一系列完善内容，包括其认定标准、审核办法、程序、关联交易的禁止类型、责任后果的承担等。对于在民间金融参与主体中持股比例超过一定比例的大股东贷款必须控制在出资额的一定比例之内。并且监管部门对民间金融活动中发放关联贷款的比例和信息披露应严格监管。

5. 构建合理的金融监管体系

由于缺乏合理有效的民间金融监管体系，因此其在运行过程中不可避免地出现各种问题，急需法律对其加以规范。监管体系不健全，就无法对风险进行全面的防范和控制，而且，也会为整个金融系统带来不可预测的风险。构建合理的监管体系首先要明确民间金融的监管主体，确立民间金融的监管原则，在此基础上才能对民间金融活动采取有效的监管办法。

（1）确立民间金融的监管主体

对于民间金融活动的监管制度，我国还未出台明确的程序性规定，也没有安排具体的职能部门进行负责，因此民间金融长期处于无人监管状态。首先，人民银行负责对存贷款利率水平进行调整，算不上监管；其次，金融监管当局无法取得借贷主体的信息，也就无法监管；再次，负责监管银行业规范运行的银监会，其监管主体是正规的金融机构，民间金融组织不在其监管范围内，它更注重的是在民间融资过程中是否存在非法吸收公众存款等违法行为，一旦发现，立即向相关部门汇报情况，服从政府部门的统一领导。

有学者认为，作为"草根金融"的民间金融，成长于社会底层，逐步发展壮大，草根阶层内部的驱动力功不可没，因此为其设立完善的法律制度规范才能实现对其有效监管，政府相关部门不应对其进行过多干预，金融当局也应为其提供宽松的成长环境，富有活力的民间金融才能更好地满足民众的各方面需求。

中国社科院金融法教研室胡滨主任指出，走向合法化的民间金融，对其进行监管的任务应由各地政府部门负责，包括组织的申请、审批程序和经营范围等。如发现有人借放贷之名，实则从事违法犯罪活动，监管部门就应取消其放贷资格，依法进行处罚。

"非金融机构贷款人"作为法律主体，被纳入《贷款通则》，并进行了详细规定。例如，金融当局负责对正规金融机构的借贷主体进行定期审查；各地方政府部门有权确定负责对"非金融机构贷款人"进行定期审查的监管主体，而且各地金融当局可以依照辖区的实际发展状况出台相应的政策，这就为各地方金融业的发展提供了更广阔、更宽松的发展空间；其次，对于违法行为要严格监管，打击非法集资、非法吸收公众存款的行为，保障社会和经济秩序的稳定，对于并未从事非法活动的贷款人可以适当放松管制，给他们更大的发展空间。

因此，我国应以《贷款通则》的规定作为基础，通过建立适当的市场化竞争模式，强化民间金融自身进行监督管理的作用。首先，根据我国现实情况，各地政府部门可以授权银监会负责对民间金融整体运行进行监管，银监会内部可以设立专门的分支机构，从注册资本、经营方式到项目投资去向等实行全方位监管；其次，为避免监管制度冲突，防止出现各自为政的现象，可组建行业自律性组织，互通有无，加强信息交流，该组织主要代表和维护会员的合法权益，可以由民间金融活动的主体自发组建；最后，监管过程中适时建立市场化的竞争模式，从而降低政府对金融市场的干预，让民间金融组织自由参与竞争。这种做法在我国已有先例，当年温州方兴钱庄为经营金融业务，申请办理许可证，中国人民银行坚决不准，其所使用的办法就是建立了市场化的竞争模式，在一定程度上为方兴钱庄的生存发展带来了压力，最终方兴钱庄自行退出。

（2）确立民间金融的监管原则

民间金融活动监管的立法，应全面考虑到民间金融市场的性质和存在的各种问题，以此为基础，才能真正从根本上制定出符合民间金融长远发展的监管模式。据此，应确立如下民间金融监管原则：第一，区别对待原则。民间金融存在形式多种多样，对不同形式应区别对待，符合生活需要、有利于经济发展的，应积极扶持、鼓励；违反法律规定、破坏市场稳定的，应依法打击，坚决取缔。群众之间意思表示真实的借贷行为，无论是低息借贷还是无息借贷，政府部门可不进行干涉，但是对专门从事借贷活动的民间组织则应定期进行审查；第二，最低成本原则。合理化的监管制度应考虑监管者的监管费用、被监管对象可能取得的资金回收情况。有学者指出，制定监管对策的同时监管部门应做一份报告，分析监管所花费用，以及由此可获得的资金回收情况，如果费用多于回收状况，这种监管方式就对资源造成了浪费；第三，自我监管原则。在监管框架中，对民间金融主体自我监管原则的体现必不可少，使他们进行内部管理的同时更有动力进行自我监督，从源头上预防风险；第四，行业自律原则。在控制监管成本的情况下，应鼓励建立具有自律性质的行业组织，他们可以通过信息披露、信用评级等方式，更好地监督民间金融活动。

（3）从法律层面正确区分民间借贷与其他融资行为

①区分民间借贷与非法吸收公众存款

上述行为的根本区别在于其对资金的使用目的不同。非法吸收公众存款行为所得资金主要用于投资或者谋利，而民间借贷行为所得资金主要用于借款人的生活和生产需要。首先，"非法吸收公众存款"中使用的词语是"存款"，"存款"不等同于"资金"，前者是金融学范畴的概念，意义特殊，金融机构将社会群众的资金进行集中才称为"存款"，与其对应的概念是"贷款"；后者又叫借款，目的是为了满足生产和生活方面的需要。并且只在筹资人将募集的资金用于谋利活动时，才构成"非法吸收公众存款"；其次，我国《刑法》分则中规定了"擅自设立金融机构罪"和"非法吸收公众存款罪"，但并未规定"非法从事金融业务罪"，而在《非法金融机构和非法金融业务活动取缔办法》中将"非法吸收公众存款"认定成非法进行金融活动，如果是违反法律规定进行的金融活动，资金使用方式就应与金融机构相仿。所以，只有募集者将募集到的资金用来从事金融活动时，才可能构成"非法吸收公众存款"；最后，就现阶段我国融资情况来看，中小民营企业普遍存在融资难，商业银行的资金支持力度不强，为民间借贷等融资方式提供了广阔的需求空间，并且在某些领域表现得十分突出。假如不对资金的使用方式进行严格区分，包括民间借贷在内的一系列融资活动都有可能同非法吸收公众存款的行为一道被归入违法的行列，受到法律的严惩。这不仅会阻碍民间融资行为的发展，也会为我国未来金融体制的多元化趋势带来影响。

②区分民间借贷与非法集资

首先，在融资方式上，民间借贷多是为了满足借款者的生活供给或者生产方面的需要，借款者会主动向资金持有人求助，不需要任何形式的宣扬，借贷双方意思表示真实，形成一致意见，签署借款合同。非法集资行为则是集资人通过各种方式放出消息，使社会公众为其提供资金，借款合同通常事先已拟好，内容比较详细；其次，在融资范围上，民间借贷的融资范围较窄，一般是向亲戚朋友等比较熟悉的人借款。非法集资范围非常广，是向社会公众借款，而无论认识与否；最后，在融资基础方面，民间借贷由于人缘、地缘性的特点，与金钱利益相比，有时人情往往占主要原因，这也导致很多民间借贷行为没有利息。非法集资行为往往带有高利率的诱惑，双方当事人更多考虑的是金钱利益。总体上，我国对于民间金融的监管缺乏完备的法律制度，监管主体不明确，也就更谈不到监管方法，监管措施的问题。

（3）合理引导民间金融的发展方向和路径选择

①宏观层面的引导

a 积极发挥民间金融对社会经济发展的推动作用

对于民间金融的作用，以往的观点大多以批评否定为主，将其看作是非法的融资行为，认为它不利于金融秩序的稳定，往往对其进行打击或取缔。然而事实上，对民间金融的打压非但没有起到预想的效果，反而使其活动变得更加隐蔽，不利于监管。凡是实行市场经济的发展中国家，在经济发展进程中都不可避免地要经过一段时期的二元经济结构，不但存在着正规的金融市场，而且在一定程度上也存在着民间金融活动来适应不同经济主体的融资需求。民间金融具有灵活、快捷、借贷门槛低等特点，是正规金融机构所不具备的。而且从事民间金融活动的双方往往比较熟识，权利义务关系比较明晰，有利于进行风险的补救。过去商业银行在信贷市场中一直处于垄断地位，我国的融资结构过度依赖银行，而民间金融的存在对于改变原有格局具有重要意义。虽然民间金融也存在着很多问题，但这并不完全是由其自身的劣性导致的，法律法规的限制、社会融资体制不健全等问题，限制了民间金融的发展，使其不能对风险进行有效的防范。因此，应承认民间金融法律层面的合法性，积极引导融资行为，规范其健康有序地发展，充分发挥民间金融对我国社会经济发展的重要推动作用。

b 以县域农村地区为重点，提升服务水平

在农村地区，民间金融活跃的原因之一是融资者的资金需求无法从正规金融机构得到满足，只有转向民间市场求助。因此，推动农村的金融体制改革，应充分考虑农村金融格局的特点，构建产权明晰、功能完善的金融服务体系，加快我国金融市场建设。在引导和规范民间金融发展方面，应以县域农村地区作为重点，可以先行试点或实施政策倾斜。可以借鉴城市商业银行的做法，吸收民营企业出资入股，农村地区的金融组织也可以吸收民间资金入股，既为农村民间资本提供了出路，又扩充了农村民间金融组织的资本充足率，便于其长期发展、稳定经营。一方面引导农村民间资本入股金融组织，另一方面鼓励民间资本投入担保行业，与农村合作金融机构和小额借款公司进行合作，设立专门针对小额贷款的风险补偿制度，加大吸收存款和发放贷款的力度，支持农村地区的经济发展，为农村地区民间资本的循环发展构建良好体系。

c 坚持创新升华，提高民间金融活动的组织化

因我国金融市场的二元结构性质，需要按照历史的进程，接纳民间金融的存在，不断完善创新，促进民间金融活动有序进行，满足多元经济主体的融资需求，而且应进一步完善民间金融活动的正规化程度。首先，要进行积极的引导，引导民间金融入股正规金融机构，让国有资本和民间资本共同为金融市场服务；其次，筹集民间资金，设立小额贷款担保公司和民营银行，开展多层级的金融业务模式；最后，按照民间金融本身的特点，构建风险投资体系，以民间资本做主体，促进民间风险投资组织化。

②引导民间金融与产业资本对接

私募股权投资基金主要为未上市企业的股权提供投资，企业通过这种方式可以获得较低成本的融资，因此无论是企业的设立阶段还是业务拓展阶段，它都发挥了举足轻重的作用。吸收民间资金，发展私募股权投资基金，可以解决我国中小企业融资难的问题，既改善了银行占据融资垄断地位的格局，丰富了我国的资本市场层次，又引导民间金融与产业资本进行了对接。近年来，在国际金融市场上，私募股权投资基金颇为流行，但中国却刚刚起步。我国有着充沛的民间资本，也不乏具有战略眼光的企业家，因此可以发展我国本土的私募股权投资基金，当然还有以下几方面需要完善。

第一，完善配套的法律法规。首先，制定《私募基金法》，对募集行为与非法吸收存款的行为严格区分，保护民间金融活动的融资主体；其次，根据《合伙企业法》和《证券法》等法律法规，出台关于私募股权投资基金的一系列配套制度，如工商、税务、监管等方面。2006年《合伙企业法》对私募股权投资基金做了修订，消除了"双重税收"制度和合伙人的无限连带责任制度，但仍有一些不完善的地方，因此建议相关部门出台配套措施。

第二，采取税收优惠等政策。在税收方面给予优惠，例如可以对注册资本和成立年限规定一个最低标准，达到该标准，私募股权基金即可享受税收优惠政策，以此方式来推动私募股权基金长远发展。同时，可以制定相关的政策法规，引导私募股权投资基金从商业银行获得贷款，投向政府所需的项目和领域。

③引导民间金融与政府资本对接

现阶段我国的民间资本大多集中在传统行业，导致行业投资出现饱和，产业利润下降，在资源相对匮乏的地区，极易导致资金外流，使民间资本游离于实体行业。而要有效地引导民间金融进入真正需要的领域，打破行业"进入壁垒"是根本，城市的基础设施建设、社会的公益事业建设可以作为市场化经营的突破口，实行"非禁即入""有需则让"，为民间金融提供更多的投资机会，一方面改善了城市基础设施建设，另一方面也缓解了公共财政压力。

第一，可以采取"BOT"模式，引导民间金融与政府资本对接。BOT即"建设—经营—转让"，是目前比较成熟的一种经营模式，可用来引导民间资本的运营。在与政府签订协议后，先完成基础设施项目的建设，之后独立经营取得收益，约定期满时将项目的产权和经营权归还，无偿转让给政府。在财政支出压力增大的情况下，显然不可能完全依赖银行借款，采用BOT模式既可以缓解财政压力，降低银行贷款比重，加快基础设施建设，又可以丰富民间金融的活动领域，为民间资本提供高收益、低风险的投资渠道。

第二，可以采取"逆向BOT"模式，引导民间金融与政府资本对接。逆向BOT即先由政府出资，完成基础设施建设，经营一段时期后，以有偿方式转让给民营投资者。实际上是政府将项目的产权和经营权转让给民间金融领域，实现国有资本与民间资本的融合。与 BOT 模式不同的是，逆向 BOT 可以绕过政府对产业政策的限制，最终使民间金融进入相关领域。因为在 BOT 模式中，前期的投资期限较长，相应的成本回收时间也长，难以把握投资过程中的风险，因此在鼓励民间金融与政府资本对接方面，逆向 BOT 模式的作用可能会更大一些，它通过购买"现货"的方式成功避免了 BOT 模式的不足。

（4）引导民间金融与金融资本对接

第一，发展非吸收存款放贷人（NDTL）。主要是指从市场借入资金或依靠自有资金，从事放贷业务的个人或机构。因其不吸收公共存款，对银行系统不会产生任务威胁，也不会带来金融风险，因此政府对其监管较为宽松，其经营方式也比商业银行灵活，有更多的创新之处。另外，法律充分保护 NDTL 契约，使违约的风险变得很低，而且它比民间融资的资金来源范围更宽泛，因此效率也更高。目前的民间金融活动中，小额的、日常性的借贷占主要比重，因此未来民间金融的发展方向可以考虑 NDTL。事实上我国小额信贷组织尚处于起步阶段，还不够成熟，与 NDTL 相比还存在很大的差距，要想真正发展 NDTL 还应对以下几个方面进行改进：一是制定相关制度，对民间金融既放开又给予一定约束，降低其从事合法投资行为的门槛，为民间金融的规范化发展提供条件；二是各地方政府根据本地区实际情况设立小额信贷监管机构，保护借款人的合法权益。

第二，发展小额贷款公司。小额贷款公司的发展，应以缓解中小企业的融资难问题为最终目的和宗旨，因此对其发展方向和定位方面，应积极引导。首先，在欠发达地区，可由政府机构做主导，在经济比较发达的地区，可以充分利用民间金融的作用；其次，小额贷款公司应实行利率市场化，因其服务对象主要是市场化的投资经营者；最后，适当放宽小额贷款公司成立的条件，降低准入门槛。

第三，创新试点村镇银行。放宽金融市场的准入条件，设立地方性的小型金融机构，如村镇银行。承认自然人和法人可以依法拥有金融权利，逐步培育由个人和企业发起设立的村镇银行。村镇银行可以同商业银行进行融资活动，从而分担风险。这既可以弥补正规金融的供给不足，又可以形成一种新的金融组织形式，在借贷市场上与现有金融机构自由竞争，为金融的多元化提供了一条新的通道。

总之，完善的信贷法律制度是减少和防范金融风险的重要手段。我国金融监管当局如要实现民间金融的规范发展，就应当对民间金融活动的信贷业务范围做出完善的规定，包括信贷发放、管理和资金回收以及信贷整体限额和各个类别贷款限额等。其中，整体贷款限额可以通过规定资产负债率、贷款与资产比率等指标加以控制。各个类别贷款的限额则可通过规定房地产贷款、商业贷款、农户贷款等占总体贷款的比重加以控制。

第二节　民间金融法律监管的理论基础及其必要性

一、民间金融法律监管的理论基础

1. 从金融监管法的目标来看

从金融监管的实践及其本质需求来看，金融监管的目标一般由维护金融体系的安全和稳定；保护存款人、投资者和其他社会公众的利益；促进金融体系公平、有效竞争，提高金融体系的效率三项构成。在这三项目标中，前两项可统一为"稳定"目标，后一项可视为"效率"目标。"稳定"和"效率"一直以来都是相互矛盾和冲突的。要稳定金融体系，就要实施金融管制，这必然在一定程度上增加金融机构的运营成本，降低金融业的市场竞争力，若只讲效率而不求稳定，必然会导致金融体系的混乱和无序。西方国家的金融监管一般采取兼顾"稳定""效率"的目标，并随着经济金融形势的变化，对监管目标的侧重点进行相应的调整。如美国30年代至70年代金融监管突出的是稳定，并颁布了一系列的法律法规加强金融监管。80年代以来，由于经济形势发展上的需要和金融自由化理论研究的深入，效率目标开始成为金融监管的重心，美国开始放松金融管制。《1980年存款机构放松管制和货币控制法》（Depository Institution Deregulation and Monetary Control Act of 1980）放松对利率的管制，《1982年存款机构法》1982放松银行业务限制，允许非银行存款机构从事工商信贷等。

我国现有的有关金融监管法规，在兼顾稳定与效率目标方面，与西方国家的法规相比存在明显不足。1995年《中国人民银行法》第1条规定金融监管的目的是："保证货币政策的正确制定与执行，建立和完善中央银行宏观调控体系，维护金融稳定。"《银行业监督管理法》第1条也规定"监管的目标是防范和化解银行业风险，保护存款人和其他客户的合法权益，促进银行业健康发展。"《商业银行法》的规定是"为了保护商业银行、存款人和其他客户的合法权益，规范商业银行的行为，提高信贷资产质量，加强监督管理，保障商业银行的稳健运行，维护金融秩序，促进社会主义市场经济的发展。"可见我国金融监管的目标采取的是单一目标模式，只注重稳定金融秩序，至于在提高金融运行效率方面则没有任何的反映。在这一监管目标的指导下，我国金融立法对正规金融系统以外的其他金融机构和金融活动采取压制的态度，造成金融资源被少数银行所垄断，而这种垄断直接导致我国金融业的低效率和金融创新的滞后。所以，我国应对内开放金融市场，允许民间资本进入金融市场，增加竞争，提高效率。

2. 从经济学角度分析

均衡在经济学中是指有关经济主体在外部条件约束下，各自达到最优的一种相对稳定状态，具体地说是供给和需求通过市场发挥作用，从而产生了均衡价格和均衡数量的状态。扩展到法律领域，法律均衡（Legal Equilibrium）就是法律供求均衡。所谓法律供给（Supply of Law），就是指以国家有关机关强制或意愿进行的立法、司法、执法等活动的总称。法律需求（Demand of Law）则是指人们购买（或遵守）法律的主观愿望和客观能力。而金融监管法领域的供求均衡一般是指有关金融监管的法律供给适应对法律的需求，既不存在法律过剩，也不存在法律短缺，处在一个相对稳定的状态，法律的数量、内容和结构安排是大部分人所满意的。与法律均衡相对应，法律非均衡是指人们对现存法律的一种不满意或不满足，意欲改变而又尚未改变的状态。

随着经济体制改革的深化及民营经济的发展，市场上急需大量的资金和多样化的金融服务。然而我们看到的是，由于传统金融资金供给的"二元性"，正式金融机构遵循政府制定的低贷款利率，将资金贷给公营部门及少数大企业，而大量的中小企业则被排斥在正式金融市场之外，只能以较高的利率从非正式金融机构获得所需的贷款，民间金融需求严重被抑制。另外由于我国目前对民间金融实行严格法律规制，一些富余的民间资金无法找到理想的投资项目与投资渠道，无法较为合法合理地转为市场需求主体所用。可见，一方面是正规金融机构资金供给无法满足经济发展的资金需要，另一方面又是民间金融合理的发展得不到相应的制度支持，无法合法地转为经济金融发展所用。另外，由于法律监管的缺位，使存活于体制外的民间金融容易被不法分子利用，滋生赌博、金融诈骗、携款潜逃等问题，福建福安标会崩盘就是一例。因此，越来越多的学者认为应开放民间金融市场，将民间金融合法化并纳入监管的呼声越来越高。

二、对民间金融法律监管的必要性

金融业是个高风险的特殊行业，有其内在的脆弱性，金融主体在市场运作中存在垄断、信息不对称、外部性等市场缺陷，加之金融自由化和金融创新的不断发展，使金融业面临更大的风险和不稳定性。通过加强金融监管来控制金融风险，从而实现国民经济稳定和健康发展，历来是各国政府和金融监管当局十分关注的问题。民间金融属于金融业的范畴，也应当纳入金融监管体系，受到合理有效的监管。

1. 我国民间金融引发的风险

1985年冬至1986年春，一场"抬会"风波席卷了温州的乐清、平阳、丽水等14个县（区），资金规模过亿，会员骚乱造成353人被绑架和非法拘禁。1988年和1989年，温州平阳两次"会案"人死，共涉及资金几十亿元，会员骚乱造成非正常死亡几十人。2003 年 9 月，浙江省奉化市溪口镇发生标会倒会。溪口标会资金链骤然断裂，当时几个会头经不住资金短缺的压力外逃了，使得透支现金的会头和会脚们纷纷逃离溪口。之所以资金短缺，据称是他们到中国澳门、缅甸赌博后，血本无归。2003 年 9 月，奉化市人民法院受理了 200 多起关于溪口标会的民事官司，涉及金额 280 011 万元。仅溪口一镇，"标会"涉及的金额就超过 3 亿元。最新的合会倒会案例是福建省福安标会大规模倒会事件，倒会始于 2004 年 5 月 16 日，估计涉案金额 9 亿元。此前，福安标会资金通过"会抬会"、会套会"的形式被那些会首聚集，大量流入当地赌场，利率不断飙高，资金流动不断加快，新会的会期不断缩短，一些会首、会员由于不能及时支付会钱，导致标会的资金链发生断裂，从而引发崩盘。

2. 我国民间金融的内在缺陷

深入分析我国民间金融引发的风险，可以看出其发生并非偶然。虽然民间金融对促进金融资源的有效配置、推动经济发展方面具有积极作用，但作为金融活动，民间金融除了必须面对与正规金融机构一样的风险外，还有其自身固有的缺陷。

首先，民间金融活动会对国家宏观调控产生影响。民间金融大量资金游离于国家监管之外，又具有盲目性、随意性、自发性和隐蔽性等特点，注重利益，资金流向往往偏离国家产业政策和货币信贷政策，一定程度上影响了国家宏观金融政策的调控力度，部分抵消了国家宏观调控的效果。另一方面，民间金融的利率远高于银行的存款利率，导致部分居民个人的资金流向民间金融机构，民间金融市场的高收益性也会吸引正规金融机构的信贷资金进入，从而使传统的货币概念和测量口径趋于失败，加大金融监管难度，削弱了金融监管当局的控制能力。

其次，对社会安定造成不利影响。民间金融属于民间自发的行为，组织结构松散，管理方式落后，经营活动相当随意。大多民间金融活动都是私下进行，在双方都认可的利益条件下，通常是在口头约定或简单履约的情况下进行交易，手续简便，很不规范，权利义务很难得到法律的有效保障，整个交易极具风险，容易引发债权、债务纠纷。在得不到法律有效保护的情况下，民间金融产权的保护只能通过私人来提供，诸如求助黑社会方式等往会成为债权人的选择，进而带来不安定因素。

再次，民间金融容易滋生非法金融问题，潜伏着金融风险。由于民间借贷活动的频繁发生，个别人尝到甜头，逐步从单纯的借款活动中分离出来，非法吸收存款，高利率发放贷款，办起了非法地下钱庄，从而扰乱了金融秩序。有些民间金融机构组织制度极不完备，内部管理较为混乱，容易出现非法集资、经营者卷款潜逃的现象。民间金融的范围狭小，不能在更大的范围内分散和转移风险，一旦运作的某个环节出现断裂，带来的打击可能是致命的。

最后，由于民间金融一般是建立在血缘、地缘基础上的，只适于具有良好道德、彼此熟络、靠信任和名誉维持其正常运行的团体，大多缺乏有效的约束和风险控制机制。然而随着经济的发展，资金趋利性使许多民间资金通过各种各样的灰色渠道进入金融市场。民间金融活动获得显著的收益时，由于市场上存在着强烈的示范效应，流入民间金融市场的资金规模将不断地增大，参与人数不断增加，使得民间金融组织的血缘、地缘关系被突破，风险急剧增加，如果被投机分子利用，甚至会全面崩溃。

正是由于民间金融存在以上风险，其脆弱性就显得极为突出，稍有不慎，整个民间金融体系就有可能崩溃。也正是因其脆弱性，监管就尤显必要。对民间金融的高风险性，不能以取缔的简单方式处理，而应当通过民间金融监管法律制度的构建来予以规制。

第三节　民间金融法律监管模式的选择

法律监管对象的确认只是对纷繁复杂、发展程度不一的民间金融市场中的各种形式的本身的分析重整，初步解决的是法律内身份认可问题。接下来将在此基础之上完成民间金融从监管对象的确立到行为监管方式的系统性、连续性和统一性的内源性规制体系的法律制度完整构建。需要阐明的是由于确实在此方面并无先例可循，也无其他相关模式的参考资料查阅，只能根据现有的正规金融法律监管体系结合我国民间金融市场的特点，以及我国经济发展的现实国情进行试探讨。所以，不论是从应然层面上或是实然层面上都具有一定的机遇性与挑战性。

一、简单形态的民间金融：公私法二元结构解决

正如第一章所言，简单形态的民间金融是处于"自然"状态之下，并具有最初始的非组织化的特点。鉴于这类民间金融市场化成熟程度较低，实质性的金融经济性目的不强，行为极其依赖于民间的习俗、惯例和约定俗成的规定，比如诚实信用、契约自由、平等协商和互助救济等已嵌入人们生活已久的具有重要约束力的民有理念。因此，一旦中、高级形态的民间金融——分层监管的方式发生资金的债权债务纠纷，民间金融交易双方当事人第一行动选择便是具有社会天然约束力的制度—声誉机制（如"面子""别人的看法""信任感"等），注重熟人之间的协商与约定，通常以合约协议的形式解决纠纷。由此，救济行动中的选择性方向很强，即私力救济途径成为了主要的方式，而与高昂烦琐的诉讼成本而言，纠纷双方当事人也乐于选择此种方式。那么，其结果必然出现私法因素会偏重，而公法因素极少。假若强行将这类非组织化形式的民间金融纳入专门规制民间金融的独立监管体系，不仅起不到法律规制的目的和效果，反而增加立法成本，浪费现有的法制利用资源。

讨论到此，必定会有人提出质疑，市场是不断发展进化的，民间金融的形式会层出不穷，更新换代，此类民间金融形式会大量出现，既然不适合纳入专门规制民间金融的独立法律监管体系，难道就放任不管，由此自由发展吗？事实并非如此，只要是社会中存在的行为并有其存在的价值，都要受到社会内规范因素的制约和引导。虽然简单形态的民间金融不建议纳入专门规制体系，但是绝对不是任由发展，也绝不是无法规制。因为私力救济在解决熟人之间的纠纷过程中的确体现出公力救济可能无法比拟的优势，但毕竟这种优势存在局限性，一旦习惯、习俗乃至约定俗成的规定仍然无法解决纠纷过后，剩下的可能就是会引起社会局部或者全局的动荡或者负面影响，此时公立救济就显得必要和重要。公力救济的存在与私力救济之间并非是对立面，相反，公立救济的存在可以有效地保障私力救济的存在和实行，在私力救济无法保护利益损失者的权利时，可以诉求于公力救济制度。法治社会要求国家应当为解决纠纷的诉求提供救济，否则权利将无从保障。只是，此类民间金融纠纷或者违反行为不需要通过专门的法规制而已。

所以，笔者认为简单形态的民间金融法律监管完全可以充分有效地利用我国现有的公私二元化结构划分体系进行调整。如果此类民间金融形式中的行为涉及私人民事上的利益保护问题，则可以运用我国的民事法律规则进行处理，如《民法通则》《合同法》等等；如果行为涉及违法并具有犯罪的特点，则可以运用我国的公法中的刑事法律制度进行处理，如《刑法》；如果行为涉及违法但是不至于构成犯罪，则可以运用我国公法中的《行政法》进行处理。对此，为了更加清晰和深入地分析此种法律调整过程的理论可行性，特选取此类民间金融中典型的两种形式逐一进行论证。

1. 个人之间自由借贷

不管发达国家、发展中国家，亦或是落后国家和地区的经济发展中的任何时期、任何形态之下，个人之间的自由借贷行为都是普遍存在的经济活动现象。正如前文中所阐述的自由借贷行为以其自身的优势将会长期在社会经济生活中保留，既不会被具有组织形式的民间金融所取代，也不会在社会变迁中消失。因此，对于个人之间自由借贷活动必须予以关注并对其行为进行规范和指导。但是，现实生活之中个人之间的借贷往往是发生在熟人熟事之间信息对称的基础之上，基于平等主体之间的借贷行为，不涉及吸收存款类经济行为、私人利益保护需求的特征明显。由此，一旦发生借款人不归还所欠借款时，贷款方常常会运用声誉机制的私力救济措施，通过协商、磋商等方式告诫借款人如若不完成此次借贷合约行为，借款人将在本地区失去信用基础，并且很难在此地区再次获得资金供给，从而迫使借款人必须履行合约义务，继续完成按期还款行为。因此，这种声誉性保障方式有其自身的一套约束机制，为个人之间自由借贷者第一救济行动之选择。当然，此种救济方式并非总是时时有效，也存在失效的时候，即就算通过声誉机制的作用也无法实现还款行为，此时，贷款方可以选择诉讼的方式诉诸法院，由法院根据相关的法律规定做出公正的判决。

目前我国关于个人之间的借贷法律适用主要是《合同法》和《民通意见》，这两部法律都是以契约自由、平等自愿、诚实信用等基本原则为轴心，注重保护私人利益为己任，并且这两部法律对于借款的合同形式、内容、成立及生效的时间，以及债权人与债务人的权利与义务、法律后果责任等内容都一一做了较为合理的规定。因此，本书认为对于个人之间的借贷行为完全可以综合运用声誉私力救济机制和继续适用这两部法律公力救济即可，无须政府金融监管部门干涉太多或者将其纳入民间金融专门的监管体系。政府金融监管部门所要监管的应该是超出法律规定的合法借贷行为的高利贷问题，但是对于此问题的认定通常是以我国的利息不得超出同期贷款利息的4倍作为界限。而依据我国现今经济发展的速度和特点而言，高利贷的认定技术方法应该与时俱进，需要根据不同地区的经济发展情况进行详细的调研和分析，进行市场的细化，重新确定高利贷的标准，如若被判定为高利贷的应该予以打击并取缔，对高利贷部分所得收益不予受到法律上的保护。

2. 企业借贷

此处企业借贷是指私人与企业之间的借贷和企业与企业之间的借贷两种形态，这两种行为本质上都属于一对一的直接交易方式。在发达国家，企业借贷行为是非常普遍存在并且也为国家法律所接受，如美国的《示范商事公司法》第3.02条规定中第7款和第8款分别规定公司关于借入和借出公司钱款的一般权力事宜；《特华拉州的普通公司法》第122条第13款和第14款也分别也规定了公司享有借出资金和提供贷款的权力。而在发展中国家，金融管制一向严格，由此出现企业借贷现象比比皆是，但生存状态却是"汹涌暗流"，我国法律态度采取的有限承认态度也促使企业为躲避法律的围堵而常常铤而走险。

对于私人与企业间的借贷而言，我国法律承认其合法性并视为民间个人之间借贷的行为，其法律适用相应的以《合同法》《民通意见》为主，同时也进一步在相关的司法解释中规定了限定条件以防止非法集资的情况出现。而在现实中，企业与私人之间的资金借贷交易同样也存在声誉机制私力救济特点及优势作用，一旦企业出现违约不还款事件时，那么违约企业在此地区的熟人熟事之间的名誉及信任感将会遭受到重创，至此不会有人再愿意借钱给此企业，相对于个人的声誉惩罚作用而言，企业受到的负面影响会更严重，极有可能导致资金链的断链而使得企业倒闭，无法经营。因此，出于对企业未来长远发展的需要，企业通常不会选择高昂的违约成本而获取眼前的利益。

而对于企业之间的贷款，我国的法律要求则极致苛刻，在法律规定中属于明文禁止的非法行为，一旦行为被发现，则以非法集资行为处理。因此，面对资金需求巨大缺口量，在正规金融机构无法满足资金供给的限制条件之下，只能选择通过其他各种合法化的外衣规避法律禁止已达到资金借贷的要求，如通过中间的第三人起资金的中转作用，即先由出借企业借给第三人，再由第三人借给资金需求企业，借款企业甚至可以与第三人共同就所借款项提供连带责任的担保，这实际上就是利用了企业与自然人之间民间借贷的合法性这一点。再比如，某些急需资金的生产企业与购货企业商定，由购货企业提供资金给生产企业，而将生产出来的货物折价为本金和利息，补偿给购货企业。因为双方约定购货企业提供的资金为预付款，则很难认定其实质上就是企业间的借贷行为。其实实践中往往形式不止这么两种，形形色色的规避方式层出不穷，导致司法审判中对于企业之间的资金行为到底是合法还是非法的判断模糊不清。

而目前我国对企业之间借贷法律规则并不是完全以法律规定为主，除了较少的司法解释之外，大部分都是行政规章的效力级别，又因为企业之间的借贷行为本质上是合同行为，这就必然会造成法律与规章之间的适用混乱局面，使其司法审理受到很大的困惑。这表现于我国《合同法》第196条规定："借款合同是借款人向贷款人借款，到期返还借款并支付利息的合同"，这意味着企业之间借款合同也应该属于合同法规制范围，而合同法也并无其他的借款合同主体限制规定。同时，《合同法》第52条明确规定违反法律、行政法规的强制性规定的合同才属无效。并在《关于适用〈中华人民共和国合同法〉若干问题的解释（一）》中重申"合同法实施以后，人民法院确认合同无效，应当以全国人大及其常委会制订的法律和国务院制订的行政法规为依据，不得以地方性法规、行政规章为依据"。根据法律的效力层级而言，企业之间的借贷合同如果违反了规章制度，也不一定绝对判定为非法行为，这有轻易否定其效力之嫌疑。另一方面，虽然我国主流观点是禁止企业之间的借贷行为，但实际上在颁布的一些经济法律中隐约可见合法的可能，并非对行为的认定有决绝之意，例如新《公司法》第149条第3项规定"董事、高级管理人员不得违反公司章程的规定，未经股东会、股东大会或者董事会同意，将公司资金借贷给他人或者以公司财产为他人提供担保"。照此推理，如果是经过股东会、股东大会或董事会同意的话，将公司资金借贷给他人或者企业是合法行为；再如我国《企业所得税实施条例》第38条第2款规定："非金融企业向非金融企业借款的利息支出，不超过按期金融企业的同期同类贷款利率计算的数额的部分。"国家税务总局（国税发[1995]156号）在《关于印发〈营业税问题解答（之一）〉的通知》中规定，"不论金融机构还是其他单位，只要是将资金贷与他人使用，均应视为发生贷款行为，按金融保险业税目征收营业税"。此两条规定事实上已经从正面承认企业之间借贷行为的合法性，否则不合法的行为不可能有征税之说。

经过以上分析，本书认为关于企业之间资金借贷问题完全可以发挥公私法相协调的主观能力性进行规制，如果企业间的借贷目的合法，主要用于解决企业生产所需的资金缺口，纠纷涉及的是私人经济利益的保护需求，那么政府无须实行特别的监管制度或纳入民间金融的专门监管机构，可以统一适用合同法的规定进行审判，如不违反合同成立生效的要件，则属于合法行为。并就企业间借贷利率进行详细规定，以民间借贷的不得超过银行同期贷款利率的4倍利率规定为比照或者可以设定为不得超过银行同期贷款利率的标准等设定；在企业出借资金的法律规定上，也可以对企业出借资金的注册资本要求、出借资金的来源进行限定，如只能以税后留利等自有资金出借；出借资金的规模设定上限、出借资金的性质和用途加以限制；同时为保护涉及的出借企业的股东利益，可以参照《公司法》关于公司对外担保的规定，如外借资金必须经股东会（股东大会）、董事会决议且适用控股股东实际控制人表决权和回避制度等。

总之，运用较为量化的标准来设定企业间借贷的法律准入门槛，是从宏观上控制和监测企业间借贷规模的可行措施，有利于企业间借贷循序渐进地开放和健康发展。但假若以企业之间的借贷行为目的，非法或者以合法目的掩饰非法目的，同时行为具有严重的干扰社会正常金融秩序和危机社会稳定环境的情况下，如非法集资、犯罪活动等行为，国家则可以以公法形式诉求于司法机关进行规制，如我国《刑法》规定的非法吸收公众存款罪、集资诈骗罪、欺诈发行股票、债券罪、擅自发行股票、公司、企业债券罪、高利转贷罪等。2011年1月出台的《关于审理非法集资刑事案件具体应用法律若干问题的解释》中对非法集资的较为详细的界定都将有效地规制企业间的不合法行为。因此，我国法律对待企业之间贷款问题的解决思路应该在客观理性的肯定和保护企业之间的贷款的同时，减少其不合法行为带来的负面影响和风险。

二、中、高级形态的民间金融：分层监管的方式

中、高级形态的民间金融是在"自然"状态基础之上逐渐演化而成，具有一定人数规模和一定组织结构特征。鉴于此类形态民间金融的经济性和社会影响的广泛性及独特性，我国采取与正规金融有别的专门监管框架，制定专门的监管法律已成为当前必要而又现实的制度选择，这将有利于我国整体金融市场环境健康有序地发展。而对专门监管对象限定为内部结构性强和具有社会影响力较大的中、高级形态的主导型中、高级形态的民间金融活动，则体现出民间金融合法化的理想辩证思考方式。

由此，本书在结合国外相似监管经验与我国经济监管现实基础之上，同时比照我国正规金融活动的监管模式，尝试性地提出对中、高级形态民间金融的法律监管模式采取分层监管的专门监管方式。即立法赋予银监会的非现场监管权力，同时赋

予民间金融自律行业协会组织为主的，地方银监局监管为辅的现场监管的权力，以及最后加以各地司法机关的补充性协助的分层次系统性监管体系。

1. 该法律监管制度构建的现实可行性分析

该法律监管制度构建体系完全突破了我国传统的金融监管模式和理念，打破了各单一监管主体的严格管制特点，致力于建构一个多层次、多方面、全面协调性的法律监管框架。这种分层式的法律监管方式的现实可行性意义在于能有效弥补政府监管体系的强制僵化所带来的压制性效果，在一定程度上降低政府经济利益的需求满足和既得利益集团的权力寻租，同时通过加强树立自律组织协会的社会管理作用，缓解市场调制权与经济管制权之间的紧张矛盾关系，诠释出我国民间金融合法化的内在平等、自由和秩序价值。

的确，政府监管与市场内在的自治力量之间的选择一直是各国金融监管发展史中所探讨的核心问题，各国政府也一直试图在探索实践过程中寻求一个平衡点。尤其是在发展中国家尤为明显，并且这种研究与分析至今从未停止过，仍然是众多学者与政客们讨论与论证的重要制度性问题之一。

因而，作为一个正处于转轨特殊时期的国家，我国金融监管制度的设计更应该考虑符合现代金融市场的要求与迎合未来国际金融市场发展和特点，不能故步自封，怠于制度创新，应充分调动金融市场内经济主体的竞争活跃性和创新因子，并运用法律制度的保障性功能为竞争市场营造一个公平、公正、透明的环境，经济主体享有平等的权利和履行同等的义务。虽然我国计划经济时期所形成的政府为主导的监管模式和国有正规金融机构的垄断格局一直延续至今，更是在政府与国有金融机构之间产生了千丝万缕的关系，既使曾经试图采用股份银行的鲶鱼效用增加竞争力，效果却不尽人意，单一监管格局与金融垄断局面依旧存在。但是随着经济高速发展带来的市场多元化和经济主体社会理性思考的进步，强制性变迁方式是无法抑制金融市场诱致性需求——民间金融的延续，而当民间金融真正以正式身份进驻金融市场成为国有金融有力的竞争对手时，其间所表现出的生存、发展现状和利弊问题更是佐证了国有金融垄断的不合理与金融监管方式的不适应。政府总是期望采用传统的国有金融监管方式监管民间金融的新生事物，却在一次次的金融改革中显示出监管的失败，城市化商业银行和农村信用社的所谓金融改革便是历史的失败印证，本该属于民有的资本却再次被烙上国有银行的复制外衣，不仅没有解决金融市场的资金需求和改革创新，反而造成市场资金的供给需求差距进一步加大和紧张，监管措施的力度更加趋近于严格控制下的不合理状态。因此，仍然坚持以政府为主的单一监管方式是否对未来金融市场发展具有可持续性？是否适合民间金融现实制度设计的初衷？这不得不令人产生质疑。

而在这失败经验教训的背后也使我们清晰地意识到政府所具有的双层角色属

性——国家管理者与社会经济人，这种角色的差异性也必将决定了政府行动方向抉择的不同，一方面作为管理者时，政府必定要考虑到管理成本与收益的计算以最大化实现管理的效率。换言之，所有的管理者都希望付出最小的行政成本获得最大的社会行动正效益，金融监管当局对民间金融的管理亦是如此，期望在民间金融市场的监管中付出较之其他可选择的监管方式相同成本之下的最小成本，同时获取较之最大的市场行动效益，否则，则认为政府的管理属于不经济性。但实际上，我国经济发展一直处于二元经济结构，经济发展不平衡带来的地区之间的巨大差异性，以及文化、习俗的不同导致民间金融形态各异，金融监管机构直接监管的难度较大，信息的收集和处理需要耗费大量的人力与物力，耗费的周期相当之长，监管成本相当之高，而监管的效果却差强人意。并且对于具有组织形式的民间金融虽然接近于正规金融结构，但本质上仍然有区别，不属于政府主导内的自上而下的组织架构，对正规金融的长期监管过程中所掌握运作特点和风险机制未必适用于民间金融的监管制度设计，如若不加区分的、不熟悉内部机制的情况下，直接采用类似于正规金融的监管方式，必然在现实中明显缺乏具有针对性和可操作性程序缺陷。另一方面，作为经济人时，为实现自身利益的追求极有可能干扰民间金融的合法化程序，使得由本应法律信任赋予的中立公正角色的管理者，惠及分配市场主体和弱势群体的经济利益转向被国有金融既得利益群体所俘获形成"同一阵营"，滥用立法赋予的权力，集中垄断性地按照自我偏好分配金融资源，自然不利于民间金融发展的监管，寻租机会随即出现，金融市场的竞争秩序再次遭到破坏，资源分配再次失衡，监管制度的设计再次回归初始混乱状态。由此分析，市场失灵固然可以求助于国家干预，但是这种求助不是绝对的，因为政府监管是不完美的、有限的，政府履行干预职责也会发生目标偏差，矫正金融市场失灵的同时却出现了同样无效率甚至阻碍经济发展的现象。正如立法上如果只赋予政府部门作为民间金融机构的唯一监管者，便极有可能产生两种结果：第一、民间金融机构势必会增强对政府的依赖性，从而减弱其贷款质量审查和风险控制的力度，使政府最终成为各种不良贷款的承担者。第二、政府会以各种形式干预民间金融组织的信贷行为，难以保证民间信用组织贷款的独立性，锐化为又一个被复制的城市信用社和农村信用社。

事实上，在人类普遍存在的大量经济活动之中，并非每一项经济活动的制度安排都必须完全依赖或者是只有通过立法授信于政府才能实现，存在于人类社会内部的各种自我组织自治方式也能有效地解决制度安排问题，或许在某些层面甚至更优于政府的强制性监管方式。它们属于除政府之外的另一种市场矫正力量形式，产生于市场内部运作机制的结果，是市场内的第三方力量。其中最值得选择的一种有效自治组织形式便是自律性组织协会，由于发源于市场内部关系，所以更加清楚市场内的运作流程、技术操作和未来发展趋势，更加准确地定位市场内资金的流向产业发展的合理性程度，更加节约为实行监管而付出的收集信息成本及信息对称性处理成本。

因而，基于此种认知，并结合我国民间金融发展的现实情况，建议立法上及时引入第三方力量——民间金融自律组织协会作为监管空白区域的填补者，通过立法方式确认民间金融自律组织协会的法律地位，赋予民间金融自律组织协会监管权力和设定所应承担的责任后果体系，进而有效克服单一政府监管可能引起的失灵，弥补政府作用的局限性。而这种法律赋权之后的市场自律性组织较之政府而言则在具体监管执行方面更加具有灵活性、适应性和积极推动性。因为民间金融自律组织协会产生于市场内民间金融主体的自愿、自发、民主的信任体系基础之上，能够公平公正地反映出民间金融组织监管决策过程中的参与权、讨论权与制定权，真实反映出民间金融主体集体意愿和该市场的特点，这种监管对象的直接性可以大大减少法律的安排成本，包括在信息的收集与运用上，民间金融自律组织协会对其民间金融市场发展状况，组织内部运行情况，经营收益状况等情况能够获得及时信息对称来源，避免某些民间金融主体利用其政策制定者由于信息获取渠道的艰难而提供虚假信息或者隐藏真实信息，导致信息不对称处理造成大量的司法行政资源成本的浪费。在监管规则的制定和标准的设立上则更具有专业性与民主性，更适合民间金融市场运作的特点与方式。在监管的执行过程中也可以相对减少执行主体规则认知的偏差产生与被执行人之间的冲突和误会，使其监管更具有可操作性，因为一个得到实施对象充分讨论并相对有效的平衡利益的管制政策和措施必将在其实施中减少执行成本，进而实现政策的实际效果与应然效应的高度契合。另一方面，赋予民间金融自律组织协会法律监管权力将对政府为谋求个人利益而滥用强制性管理权力的行为起到一个制衡作用。这体现于民间金融自律组织的集体利益维护意识抵抗力量，当政府出于维护自身政治需要而不得不满足既得利益集团的需求时，金融资源的不公平分配格局将以显性或隐性方式出现，若以市场上分散的单个民间金融主体进行行为的抗争，必定在高昂的维权成本上和收效甚微的影响下成为金融市场中的牺牲品，处于弱势地位的群体本就无法与具有强权特点的国家权力相抗衡。但是，通过整个民间金融主体群体结合而成的民间金融自律组织协会通过法律程序将分散的个体利益表现为整体利益形式展示于市场之中，将单个组织所难以承受的维权成本分摊于协会的各个成员之中，按照法律赋予的确定保护权力集中代表行业利益抵制市场内不正当竞争、不公平价格调整和集体诉讼意见，从而使得单个组织能以最小的成本获取最大的利益。

当然，通常一种制度安排的设计理念与目的是旨在发挥出该制度的最大优势，尽可能地剔除该制度中的弊端影响因素。但是并非可选范围内每一项方案都是无可挑剔、尽善尽美的最佳选择，仍然有其自身的优点与缺点之分，如何有效地整合和优化制度内方案模式选择，使其顺应现实国情发展需要和社会发展脉络潮流，则成为制度安排设计中所要必须面对的问题。正如选择我国政府作为监管主体时，既有监管活动的权力权威性的好处也有权力利益被私人化的坏处的可能性，选择自律组织作为监管主体时，虽然拥有与市场天然的亲近性优势，却也正是因为这种紧密性联系促使行业协会的行为极有可能演变成民间金融组织联合垄断行为，进而限制市场准入和退出的平等竞争条件，干预竞争者的自主经营原则，造成社会利益与小团体利益之间的矛盾和冲突。由此分析，如果要建立一种优化的监管制度安排，必须既要对监管者实行控权机制，也要积极地调动和引入监管竞争机制，结合我国现实发展需求，大胆进行制度创新，重整社会内多种矫正力量的优胜劣汰选择模式。以此为基础，本书认为适合我国中、高级形态的民间金融的法律监管模式在于分权分层监管模式，建立以政府和民间金融自律组织协会相结合的法律监管体系，通过立法授权确认各自相应监管能力，充分发挥各自的职能优势，既能使市场内的各个民间金融主体参与者运用自律组织的作用表达自我利益诉求，同时又能得到自律组织与政府的直接和间接的相应积极指引作用，并形成政府与自律组织之间的相互权力制衡作用以避免任何一方因为监管行为的不当而损害经济市场竞争活力和经济主体自由权益，进而做出危害社会公共利益的行为。

然则，有一点内容值得强调的是从我国目前现实的监管体制来看，不管是在利益之间的冲突上亦或是新旧经济制度安排的理念争执上，我国民间金融的这种制度设计在制定、执行和实施而言都极有可能面临种种的关卡和困境。首先便是自律组织协会的法律地位确定，赋予法律权威性监管权力，使其成为政府与经济个体之间的矛盾冲突的平衡中介。但是只要保持客观理性的分析视角和勇于实践的探索精神，从长远效用来看，此类民间金融的监管模式的潜在优势特点与最终发展方向将对我国未来金融市场发展具有合理性与现实可行性。

2. 该法律监管模式的具体应用分析

现场监管和非现场监管表述本是金融学领域概念，是政府监管部门根据相应法律法规针对于具有正规结构的金融机构所做出的一种监管措施。因中、高级形态的民间金融在逐渐转变之后，其内部运作接近于正规金融组织形态和业务特点，故在总结国外民间金融的监管经验基础之上结合我国金融监管的特点，进行再造和深化，使其在整个监管过程中体现出与我国现行监管制度的协调性又突出民间金融监管的独特性。

（1）政府监管部门（银监会）的非现场监管

非现场监管的标准释义是按照风险为本的监管理念，全面、持续地收集、监测和分析被监管机构的风险信息，针对被监管机构的主要风险隐患制定监管计划，并结合被监管机构风险水平的高低和对金融体系稳定的影响程度，合理配置监管资源，实施一系列分类监管措施的周而复始过程。它的设立意义在于进行被监管机构风险评级、风险预警及指导现场检查中都具有重大作用，并且通过非现场监管，能够及时和连续地监测被监管机构的经营和风险状况，实现对被监管机构的运作状态一种持续监控和动态分析。一般而言，具有非现场监管职能权力的部门大多都是本国中拥有一定的专业知识领域背景、丰富的监管经验和较强的职能权威性政府管理部门，如德国的联邦监察局。据此，我国民间金融监管制度设计中的非现场监管职能权力的立法设立应该定位于对我国金融市场的运作具有宏观经济层面的分析水平和微观经济层面的执行能力的权威性政府监管部门。由此，根据我国金融监管的发展历程和现今已形成的金融监管格局分析，完全具备并胜任此项职能要求的政府部门应该归属于我国的金融专业监管机构——银监会。虽然在我国民间金融的监管制度设计中，不管是业内专家、学者或者政客提出何种监管模式，其中监管机构的归属一直都是一个备受关注和争议的问题，各人基于自我立场和理由也提出了各种不同的见解，如中国人民银行、银监会、专门的民间金融监管机构、地方各级人民政府等都属于讨论对象，而在讨论之中最具争议的归属对象又集中于前三者之间。然则，本书之所以支持提出的非现场监管方式的监管主体应该是银监会，是基于我国金融监管的发展经历了一个从央行笼统监管向银监会、保监会和证监会分业监管格局形成的背景，特别是 2003 年银监会的成立，在职能上与中国人民银行做出了明晰的类别区分，理清了相关部门的之间的法定职能界限。根据我国银行业监督管理法规定，银监会是金融机构监管的专业机构，监管的对象主要包括商业银行、政策银行、信用合作社及其他非银行金融机构（财务公司、信托投资公司、金融资产管理公司等），手段方式以监控为主。中国人民银行的主要职能则是倾向于对社会整体宏观经济脉络的把握和监控，以及制定相应的经济货币政策，手段方式以调控为主，尽管在分离职能后的央行仍然保留了部分的监管职能，但是与银监会的专业监管职能而言，仍然有其本质区别，并且央行与银监会之间多半保持着合作与协调的关系。再则，我国银监会职能经过逐年的加强和完善，不仅具有明确、详细的法律监管规则，并形成了一个内部和外部都相当严谨和完善的独立性机构体系，一套相当严密的监管机制，同时在总结以往的监管经验教训基础之上，银监会积累了相当厚实的专业知识底蕴、经济风险技术评价方式、丰富的监管经验、专业素质高科技的人才等方面的优势因素。即使有人提出可以另设与银监会同水平标准的民间金融专门监管机构，仍就在具体的实施上存在管理效应问题。专门监管机构的确可以解决民间金融的独特性特点与要求，符合民间金融的专业化监管需要，但是由于过于分工太细，造成部门之间的操作协调、沟通及信息处理的行政成本大大增加，特别是我国已经实行分业监管的情况下，重复性交叉职能和信息资源的分割最终将导致监管效率低下，未必能达到民间金融监管目的，反而违反行政不经济原则。因此，就其民间金融的非现场监管机构归属而言，目前还未出现能与银监会优越条件相当，较之银监会更加适合的政府监管部门选择，只是在未来的具体执行上还需进一步厘清银监会与央行之间职责内容区分，使其更好共同协作实现对民间金融的监管与调控。

另一方面，正如前述，非现场监管是一种对被监管机构的合规性和风险性监管的间接性监管方式，具体主要通过对被监管机构报送的各种经营管理和财务数据、报表、经营报告等信息，进一步运用一定的技术方法对被监管机构的经营状况、风险管理状况和运作合规性情况进行分析，其目的是发现被监管机构在风险管理中存在的问题，以积极评价被监管机构的风险现状。这种监管方式在当今绝大多数国家的金融机构监管模式之中都存在，我国银监会对正规金融机构监管过程之中亦能寻找到痕迹。由此，我国民间金融法律监管制度设计采用借鉴与变通的方法，借以银监会的中央与地方垂直关系独立性机构优势，解决我国民间金融基于血缘、地缘之上的组织与客户形成具有地域性和区域性限制，并与当地经济具有紧密联系的特点，使其地方银监会成为所在相应区域民间金融组织的非现场监管主体，并与银监会总部保持信息沟通和反馈，接受总部的指导和指示，同时与相应该区域的自律组织协会的现场监管方式保持监管行动与信息的对称性，一致性。当然，整个非现场监管过程的实现并非只是依赖于行政权力管理的力量，主要是通过制定相应的法律法规授权银监会拥有监管民间金融组织的非现场监管的权力和职责，在此基础之上允许银监会对民间金融的非现场监管内容与程序进一步细化规则，并同时在立法上赋予银监会对民间金融自律组织协会行为享有监管权力来实现间接监管方式。

对此，笔者进一步认为其法律规定主要内容应当包括：第一、银监会依据法律授权制定统一的民间金融监管细则，包括交易规则、技术系统、信息披露和审批程序等方面内容，并在不违背上位规定的前提下允许各个地方银监局可根据当地经济情况进行符合国家法律的变通规则，但是不得逾越法规。第二、赋予银监会对民间金融市场准入和市场退出的审批权。因为市场准入与退出对于民间金融组织的设立、运行和终止具有重要的意义，而银监会在金融市场的监管方面积累了相当的经验，能够有效地进行资格合规性形式审查，从而防止不适合的民间金融主体进入市场，避免金融市场的风险源头，保障金融市场秩序的安全稳定。第三、细化银监会对民间金融信贷规模、资产负债比例的执行情况等合规性内容审查规则和资本充足性、资产流动性、资产质量、盈利状况、市场风险等风险性问题的评估内容，建立一套合理的技术评价标准和指数，以及指数未符合标准时的责任机制（针对于高级形态的民间金融组织）。第四、赋予银监会建立民间金融信息系统的权力，出于民间金融的分散性、区域性与隐蔽性特点，信息网络的建立有利于地方银监会及时掌握民间金融的资金流向、交易对象、利率水平等情况，有助于分析、评价民间金融组织的风险状况。第五、赋予银监会对民间金融自律组织协会审查与处罚的权利，当民间金融自律组织协会应当履行监管的义务而没有履行的时候，地方银监会完全可以监管者身份进行调查与处罚，并可形成事后的监督行为。

同时，非现场监管程序内容则应该包括：一是由民间金融主体按银监会的统一规定格式和口径报送基本要求的合规性和风险性相关评估数据；二是由地方银监会在收到被监管的民间金融组织对象的审查资料之后，对其完整性、真实性、准确性进行审查，必要时地方银监会可联合民间金融自律组织协会现场予以核实；三是地方银监局按照非现场监管指标及风险分析的要求，将基础数据进行技术性的分析，形成资产质量、流动性、资本充足率、盈亏水平和市场风险水平等一系列指标值，并进一步分类和归并，最终形成风险监管指标值；四是由地方银监会将风险数据反馈于上级监管机构，进行金融市场整体经济风险比例数据分析和归类，并就对计算出的结果进行分析，对被监管的民间金融组织可能出现的问题提出质询；五是由地方银监局接受被监管的民间金融主体就上级监管机构所提出问题的质询的解释和说明，并根据汇报形成风险初步评价、早期预警、提出采取的措施、意见和建议，必要时可做出处理决定，监督被监管对象执行。六是地方银监局根据最终的非现场监管数据所出现的主要合规性与风险评估，与各地民间金融自律协会共同制定现场检查计划，确定现场检查的对象、时间、范围和重点，并合理分配监管力量，从而提高现场检查的效率和质量。

然而，必须有一点需要强调的是虽然银监会对民间金融组织非现场监管属于间接监管方式，并不直接干预其组织运作，但是考虑到监管效果的完美性和互补性的追求，法律规定同时也应该适当保留银监会对民间金融组织的直接监管方式，这种直接监管方式的保留意义在于对监管责任体系出现漏洞时的修补作用，涉及民间金融组织严重触犯法律法规时的具有重大社会影响的违规行为与当民间金融自律组织协会怠于行使监管义务时的直接介入实行责任追究两方面内容，其效果反映在于对民间金融主体预期行为选择的威慑力与对民间金融自律协会无形的责任感强化意识。当然，这种保留是有条件的保留，并非无限制的保留，法律规定必须制定出银监会在实行直接监管权时的条件、程序、执行方式与责任，以免出现滥用法律监管权而引致的监管行为不当和监管反效果。

（2）民间金融自律行业协会为主的现场监管方式

现场检查是指监管人员直接深入到金融企业进行制度、业务检查和风险判断分析，通过核实和查清非现场监管中发现的问题和疑点，达到全面深入了解和判断金融企业的经营和风险情况的一种实地检查方式，是金融监管的重要手段和方式。这种检查方式在我国金融监管领域中原本是银监会对于金融机构基于非现场监管问题基础之上实行的一种实时监管权，在此将其引入民间金融监管体系，经过变通与再造的条件下，使其完全符合我国民间金融的发展特点与监管需求。在我国民间金监管体系中，与传统观念中将现场监管权力赋予类似于银监会的官方金融监管机构相区别，而是将现场监管的权力主要赋予民间金融自律行业协会非官方监管机构，使其与银监会的非现场监管方式形成互为合作、互为监督的系统性监管体系。采用此种授权理由除了在上一节该法律监管制度设计的现实可行性分析中所阐述的民间金融自律行业协会本身优势之外，也在于能够保障民间金融自律行业协会能够充分发挥出上述优势手段，增加自身独立监管地位。因为自律行业协会在无充分的法律授权和保障的情况下，其地位与权力主要来源于政府行政权力的支持，这种支持作用的效果则是一方面使得自律行业协会在市场中凭借政府的地位获得一定权力式的监管地位，另一方面则极易被政府的利益群体所影响，成为第二个政府利益群体，而无法发挥出真正的协会有效性。而要打破这种可能被利益俘获和克服自律行业协会本身所暴露出的垄断性可能缺陷，就必须以立法的权威性形式赋予民间金融自律行业协会具有民间金融独立的现场监管的权力和规定相应的职责，尽可能地减少政府利益干涉的影响，以其处于"最前线"的信息获取优势面与银监会之间形成相互配合、相互监督的关系，从而全方位建构一个立体的监管体系。目前业内有部分专家学者也已经意识到民间金融自律组织协会在监管中的优点和作用，并也提出了一些建设性想法，本书在总结已有成果的经验基础之上进行更深度挖掘和细化研究，尝试设计出更具体、更有操作性的立法规则与程序。

正如上述所言，现场监管本义是基于非现场监管出现问题的进一步深入核实与排查的监管过程，而针对于民间金融本身的独特特点而言，现场监管不能只拘于非现场的基本点，应创设性的涵盖为平时的全面检查的与非现场所出现问题的专项检查全部内容。因此，在此监管过程之中监管的职权、内容和程序，以及与非现场监管之间的衔接过程应是立法的重点。

对此，本书认为我国对于民间自律行业协会的现场监管的立法内容应该包括以下方面：第一、赋予民间金融自律行业协会拥有单独制定民间金融行业自律条例的职能，这是职能表现的基本逻辑起点要求，也是与非现场监管相衔接的重要基础；具体内容包括行业准则、行业道德、资质要求与管理规范等。第二、自律条例执行情况的定期或不定期的检查监督权，这种检查监督权是为全面评价被查民间金融机构的经营管理状况而实施的对该组织某一时期内所有业务活动进行实地检查，通过检查对被查民间金融组织的整体经营状况有所掌握，从而对被查民间金融组织做出客观评价，对违规或不足之处提出整改意见，甚至必要之时依法给予经济处罚。如具体包括民间金融组织的资金运转情况、交易双方交易情况、资金发放业务检查、内部组织结构控制检查、现金检查等各方面。第三、民间金融活动交易信息、资金运作、贷偿情况的备案、采集、登记权；第四、民间金融组织会员交易信用档案的建立与公众披露权，以保证社会的投资人士、政府决策部门或者其他需要获取相应投资信息的个人或团体能够获得准确的、公开的对称信息；第五、制定相应的责任追究惩罚、接受投诉和调节纠纷权，但是相对于法律责任强制性惩罚手段而言，行业协会一般应多偏向于声誉机制和经济方面的惩罚，如市场禁止进入、罚款、警告、通告、降级等公众形式惩罚的方式，对于法律具有保留性惩罚的方式则必须反馈于银监会，由银监会做出追究责任行动，而组织会员之间、组织会员与借款者之间的纠纷属于可调解型，自律行业协会则应充分发挥本身专业优势进行调解，减少高昂的诉讼成本。第六、针对非现场监管中问题的专项检查权，一般就非现场中所出现的问题，民间金融行业协会与银监会可共同合作，亦或是由自律行业协会与银监会取得信息沟通之后，由自律行业协会单独就那些对被查组织的经营管理活动影响较大，涉及面较广的业务或问题来开展检查工作。第七、市场退出的清理与组织重整救济权，当某些市场中的民间组织出现面临资金和经营风险的条件时，民间金融自律监管组织应该施以援手，首先积极地采取内部协调的自救方式，如情况过于严重危及社会影响，则可以作为危机组织的代表向银监会与国有银行求救，共同救济危机组织。而当民间金融组织被市场清退或者自动退出市场的时候，民间金融自律行业协会可以帮助银监会承担辅助退出市场的清理相关事宜，并事后进一步监督退出组织继续完成相关银监会规章和自律条例的手续。

　　民间金融自律行业协会的现场检查实际是一种立法赋予的实质性的监督权，因而其监管行为方式会对被监管人产生直接的权益影响。所以，为了规范现场检查行为，立法同时应当制定现场检查程序，虽然有可能对被检查组织的现场检查方法和问题有所差别，但是检查的程序应该是同一要求，大致应包括以下方面：

　　第一，根据民间金融自律行业协会根据自身所掌握的情况与银监会的非现场监管报告分析，以及其他相关信息的获得与分析，认为达到需要现场检查的条件，确定现场检查事宜。

　　第二，允许被检查的民间金融组织对自上次现场检查以后内部和外部多发生的变化进行自我说明与评估，并要求对上次的现场检查问题是否解决，发现的问题是否已经纠正进行汇报，最近一段时间内的活动情况如何，内部资金运作控制还有哪些薄弱环节。

　　第三，根据被检查民间金融组织就上次所出现的问题情况，以及最新时段经营情况的自我说明进行进一步的分析，制定具体的检查方案，明确检查监督的内容和问题，并确定具体的检查时间、检查人员及分工。

　　第四，自律行业协会向被检查民间金融组织发出现场检查通知，包括时间和内容，被检查的组织应准备好须提供的有关账本、报表、交易情况及其他相关资料。

　　第五，根据制定的检查计划，运用一定的经济技术方法，通过查阅文件、核查账表、交易情况、资金流向等，对被检查组织的资产质量、流动能力、财务状况、组织内控、经营情况等进行检查、分析和评价，最后形成对该组织经营及风险情况的整体综合现场检查评价报告。

第六，进一步核实检查中所发现的问题和情况，最后完成现场检查报告，并向被检查机构告知检查意见、监管建议和处理决定。

第七，由民间金融自律行业协会和银监会共同综合现场检查、非现场监管的情况，最后形成民间金融组织综合的经营和风险报告，为下次检查提供依据。

（3）地方司法裁判监管的辅助

之所以增设司法裁判监管是为当市场中的投资者和债权人的权益在极可能受侵害时所能实现的救济方式。它是对金融监管尤其是政府监管的重要监督补充，是自律行业监管之外对监管行为的校正与评判，是平衡民间金融主体和监管机构之间的利益冲突。因此，地方司法监督权应当首先包括有权对民间金融的自律行业协会的所制定的章程或规章进行司法审查。这意味着一旦自律行业协会的章程或规章如有违社会利益或者宪法的基本规定时，经过任何权利人向当地法院进行司法审查的申请，各地法院都可以受理。其次，各地法院对于自律行业协会所执行的各种惩戒行为的合理性和合法性应有司法监督权，因其自律行业的所执行的某些实质性的惩戒行为将可能侵害公民的权益，与债权人与投资者的利益息息相关。由此，只要权利人认为自律行业的惩戒行为严重地侵害了自我的利益，则可通过诉讼的方式进行自我保护。同时，需要说明的一点是明确并设置对自律行业协会的可诉性是使其市场中的经济主体接受和认可民间金融自律行业的职能职权的重要条件，也是对市场权利主体的保护。

但是，要注意的是在赋予地方法院对自律行业的司法监管时，必须同时要制定相应的司法审查标准。因为司法审查权的行使将对民间金融自律行业协会组织本身和社会带来双层影响，直接影响行业协会的对民间金融的监管效果。因此，应当结合审查过程之中所涉及的各种因素审慎行使。对于银监会，则可以通过行政诉讼程度和相关规定实施即可。

第四节　民间金融法律监管内容

我国民间金融法律监管内容主要包括对民间金融主体的市场准入、业务经营活动和市场退出进行监管。市场准入的监管内容主要是开业条件、登记注册程序、业务范围、最低资本额要求、管理人员的资格审查，以及组织机构审核等，其中最主要内容是开业条件、业务范围和从业人员的准入。业务经营活动的监管主要体现在风险控制、流动性、资本充足率、内部控制等方面。市场退出机制的监管，主要是对问题机构进行及时处理，化解金融风险，保证金融市场的稳定。

一、市场准入

不同形态的民间金融形式有其自身不同的特点和内在运行机理，因此不能简单笼统地运用单一立法标准，而是必须根据不同形态的民间金融设定不同的市场准入标准。但是不管如何规定准入标准的内容，其基本理念都必须是遵行其形态自身的特点，以有利于各种形态自身内在运行的规范发展，使其更好地为多种经济形式提供全面的金融服务。

1. 简单形态的民间金融市场准入

对于个人之间的民间自由借贷、不吸收存款型和不超过特定人数的私人与企业间自由借贷、简单的一对一企业之间的借贷行为因属于私人之间正常合同关系的借贷行为，对社会经济和秩序风险与影响极小，而且法律也有较为详细的规定，多半属于民商事法律范围规制。因此无须特别干预，也无须特别市场准入要求，只须法律上提供交易双方当事人契约保护即可。

2. 中间形态的民间金融市场准入

从我国民间金融发展的历程来看，目前尚属于发展的初期阶段，市场还处于培育时期。以合会、民间合作金融、民间集资（向不特定多数人或者不特定社会公众具有吸收资金型的企业集资行为）为主组成的中间形态的民间金融在市场中较为普遍和典型，同时市场中最不成熟、最需要引导、争议最大的也是这部分民间金融的生存情况，正因这部分民间金融正经历着逐渐向高级形态的过渡期，如果缺乏合理而又积极的市场准入引导，就极易造成非法集资、非法吸收公众存款等扰乱金融市场秩序罪名，由此确有必要从源头上对其行为准入标准进行确定以保证预期行为选择的合法性。

（1）合会

合会的本质特征是互助性金融活动，是民间自发的以依靠人格信赖因素和互助因素为主，互助对象仅限于合会会员，不对外开展业务和不以营利为目的。因此，严格而言，合会不同于传统机构结构组织，不具有法人资格，其组织结构简单，存续期限灵活，其法律地位仍应以自然人主体为主。同时虽然合会是以会首发起筹资的方式，但是合会的具体形式、会金、期限等问题仍须由合会全体成员集体决定，其成员同样享有平等权利和承担同等的义务，实行民主化管理。由此，在市场准入的条件上应以个人合伙组织形式一般性认定，但应在邀会方式、会员人数、会款金额、会款用途、会首和会员的资格、权利与义务、合会存续时间、会息利率方面均做出限定。其主要立法内容应当包括：①在邀会方式上应规定不得或变相向不特定社会公众对象发布邀会要约，以区分于非法吸收公众存款和非法集资行为；②会员人数应限定于不得超过 100 人，会款金额不得超过 10000 元；③合会合同必须采用书面方式，并要求如实含有以下信息：合会当事人、会份、各期之会金、合会存续期、开会日期及地点、标会的方法、合会金收取及交付办法、会金的保管方法及责任、标得合会金的担保方法、死会会员或缺会的处理办法、倒会及损失处理、退会处理等必须记载事项，并且合同必须由全体会员签字或盖章。④合会采用登记制，合会组织成立必须纳入自律行业协会与银监会的监管体系之中。⑤会款用途应规定与成立发起时的目的相一致，如是为生产经营为目的则只能用于生产资料购买、生产、产品销售等方面，如是为了个人消费为目的，则只能用于个人消费品的购买、使用、消费等方面，不能用于以非法占有为目的的活动行为或以合法目的掩盖非法目的的活动行为；⑥会首和会员的资格、权利与义务是立法中的重点。会首和会员的资格限定为完全的民事行为能力自然人；会首不能同时发起两个合会组织，会首不得利用合会获得除了首次会金外的其他任何利益，获得不当利益的应违法没收并罚款，构成犯罪的，追究刑事责任；会首对会员的给付会金行为是当然之义务，会首对此不享有抗辩权，但当有会员不履行偿还会金行为，会首应代为履行偿还义务，在偿还之后可向该会员追偿；会首同时必须履行相关附随义务，如按期按照约定的方法发起合会，并应当及时通知会员，对每次合会中资金中标及使用情况都应以书面形式记载，并由会首与出席会议会员（包括中标会员）集体签字。会首和会员不得同时参加 2 个以上的合会数；同时会首享有向每次标会后未中标的会员督促缴纳会款并收取的权利，同时对收取的会款进行保管的权利。⑦合会的最长存续时间不得超过 2 年，如确有必要续会，必须向自律行业协会与银监会提出申请，并提供上期合会的资金使用记录情况。⑧合会的会息可适当略高于一般银行的同期利率，规定不得超过同期银行利率的 4 倍，合会会员的标息应该在此范围之内操作，否则标会行为无效。

在业务准入上合会应保持互助性质，不得以营利为目的，其业务范围只能限于以会首居住地所在本地区、区域市、县、乡、镇以内，业务内容是以会员的特定资金需求目的为内容，只能向会员收取会金用于会员的互助要求，不得向会员以外的人吸收存款和发放贷款、信托贷款、委托贷款，也不得用会金从事代理买卖国债、股票及金融衍生品等金融业务及其他的经济投资活动。业务对象是合会组织内的参会会员。

从业人员的准入方面应重点审查会首的信用资格信息，会首必须是拥有财产资信情况良好信用记录的人员，无违法和犯罪记录，无涉及诉讼的情况，如出现以上情况应该提供证明材料。其次会首必须具有雄厚的资金实力，一旦合会的资金出现会员违约的行为导致会金出现流动性危机，会首具备先行偿付能力。再次会首的个人社会信用评价具有良好影响，会首与会员之间具有一定的信赖利益关联性。最后自律行业协会应该及时公示从业人的个人社会信用与财产资信情况，以提供社会信赖选择，一旦查证出现如上问题，应立即禁止从业人员发起合会组织，并就损害要求从业人员进行赔偿。

（2）企业集资

企业集资分为对内与对外集资两种行为。企业对内部集资属于针对特定多数对象进行的资金融资行为，对外集资属于针对不特定多数对象进行的集资行为。因此，不管对内对外集资行为，都涉及其共同特点在于人群范围、集资规模化和集资目的等方面的实质性内容。由此，企业集资行为的市场准入方式本人认为可实行审批制和核准制相结合的方式，既着重于企业集资的基本法律实质性条件审查过程也着重现实边界的把握。

其主要集资条件、集资范围和集资主体标准等准入条件应当包括：①需要集资的企业应该制订基本的集资章程或办法，具体内容包含集资目的、方式、期限、用途、金额、利率及还本付息、经营状况公布，以及经济效益预测等需要说明的事项，这种方式以区别于非法吸收或变相吸收公众存款、集资诈骗罪、擅自发行股票、公司、企业债券罪行为。②明确限定集资企业应当是在工商部门实行正式登记领取营业执照，连续3年之内无经营亏损、犯罪事实记录的企业；集资的目的必须是以解决自我日常生产经营活动中资金短缺问题，杜绝任何企业以诈骗或者非法占有为目非法吸收社会成员资金；集资方式应采用不得向社会宣传方式和不得违反国家金融法律法规所禁止的集资方式进行，如以股票或者债券方式集资必须向民间金融自律组织申请，经过审查是否具备集资条件，然后报地方性央行分行与银监会最终批准和备案，内部集资的债券、股票只能在内部流通，禁止外部流通，而以上述方式以外的任何方式都必须报民间金融自律行业协会审查批准；集资的范围限于企业内部特定对象或者企业所在地经济区域，不允许跨区域实行集资行为；集资期限最长不得超过2年；集资金额则可由央行地方分行根据当地的经济发展指标和企业资产总额与盈利总额进行额度内的审核；集资的利率不得高于银行同期利率的4倍以上。③明确规定集资企业必须定期披露集资资金使用情况、经营情况等重要信息。④企业用集资方式筹集的资金，一般只能用作补充流动资金，并且企业内部集资金额最高不得超过企业正常生产所需流动资金总额。⑤对未经审核而擅自集资的企业，开户银行不得办理存款手续，同时无地方人民银行的支付集资款的告知单，开户银行也不得支付集资的本金和利息，否则，将承担法律责任。⑥未按审批程序报经民间金融自律行业协会、央行地方分行与地方银监会批准，任何企业不得擅自集资。⑦实行民间集资的企业必须定期要接受民间金融自律行业协会与地方银监会的经营状况、财务报告，以及资产价值等方面的现场性和非现场的监管，以保证得到企业发展的正确指导。

（3）民间合作金融组织

由于我国经济发展不平衡的特点，地区之间经济发展的差异性造成各地对于资金的需求也有差异性。因此建立真正的民间合作金融组织，其市场准入标准设立不能僵化统一，须制订符合当地经济发展现实情况的市场准入条件。具体而言，在经济发达地区，民间合作金融组织形式可以股份制结构与农村生产专业合作社相结合为主的方式，同时在经济欠发达的落后地区，基本上仍然是以资助互助需求为主，因此可以采取合作基金会形式作为准入方式。

实行股份制合作形式既允许社员入股也可适当放宽范围允许社员以外的企业法人和自然人入股；股东可有具有互助性质的股东和盈利性股东两部分组成，并且根据当时成立时的目的和设计要求对这两部分股员人数和比例进行调整，以适应资金需求者和使用的最优化；其经营方式是首先满足于社员的资金使用需求，在此基础之上以余额资金进行一定小范围的信贷投放，一般其范围限定于本区域范围之内，不得跨区域投放；具有自主性质会员保留一人一票的方式，而具有营利性的则一股一票的方式；特别是在经济相对发达的农村地区，这种股份制合作社与农村生产专业合作社实现资金对接可创设新的股份制合作形式，为其提供专业技术的资金发展支持，逐渐转变成满足合作社会员自身的基本需求，也能为其会员在专业合作社的生产中的收益带来投资盈利的好处；考虑到我国经济发展的不平衡性，股份制合作形式民间金融组织最低资本注册额应为 30 万元，但是允许各地方央行分行与地方银监局根据当地的实际经济情况进行适当调整变通，但是资本金的调动必须要上报央行与银监会审批；在业务的准入上股份合作制民间金融组织主要是吸收社员的存款，不得以投资为名宣传非法吸收公众的存款，业务的对象主要是本区域的居民、农户和个体工商户；每年对社员发放的贷款比例不能低于整个合作社全年发放贷款的 50%，并且必须根据实际情况有单笔数额的最低规定。

在经济欠发达与落后地区，民间合作金融组织的主要目的是互助，因此可以合作基金会形式存在，其业务范围是本区域内（县、乡、镇）的居民和农户，业务对象是针对于入社的会员，不得以任何形式放贷会员以外的企业法人或自然人的营利活动，其资金注入不设最低限制，根据当地实际情况由民间金融自律行业和银监会自行变通，但是必须适时予以监管和指导。组织运作方式农户自愿入股，自愿退股，并享有不完全的股金转让权。

3. 高级形态的民间金融市场准入

作为高级形态的民间金融，无论是在组织形式、业务产品经营、运作方式和内部结构方面都与正规金融形式趋近，具有较为稳定而又严密的内部架构、满足于不同资金需求主体的产品、金融交易的非一次性、不同程度的专业性管理方式和信息收集与不对称处理的技术方法和工作程序。因此，对于这一类民间金融的市场准入以及市场退出方式完全可以参照并引用正规金融的管理和发展模式进行创设，一来可以使其组织形式更具规范化和合理化，再则可以保持整体金融机构结构的协调性，推进民间金融与正规金融之间的有效合作。

同时，作为高级形态的民间金融也存在多种具体表现形式，典型形式如小额贷款公司、私人钱庄和典当行等，并且每一种形式的金融产品、金融资本、金融管理与运作、金融交易方式、业务规模与专业人才要求可能都有其自我的特色，亦可能使得法律规定的细节之处有所差别。然而作为与正规金融无限接近的高级形态民间金融，每一种具体形态的民间金融组织仍然存在着细节区别下的普遍意义的法律特点。

基本篇幅与研究范围的重点要求，本书将选取对市场准入立法条件具有重要影响的具有普遍意义的法律内容进行分析。具体包括：①组织形式是以有限责任公司或股份有限公司存在，属于企业法人类，有独立的法人财产，享有法人财产权，以全部财产对其债务承担民事责任。②必须制定规定的章程，发起人或出资人应符合法律规定的条件（如有限责任公司可规定由50人以下股东组成，股份有限公司以2~200人为发起人，其中有半数必须在中国境内有住所）。③应有固定的经营场所，不得随便更改。④经营的业务必须进行法律上的限定，不得随便发行与增加。⑤经营的范围必须限定在本公司所在经营地的区域以内，不得随意进行无限制扩展。⑥其注册资本来源应真实合法，并与业务规模与具体形态相适应，同时全部资本应为实收货币资本，由出资人或发起人一次足额缴纳。可尝试性规定有限责任公司注册资本不得低于500万左右，股份有限责任公司注册资本不得低于1000万左右，但如果具体形态的民间金融组织确实对于当地的经济提升、农村发展和中小企业服务有利，可由民间金融自律组织向地方银监会申请可适当减低注册资本的门滥。⑦有必需的组织机构和管理制度，有符合任职资格条件的董事和高级管理人员。⑧利率应进行必要的限定，不得随意提高，也不得随意降低，如按照市场原则自主确定，不得超过同期银行贷款利率的4倍。但是建议针对目前民间金融市场的特殊性，对于一些特殊的高风险业务，可适当地允许突破基本利率限制的要求。⑨完善披露制度，对于组织的资产负债表、财务报表、经营状况、资金用途等情况要求在一定的范围内予以定期披露，加强投资者与借贷者的信息收集与处理。⑩从业人员的专业性要求而言，鼓励有金融专业知识背景的人和有经验的人进入高级形态的民间金融组织工作，多要求正规金融组织实现对高级形态民间金融的业务和经营方式的指导。

二、市场退出

1. 合会

合会的市场退出包括三种情况：①自然退出，即合会会员已实现最终的资金需求目的，合会已无存在的必要，由全体会员一致同意解散合会。②合会存续期到期，如无特殊理由根据法律规定必须退出。这两种退出方式是属于正常和合法的市场退出行为，无权益分配之争，只须按照合法的注销登记法律流程向民间金融自律行业协会申请注销即可。③强制性退出则是法律规定的重点内容，即会首与会员出现违反法律强制性规定情况，由民间金融自律行业与银监会监督机关按照法律程序强行退出。涉及行为的违规性选择与会员之间权益损害的分配问题。其中行为的违规性应包括会首与会员恶意倒会的情况，如会首或会员以非法占有为目的骗取、挥霍、冒领会金或者以前种方式获得会金后用于非法经营活动；会首为维持合会资金问题，采取以会养会的方式；会员为发起合会，在人数不足的条件下恶意虚构会员数，造成虚开会脚的问题，最终无力支付而倒会情况；④由于客观原因导致会首或会员财产减少或破产导致无力支付会金而倒会问题。一般指由于会首或者会员由于资金需要而组会，但由于中途经营不善或者家庭变故，以及其他客观不可抗力原因导致资产资不抵债情况而无法如期偿还会金和会息不得不解散合会。

而对于退出之后的经济损益的分配方法我国立法则可参照我国我国台湾地区地区合会709-9条规定：①会首和中标会员应于每届标会期日将应给付的各期会款平均交付于未得标会员。但另有约定者，依其约定。会首和中标会员对应给付各期会款，负连带责任。②会首或中标会员迟延给付未得标会员平均会款的，如迟付数额达到两期总额时，该未得标会员可请求给付全部会款。③债务的优先受偿权与求偿权行使，如果是属于会首与单个会员之间的单独协议，则未得标会员就会首对已中标会员所应交纳的会金享有优先受偿权。如果是会首对所有会员集体的协议，则未得标会员对会首和已中标会员的应付会金享有优先受偿权。而同时如果在单独协议的情况下，会员倒会得，则应该是会首对未得标会员负责，之后由会首向倒会会员求偿，相反，集体协议的情况下损失则由会首和会员共同承担。④责任赔偿方法：如是因为会首恶意倒会原因造成会员资金损失，由会首对会员承担违约或者侵权损害赔偿；构成犯罪的，应处以相应的民事、刑事或者行政责任追究；如若是会员恶意倒会，由会员对其他会员承担违约或侵权责任，不足部分由会首承担。

2. 企业集资

企业集资的市场退出分为两种情况：①自然退出，即集资最终生产经营目的实现，集资债权债务全部实现。②强制退出，即违反法律强制性金融管理规定或者不符合企业集资法律规定程序而被迫终止行为。具体包括未经批准擅自集资或集资额超过批准金额，以合法企业形式掩盖非法占有为目的，利息支付超过核定上浮标准，超范围集资等违法行为。

退出之后的法律责任承担后果及损失赔偿由民间金融自律行业协会与地方银监会全权做出处理，民间金融行业协会根据情节轻重可做出相关经济方面的金钱处罚、要求限期清退或补办审批手续等决定。而如果涉及需要法律保留的处罚行为则必须上报银监会，由银监会做出相应的决定，符合职能之内的监管行为由其执行，职能之外的行为应该移交相关部门。造成投资人财产损失的，企业应承担违约及损害赔偿责任，退还本金及赔偿同期相应利息，如出现资不抵债的情况，则应该进入破产程序，保障投资者的债权债务的实现。构成刑事犯罪的，承担相应的刑事责任，这与《最高人民法院关于审理非法集资刑事案件具体应用法律若干问题的解释》可实现对接。

3. 高级形态的民间金融

对于高级形态的民间金融退出方式可以参考类似于公司制度的法律设计，仍然包括自然退出和强制退出。其中，自然退出属于合法行为的退出方式，一般是指符合法律规定的正当退出事由而实施的退出行为。具体包括：①因经营期限届满，无继续申请的理由解散。②企业因合并、分立或重组而解散。③因经营管理出现不佳状态，无法维持，股东一致同意而解散。④股东死亡，无继承人或继承人不愿意继承股份而解散。⑤董事或高级管理人员因死亡或者其他原因无法继续经营公司，而又无委托人而解散。

强制退出则属于出现法律要求不得不退出市场的事由，具体包括：①依法被吊销营业执照、责令关闭或者被撤销。②因资不抵债出现破产而不得不清算退出。③虚报注册资本、提交虚假材料或者采取其他欺诈手段隐瞒重要事实取得公司登记，情节严重的，必须予以清退。④民间金融主体以合法组织形式实施的非法行为目的，或者以非法占有为目的骗取资金的，损害公共利益行为必须予以清退。⑤被民间金融自律行业协会予以警告超过四次以上，情节严重，屡教不改的，民间金融自律行业协会可要求银监会取消市场经营资格。⑥民间金融主体的信息披露中编制虚假的公司经营状况、公司财政情况、公司报表误导借贷者和投资者，情节严重的，应该予以清退市场。

另外，公司的发起人、股东因虚假出资，未交付或者未按期交付作为出资的货币或者非货币财产的，或者公司发起人、股东在公司成立后，抽逃其出资达到要求退出的条件，但如果并未情节相当严重，可由民间金融自律行业协会给予初次警告处罚，并要求股东补齐不足的出资额，如若在警告之后仍然未采取实际行动，则强制退出。同时，除企业因合并、分立或重组而解散事由退出之外的其他事由退出的都必须进行退出后的清算，应当在解散事由出现之日起十五日内成立清算组，开始清算。清算组由民间金融行业自律行业协会组织成立并聘请专业技术人员进行清算。

三、业务监管

不管何种形态的民间金融，都存在着业务监管的必要，主要包括交易活动和风险体系的监管。简单形态的民间金融主要是指对契约合同的订立、履行方面的监管，注重当事人之间的合意法律关系的建立和完成，相对简单。而中间形态的和高级形态的民间金融则在业务监管方面则显得更为复杂与审慎的态度，因其组织形式的多样化和发展程度的不一，导致一旦出现波动则会对社会经济引起连锁反应，造成社会大量资金所有者的高风险，因此必须对这两种民间金融形态的交易活动和自身风险体系进行较为严格的监管要求。

在中、高级形态的民间金融交易活动方面，民间金融自律行业协会可以承担起此项监管任务，可采用年审制、登记制和信息披露方式进行实时监管。具体包括：①民间金融自律行业协会可在每年年末根据检查计划安排，首先要求民间金融主体提交一年以内的所有交易活动的信息，包括账本、资金流动记录和贷偿情况等信息，进一步要求在此基础之上进行说明，最后民间金融自律行业协会根据说明与材料，以及行业协会已掌握的信息（包括处罚与否与次数、交易总量与次数等）进行现场的检查并出具报告，交由银监会审查并作为非现场监管的信息来源之一，而每年的交易活动的审查也成为决定民间金融主体市场进入与退出的基本考核标准之一。②对于超过一定交易额和交易量的资金活动，民间金融行业协会可实行必要登记制度，同时交易额和交易量界限可由行业协会根据本地经济情况考察后进行确定，报地方银监会备案，作为现场监管和非现场监管的依据之一。为进一步鼓励民间金融组织加强自身交易保障进而主动登记，可采用利益优先原则处理方式，即先登记交易额（债权人）由于未登记的交易额（债权人）保障，同时对大规模和额度的交易活动则规定必须要进行登记，任何以欺满手段逃避登记的行为将予以追究法律责任。③民间金融主体必须定期将自身的经营、资金运作、用途和发展规划进行适当的信息披露，行业自律协会也应该定期或不定期的抽查相关民间金融组织合同执行情况，并对检查的一定信息予以披露，增加投资者与借贷者的信息对称处理能力。

四、风险监管

在风险评估的监管方面，一般资金的充足率和流动性风险以及风险的自救能力要求成为行业自律协会监管的重点。由于民间金融在资金的来源、运作、内部结构与经营实力方面的确无法与正规金融多年发展的实力和经验相比较，自然资金的殷实与偿还能力成为关注的焦点，必须保障民间金融主体的资本量超过正常的经营水平所需要的资本数以保证出现经济危机时的自救处理。中国银监会已经规定我国商业银行的资本充足率最低要求为8%，核心的资本充足率是4%，根据我国民间金融发展的初级水平与未成熟的市场特点，其组织的资本充足率应适当超过基本的界限，以保障民间金融市场资本的安全性发展，具体可根据整体金融市场的资本量与贷款额度进行衡量，建议资本充足率最低要求可在8%～10%之间，核心的资本充足率可在4%～6%之间确定。民间金融行业自律协会则可要求民间金融组织对其资本充足率的变化的重大事由进行定期汇报与信息披露，对达不到资本率要求的采取一定的警告和处罚措施，要求在必要的时间内补足资本额，如若在规定时间未履行要求，则可强制性退出。于此同时，在要求资本充足率时对于民间金融的资本流动性风险管理也应该予以关注，民间金融的地域性特点使得其发展一般与当地的经济实际发展情况与投资行业发展趋势关系相当紧密，一旦出现地方经济的不景气或者当地经济政策的影响，亦或是收投资行业的发展趋势变化的影响必定导致资本的流动性出现危机，如温州与鄂尔多斯的地方经济发展所出现的变化导致资本流动的钱荒局面出现，企业老板的因为避债的出逃进而加剧资本流动性的恶化，都印证着监管当局必须予以重视民间金融资本流动性风险问题。由此，民间金融行业协会组织应当就民间金融的业务范围和信贷的整体限额（可通过资产负债率、贷款余额、与资产比率等指标进行控制）进行统筹监管，并就各个不同类别的贷款额所占总贷款额的比重进行调控和监管，双管齐下全面遏制流动性风险爆发。

第五节　民间金融法律监管的完善

一、完善我国民间金融法律监管的思路

金融业的发展趋势之一是金融自由化。在金融自由化的浪潮下，严格的金融管制在世界范围内成为各国竞相破除的制度设置。我国也在有针对性地对严格的金融管制进行调整，更新监管理念，以期抓住金融全球化背景下的发展契机。对我国民间金融监管法律制度的构建，是以金融自由化为背景的。在法律构建过程中，应放松对民间金融的管制，赋予其合法地位，让其浮出水面，并将民间金融纳入金融监管体系，加强对它的监管，变体外循环为体内循环，从而建立有效的监控机制来防范金融风险乃至社会风险。

1. 放松管制

针对发展中国家金融领域普遍存在的金融抑制现象，经济学家爱德华·肖提出的"金融深化论"指出，发展中国家必须放弃对金融业过多的干预，允许非国有化、非银行的金融机构进入，培育一个竞争性的金融体系。我国正处于经济体制转轨时期，金融抑制问题比较严重，市场化金融明显滞后。要使我国金融业健康发展，就必须消除各种抑制政策，开放金融业，通过发展民间金融来克服国有金融的弊端，让多元化的金融机构在市场上自由竞争，优化市场对金融资源的配置，从而促进经济的整体发展。

民间金融游离于监管体系之外，监管部门很难获取其活动情况及准确的数据资

料，监管部门只能在出事后对其进行制裁，而无法事前预防。大量民间资金在地下隐蔽运行，其规模有多大，参与者有多少，有没有形成特定的组织，资金流向合不合理、是否对非法活动给予了资金支持等，都不得而知。当问题暴露出来时，可能已经难以解决，对全国金融的冲击就会更大。为了治理、引导民间金融，放松对其的严格管制是对民间金融监管法律制度构建的前提条件。只有放开金融市场，放松对民间金融的管制，民间金融才能以合法的身份出现，更好地为经济的发展作贡献。

应合理区分金融犯罪与民间金融的界限，允许具备一定规模、运作比较规范的民间金融组织进入正规金融市场。在现实条件下，政府可以降低金融准入门槛，允许那些股东人数、资本金、经营者资格及他它条件达到法律规定标准的规模较大的民间金融组织，以股份制或股份合作制的形式进行注册、登记，给予民间金融组织合法地位，允许其在较小的范围内从事金融业务，在利率决定、经营管理方面给予其较大自主权。尽快出台《民间金融法》规范管理民间金融组织，对其设立程序、组织机构、业务范围、监督管理、终止清算等予以明确规定，使其活动公开化、规范化。另外，应针对各种不同类型的农村民间金融组织颁布相应的管理办法，如《合会管理办法》《互助基金会管理办法》等，详细说明对各民间金融组织的设立条件、股权设置、治理结构、经营业务、监管措施、变更终止等的管理办法。在出台《民间金融法》，承认民间金融组织合法地位的同时，应当适当修改《非法金融机构和非法金融业务活动取缔办法》等相关法律法规政策中对非法金融机构的界定，根据当前经济社会发展的状况，重新明确合法与违法金融活动和机构的界限，并制定相应的取缔办法。

2. 加强监管

放松金融管制之后，金融机构环境相应宽松，金融领域的竞争也会进一步加剧，由此带来的一系列不稳定的问题需要监管当局积极监管。放松管制并不意味着放任自流，金融自由化并非无为而治。许多发达国家在金融自由化过程当中，虽然均纷纷放松管制，但实际上是放宽一些管制，但同时又加强某些管制。例如，美国《1982年存款机构法》在放松银行业务限制的同时，增强了联邦管理机构应付紧急情况的权力和货币管理权力。完全的金融自由化是不可能的，放松管制意味着要打破限制竞争、妨碍效率和限制消费者选择的各种障碍；而新的管制实际上是对放松管制过程中产生的风险和其他不公正现象的监督。在英国金融自由化进程中，那些妨碍竞争的制度选择被拆除后，提高金融活力，新的管制措施被采纳，更好地解决了金融结构变化引起的问题。最终的结果就是，一方面，金融机构有更大的自由去扩展金融服务范围，但另一方面，这些机构获取放松管制的代价是接受更彻底的管理。

随着对民间金融机构的解禁和开放，我国金融市场的结构将发生变化，金融市场的竞争将更加激烈，市场机制将发挥更大的作用。我国民间金融与正规金融相比，虽然有自身的比较优势，但毕竟是民间自发行为，大多规模小，没有完善的运行机制和治理结构，资本逐利性强，若任其自由发展，缺乏强制监管机制，一旦发生危机，容易引起市场动荡。所以，在允许民间资本进入金融市场的同时，还必须加强对民间金融机构的监管，通过立法把民间金融从主体到运行都纳入金融监管体系，防范金融风险的发生。

3. 适度干预

虽然在放松金融市场管制的过程中，必须加强对民间金融的监管，但这种监管，必须以保证金融市场调节的基本自然生态为前提，不得通过监管而压制了民间金融机构竞争和发展的活力。对民间金融活动的干预，要充分尊重金融市场机制作用的规律，只要没有市场缺陷和市场成本过高的情况发生，监管者就不应主动介入。同时，在监管过程中应尽量避免对民间金融机构具体事务的管理，而应为各类金融机构，如合会、互助会等设置安全稳健和预防风险的指标体系，使民间金融机构的经营者对其自身的风险状况有一个准确的把握，提高抵抗风险，增强安全性的能力和意识。

另外，对民间金融的监管，应有其自身的特点，不能简单地将对正规金融机构的监管办法套用到民间金融组织身上。民间金融相对于正规金融来说，在业务的范围、市场的定位、财富状况和资质的高低方面档次不同，差异很大，因而对它的监管应该按照一定的标准将其划分成不同的类别，实行有针对性的监管，如果将衡量正规金融活动的种种指标放到民间金融交易中，就相当于无视民间金融本身的特色，一成不变的运作模式会抹杀其多种金融原生态优势。在农村地区，人们偏好于直接的利益兑现、更稳妥的投资和生息方式、熟悉的交往对象和习惯，因而传统沉淀下的借贷互助和"会""社"等形式在广大农村有强大的生命力，若将以城市经济为设立背景的运营模式强行适用到农村，不但不能促进农村经济的发展，更可能使农村信用供求发生窒息。

二、完善我国民间金融法律监管的制度安排

民间金融包括民间借贷行为和民间金融组织。对民间借贷行为而言，公民之间的借贷行为在民法、合同法中都有较为详细的规定；企业之间、企业与公民之间的借贷，需要放松管制。对民间金融机构监管制度的构建，是本书研究的重点。因此，完善民间金融监管法律制度的具体措施如下：

1. 构建民营金融机构法律监管制度

对地下或半地下的民间金融组织，应当引导、治理，将其纳入监管几乎在各界达成了共识。但以何种方式，将民间金融纳入监管则是理论界争论已久的问题。笔者认为，通过设立各类民营金融机构，如民营银行、抵押贷款代理公司、小额贷款公司等，促使民间金融组织正规化，是将民间金融纳入监管的有效途径。

（1）构建民营金融机构的市场准入机制

开放对民间资本的金融市场准入限制，允许建立以民营银行为代表的民营金融机构具有现实的重要性，但如果操之过急，规范不力，也会给我国金融市场带来巨大的冲击和不良影响。金融机构的市场准入，从法律上讲，是指金融机构依法获准设立，实际取得法律上的主体资格，可以自己的名义从事活动的行为。目前西方发达国家在市场准入法律制度上，大多有比较明确、具体的规定，以减少行政的随意性。

我国民营金融机构准入制度的构建，应消除对民间金融的歧视，为其提供一个公平的竞争平台，另外鉴于其经营中的风险，应严把准入关，实行审慎监管。

笔者认为应从以下几个方面对民营金融机构市场准入实行法律监管：

①审查股东的合格性。严格的股东市场准入制度是保证民营金融机构安全稳定发展的有效预防性措施。把好这个关口，就意味着可以将那些有可能对存款人利益或金融体系的健康运转造成危害的不合格成员拒之门外。从中国台湾民营银行发展的实际情况来看，民营银行信誉的高低与作为股东的企业密切相关。如果这些股东企业的信誉不高，当他们的相关企业发生财务问题时，也会影响到它所主导的银行。因此，在民营金融机构设立之前有必要建立一套对拟设立金融机构或者入股的股东尤其是大股东的情况予以审查的制度，防止一些别有用心的集团和个人进入民营金融机构中。

②审查民营金融机构注册资金来源的合规性。对于民间资本进入金融市场，有必要审查其来源的合法性。不能进入的资本主要是非法所得和借入资金。作为民营金融机构的投资者，如果其注册资金是用非法途径取得的，就有理由怀疑他会利用民营金融机构这个便利的工具继续非法牟取利益。如果用借入资金投资，很难说他不会在新设立的民营金融机构中抽逃资金。反过来，作为民间投资者既然把自己合法渠道取得的资金投资于民间金融，必然会十分关注其安全性。毕竟，没有任何人会把自有产权不当一回事。

③审查业务范围，实行分级管理牌照制度。在新设民营金融机构准入时根据其资本状况、资产负债比例管理约束机制和风险管理约束机制的建立情况，先授予其限制类的经营牌照，然后（通常为正式对外营业一年）再根据评级结果授予其相应的牌照。具体目标是：第一，扶优扶强。对全国性的民营金融机构，达到风险评级要求的，授予全面经营牌照，在机构准入和业务审批方面不受特别限制，以鼓励其"做大做强"。第二，控制风险。对资产规模或风险评级未达到要求的，授予限制经营牌照，在机构与业务准入方面给予一定限制，主要是督促其控制经营风险并改善经营状况。第三，促进分工。对资产规模较小，且准入时定位在为中小企业提供服务的，授予限制或特殊牌照，对其授信对象给予一定指标限制，作为其分支机构或业务准入时的重要审核依据，以促进此类民营金融机构找准市场定位，在专业化经营过程中实

现比较优势。

④审查是否具有完善的公司治理结构。新设民营金融机构必须建立完善的公司治理结构。民营金融机构必须根据公司法和现代企业制度的要求，构建规范化的公司治理结构。审查新办民营金融机构是否具有完善的公司治理结构，是否具备出资人组成的董事会（也有必要设立独立董事）、职业经理人组成的经营班子、包括职工代表在内的监事会等。在股权结构方面，应限制大股东在资本金中所占的最高比例，以防止形成某利益集团控制的金融机构。同时，为防止投资者违规占用贷款，可规定股东在设立或参股民营金融机构若干年后才可向参股的机构申请贷款，股东贷款的最高限额不得超过其投资额。

⑤审查经营管理人员的资质。国家准许设立民营金融机构除必须具备某些法定条件外，对经营管理者还要进行必要的考察。我国应尽快制定和完善民营金融机构从业人员资格标准认证制度，该制度应包括风险管理、客户理财和银行业务等从业资格。监管当局对拟从事民营金融机构经营的管理者，审查他们是否已取得金融从业人员资格，以确保民营金融机构是由具备相当金融理论基础和丰富实践经验的职业经理人在经营管理。在严把高管人员准入关的同时，加强对在职高管人员的监管，建立高管人员任职情况考察制度，把定期考察与日常监管结合起来，及时有效地规范高管人员的任职行为，对出现重大风险、发生违法违规问题及其他问题的，依法取消任职资格。

（2）构建民营金融机构的市场退出机制

在市场经济的条件下，竞争机制一方面可以提高效率和优化资源配置，但另一方面也不可避免地会产生不适应经济发展的主体退出市场。民营金融机构同其他任何企业一样，面临着激烈的市场竞争，优胜劣汰。因此，在确立民营金融机构准入制度的同时，必须建立起完善的民营金融机构市场退出机制，以防止因民营金融机构倒闭给经济造成的动荡。

目前，我国关于金融机构市场退出的法律制度相当不健全，不能为金融机构市场退出行为提供完整和可操作性的法律依据。《中国人民银行法》《商业银行法》《金融机构管理规定》《金融机构撤销条例》等有关法律法规，虽然规定了人民银行和监管当局可以对已经或可能发生信用危机的商业银行实施接管，也规定了商业银行合并、解散、被撤销和被依法宣布破产的市场退出的法定形式，但大多数仅为原则规定，对市场退出的有关规则缺乏详细准确的表达，法律条文过于简单、粗糙、分散，且可操作性差，难以适用。2007年6月旧起实施的新《企业破产法》确立了破产的管理人制度，完善了重整、和解及债务清偿顺序等方面的规定，对金融机构破产的法律规定有了新的改进。按照新的破产法，商业银行、保险公司等金融机构的破产同样适用于企业破产法规定的程序。但是，新破产法仍然有诸多不完善的地方，特别是对于金融机构破产的特殊性方面，相关的法律规定仍然缺失，将其直接适用于金融机构的破产仍有障碍。除此之外，我国缺乏金融机构市场退出时对存款，特别是居民储蓄存款的保障机制，缺乏危机机构处理的配套机制，对金融机构市场退出后的损失承担没有明确的规定。由于法制的不健全和缺乏可操作性，现实中我国的金融机构市场退出基本由政府主导，带有明显的行政干预色彩。政府在处理金融机构市场退出时，没有明确的法律支持，也没有有效的约束机制来制约其行为和权力，无法得到公众的信任，也容易引发纠纷和诉讼。实际上，一直以来，我国对于问题金融机构的处置，大多采取重组、合并的市场退出模式，地方政府出于社会稳定的考虑，出资或借用央行的再贷款代位全额清偿自然人的债务，政府通过财政兜底承担了大部分的损失，国家最终成为金融机构风险损失的买单人。

随着金融市场的不断开放，各种民营金融机构进入金融市场，金融机构主体多元化和股权多样化的趋势不可逆转，政府再继续按照原来的处置方式解决问题金融机构市场退出的问题已不合时宜，因此，现在有必要按市场化原则，以开放金融市场为契机，构建我国民营金融机构市场退出制度。

1. 应明确退出主导机构，避免权责不清。金融机构破产可归为两种模式，第一种是法院主导，统一适用破产法；第二种是监管机关主导，适用金融机构的特别法，法院只对债权确认等程序中的个案纠纷保留有限的司法审查权。金融机构市场退出运作对专业性要求较高，如重整手段、清算工作等，这些都不是地方法院所能很好完成的。从国内外已有的金融机构市场退出的经验来看，市场退出行为应该在专业而权威的机构的监督下进行，一般由金融监管当局和存款保险机构来主持。我国民营金融机构的市场退出应借鉴国外经验，确立金融监管当局为市场退出的主持机构，明确其责任和权利，并以立法的方式予以确定。

2. 建立预警机制，为风险处置提供依据。金融机构危机极具扩散性，对问题金融机构应及早发现和隔离。预警机制的不完善会加大对问题金融机构的识别难度和市场退出的成本。完善民营金融机构风险预警机制，及时对风险进行甄别和预警，要建立一套制度和机制，及时判断出现的风险类别和严重程度，不同的风险要按照不同的处置方案和手段进行处置。我国民营金融机构的风险预警，可借鉴美国以MEL评级系统，按照管理、支付、清偿等各种方面的能力将民营金融机构分为正常机构、问题机构和危机机构，建立、健全风险评估系统，依据评估结果确定问题金融机构和重点监控对象，并结合不同机构经营风险的特点，建立这些机构的风险管理档案，以此强化对民营金融机构的监管。

3. 建立起并购、撤销、破产的退市模式，并对其适用的原因和条件加以规定。在并购、撤销、破产三种模式的转化上，规定在出现撤销、破产原因时可能面临退市风险时先行实行并购程序，即使进入撤销程序和破产程序后，有关并购的措施仍然可以适用。在此我们可以仿照德国做法，在出现问题时由监管机构接管，接管期满后如果该金融机构的资信状况未见好转则实施并购，一段时间内若并购不成功则进入撤销清算或者破产清算。在出现直接撤销的情形下可以通过市场化的招投标方式实施银行并购，如果并购不成功实行撤销清算，在清算过程中发现金融机构资不抵债则依法开始破产清算。在直接进入破产程序中也可以促成其他的机构对问题金融机构的收购。

（3）构建民营金融机构存款保险制度

存款保险制度是指为保护存款者的利益，维护金融机构和整个金融体系的安全，依法为从事存贷款业务的金融机构建立一个保险机构，各成员金融机构向保险机构交纳保险费，而当成员金融机构面临危机或经营破产时，保险机构向其提供流动性资产或者代替破产机构在一定限度内对存款者给予偿付的制度。存款保险制度与市场退出制度紧密结合，是在存款人与金融机构之间构筑的一道防火墙。在我国，虽然没有建立存款保险制度，但实际上国家一直对正规金融机构承担隐性担保。在金融市场逐步开放，所有制和产权制度日益多元化的背景下，不应该也不可能再由政府对存款人全额担保，必须建立由存款人、金融机构和政府合理分担风险的存款保险制度。

建立我国民营金融机构存款保险制度，对民营金融机构十分重要。由于民营金融机构信用不如国有正规金融机构背后的国家信用高，在没有存款保险的情况下，这些金融机构处于劣势。而存款保险制度的建立则削弱了存款人对存款安全的过分忧虑，增加存款人对民营金融机构的信心，从而提高民营金融机构在竞争中的地位。同时，建立我国民营金融机构存款保险制度还可以加强我国金融管理部门的监管能力和对濒临破产的民营金融机构的处置能力。

在具体制度设计方面，可要求符合法定条件成立的民营金融机构，按一定的比例向专门的存款保险机构交纳保费，在这些金融机构出现危机或破产清盘时，存款机构通过提供贷款、紧急资金援助、赔偿保证金等方式，保证民营金融机构的清偿能力，保护存款人利益。在构建民营金融机构存款保险制度的过程中，应注意以下问题：

①由于民营金融机构的组织形式多种多样，其规模的大小，承担风险的能力也有所不同，针对不同的金融机构，应按照风险的大小收取保费。将民营金融机构纳入监管之后，可根据各金融机构的经营状况评定其风险状况，并根据风险状况来确定不同的保险费率，那些风险大且可能向存款保险机构求救的金融机构须支付更多的保险费。

②应设定保险赔付额的上限，以抑制道德风险。设定一个恰当的保险额上限，使得民营金融机构不敢只追求高收益而不顾风险，存款人考虑到自己存款的安全，

也会选择风险较低的金融机构以保护自己。从国际经验看，保险赔付的最高标准一般按照一国人均 GDP 的倍数来确定，国际货币基金组织建议的最高限额是相当于人均国内生产总值的 1 倍到 2 倍之间。从实际情况看，已经设立存款保险的国家平均保额大约相当于人均国内生产总值的 2.4 倍。考虑到我国居民投资渠道单一，金融资产主要表现为银行存款，为保护大多数中小存款人的利益，在设定我国的存款保险限额时，其倍数可适当高于国际平均水平。

③应实施强制性的存款保险制度。存款保险制度的成员应该是广泛的，凡是依法成立，并接受监管的民营金融机构，都应纳入存款保险体系。在现实运行中，若实行自愿投保的政策，参加投保的将都是一些风险偏好型的金融机构，而一些经营稳健的民营金融机构或从经营成本出发，或过于自负而不愿意参加保险。为了保证有足够的资金来源以维持存款保险制度的运行，更好地保护广大存款人的利益，应强制所有民营金融机构加入存款保险。

在建立民营金融机构存款保险机构方面，可以借鉴西方发达国家的信用合作存款保险制度，建立专门的民营金融存款保险公司。美国信用社存款保险由专门机构运作，即"信用社全国股份保险基金"（National Credit Union Share Insurance Fund，简称 NCSIF）。该机构成立于 1970 年，专门负责向参加该保险基金的信用社会员提供存款保险服务。此外，美国还有别的一些机构向信用社及其存款客户提供存款保险服务，例如"全国信用社协会互助会"（CUNAMutual）。该机构创建于 1935 年，几乎与美国联邦存款保险公司（FDIC）同时诞生。但 FDIC 仅只负责商业银行和储蓄银行一类存款机构的存款保险服务，不向信用社提供存款保险服务。日本的信用合作存款保险机构是官民合营的，由政府、农林中央金库、日本银行、信用联社和渔业信用联社联合组成农水产业协同组合储蓄存款保险机构。

将民营金融机构的存款保险机制与普通商业银行的存款保险机制区别开，不仅有助于约束民间金融的道德风险问题，而且可促使相关监管机构节省监管和管理成本，提高监管和管理效率。在我国，可设立官民合营的民营金融机构存款保险公司，先制定并实施存款保险计划，以中央银行垫付再贷款的方式设立并运转存款保险基金。

毕竟，在我国构建存款保险制度还需要很长的过程，不可能一步到位，可以先制定《民营金融机构存款保险条例》，对存款保险机构的设置及其职能、投保方式、投保机构范围、保险标的、保险基金的筹集及保险费率核定、存款保险限额、保险金给付等内容进行设计和规范，并在实践中逐步完善，在条件成熟之后，再出台《民营金融机构存款保险法》。

（4）完善发展民营金融机构监管的其他配套制度

首先，要积极规范和发展会计师事务所、审计师事务所、律师事务所和投资咨询机构等中介机构，以帮助外界了解民营金融机构的经营状况、投资的可行性和盈利的前景，同时也促进提高民营金融机构信息披露的质量，维护广大投资者的利益。及时有效的信息披露制度是强化对民营金融机构的市场约束，有效实施金融监管的前提和基础。我国上市公司信息披露普遍质量不高，其中一个很重要的原因就是审计师事务所和会计师事务所没有做到严格审查，甚至有部分机构在竞争压力下，参与作假，出具虚假的审计报告。而规范的审计报告、严格的信息披露对于民营金融机构的监管来说又是至关重要的，因为只有通过规范的审计和严格的信息披露，广大投资者与监管机构才能了解民营金融机构的真实经营情况，才能及时有效地采取有针对性的投资策略与监管措施。因此，必须大力完善与规范发展民营金融机构的配套中介服务机构，包括设立专门的民营金融审计公司，负责审计民营金融机构的经营状况，并承担相应的法律责任。

其次，完善社会信用制度。要防范道德风险，解决信息不对称的问题，必须建立健全信用主体的信用评级制度，特别要解决企业与个人的信用评级制度。由于我国目前缺乏成熟的市场环境和专业评估机构，并且很难获得企业和个人以往的信用记录和相关资料，所以当前应首先建立企业和个人的信用管理机构，统一管理和规范信用评级市场，积极借鉴国外经验，培育符合市场机制的商业性专业信用评级机构和专门人才，并制定相应的法规体系来约束评级机构的行为，保证信用评级的客观、公正和准确。同时以立法的形式尽快建立所有企业和个人的信用档案，并对信用档案的记录与移交、管理与评级、披露与使用，及评级机构与被评级单位的责任与权益做出明确的规定。

2.　构建合会法律监管制度

合会作为民间金融的主要形式，已成为一种重要的资金融通渠道，在有效解决农村借贷难的问题上发挥了不可替代的作用，但其又存在着倒会的风险。为了合会在我国合法、有序运行，从法律制度上防止倒会事件的发生，遏制合会的畸形发展，可以通过立法，做以下设定：

（1）明确合会成立的要件

合会是民间自发的互助性金融组织，依靠信任机制和互助性机制发挥作用，服务范围仅限于合会会员，不对外从事经营活动，因此合会不具有法人资格。

对合会的成立要件，我们可以从两方面进行界定。

①主体要件。合会的参加人包括会首和会员两种，均应以自然人为限。同时会首须有完全的行为能力。对于会员而言，可以为无民事行为能力人或限制行为能力人，其合会活动由法定代理人代理，但不得参加由其法定代理人为会首的合会，以避免发生自己代理的情况。会首不得兼为同一合会的会员。会首同时兼为同一合会会员时，容易在取得首期会金，并在第二期标得会金后恶性倒会逃匿。

②客体要件。会首与会员之间应签订合会合同。合同一般应包括如下内容：合会的种类；合会当事人的基本信息，包括姓名、身份证号码、家庭住址、联系电话等；合会的会期及各期的会金；合会存续期、每会的开会期日、地点及得会方法或次序；合会会金收取及交付方法、取得会金的担保及担保物的保管方法、会金的保管及其风险责任；会员死亡或缺会的处理办法、倒会的处理办法及损失分配、退会的处理等必要记载事项。

（2）合理配置会首与会员的权利和义务

会首是合会的发起人，在合会中居于核心地位。在规范合会过程中，应明确会首权利，对其严格加以限制，并加大其应承担的责任，以促使合会合法稳定运行。在合会中，会首有权取得首期会金，向会员收取会款。有义务按期缴付会款、执行合会事务（包括主持标会、收齐会款、给付会金等），当有会员不能按期缴付会款时，会首承担代为给付的责任，之后可对该未给付会员追偿。会员有权竞标会金、请求给付会金，在会首无法给付会款时，会员可解除合同，请求返还所受给付。在合会终止前，会员有义务按期缴纳会款。

（3）建立会首责任担保制度

合会最大的风险在于倒会。历史上合会风险的出现在很大程度上是与会首未尽管理人义务及诚信义务有关。建立会首责任担保制度，有利于降低合会的风险，保障会员的利益。合会的运作过程中，会首起着十分重要的作用。首先，会首负责召集合会会员，会员间的关系可能很紧密，因而需要会首对会员信用进行评判并对会员行为进行适当约束，来维持合会的运转。会首疏于该项职责或者与部分会员恶意串通都将给其他会员带来损害。其次，会首可以不支付额外的对价就取得首次会金的使用权，并且其后的每期会金都由会首收齐后再交付给得标会员，这就使会首有携款逃匿的可能。因此，应加强会首的责任，强制其提供担保，促使其履行自己的义务，减小倒会发生的概率。一旦发生倒会，如果会首不能证明其已尽到了善良管理和诚信的义务，就应当以其提供的担保对倒会造成的损失承担连带责任。

可规定会首起会时须提交一定的担保，担保物或担保金的价值应视合会规模、会金总额多少，双倍或多倍于会首首期所取得的会金。担保物或担保金应交由未得标会员管理，如果未得标会员多人管理不便，可由未得标会员选出代表2～3人管理。随着没有得标的会员逐渐得标而转为得标会员，应依次补选未得标会员参与担保物或担保金的管理

（4）建立合会规模控制制度

合会在规模上无限扩大、数目不断增多并且密度上升到一定程度，将超出会首的控制，进而导致倒会的概率大大提升。以福安标会为例，从2003年以来，标会的规模和频率发生了质的变化，开始出现万元会，百万元会和"旧日会"。一个有100

人参加的"万元日日会"意味着，参会者每天都要拿一万元出标，一个周期下来的滚动资金就达到1亿元。一些会员把标来的钱拿去参加更大的会。这叫会套会，从小会标来几千元，去参加千元会，再从千元会标来上万元，去参加万元会，在福安城乡形成巨大的"标会网"。在此情况下，合会必然向畸形变异方向发展，倒会风险与日俱增，崩盘只是早晚的问题。因此，应对合会当事人数量、会款、会金总量等做限制性规定，控制合会的规模。早期合会参加人数一般在10~30人不等，每人若干股，每股以百元或千元为单位。中国台湾的合会一般由20个左右的会员组成。根据合会的运作程序，结合民间合会实务的惯例，可将合会当事人数量控制在24人以内；每一会份会款的基本数额以1000元为上限；每期会金以3万元为上限。另外，应当规定在同一时间段内，一人参加的合会数量不超过3个。一旦超出这一限制，应当承担相应的法律责任。同时，合会应当有地域限制，即只能选择户口所在地、经常居住地、工作单位所在地的合会参加。这样，既可让合会在一定范围内发挥互助、救急等便民利民的作用，亦可有效地防范合会的风险。

（5）建立合会申报登记制度

对合会进行登记管理是控制合会畸形发展的有效手段。合会在成立时，应由会首就合会的基本要素（包括合会成员的信息、会期、会金等）向合会登记备案机关进行申报，并由该机关进行记录。申报应以书面形式进行，申报后，由登记备案机关出具登记证明。申报仅是程序性要件，无须登记备案机关批准。

登记备案机关仅对是否出现违反合会限制等禁止性规定做出认定，不对所申报合会的其他内容进行实质性审查。同时，也不得就申报行为收取费用。合会申报登记应当作为合会受到法律保护的形式要件，未经申报登记的合会，法律不予保护。

合会登记备案机关，应以乡、镇工商所为宜。我国银监会的分支机构是按行政区划设置，分为全国、省、地市三级机构，县以下地区一般不设置机构，仅在经济发达的重点县区设置派出机构，以满足监管需要。而合会广泛存在于农村地区，由银监会对合会进行登记备案有较大的实际操作困难。工商行政管理部门在各乡镇都设有工商所，可方便合会当事人进行登记。而且，工商行政管理部门本身就负有企业、单位的登记注册职能，对合会登记备案不会超出工商所的职能范围。

3. 对民间借贷行为的监管

首先，对自然人之间的民间借贷不必干预，如出现借贷纠纷，依据民法有关规定进行调解。民间借贷体现了互助互爱的传统美德，也是公民依法享有财产权的具体表现，政府应尽量减少干涉。当借贷双方发生借贷纠纷时，可依据《民法通则》《合同法》等法律法规进行处理，保护公民的财产权利。但在法律上应强化对契约关系的保护，引导、鼓励民间借贷采取比较规范的契约形式，防止借贷纠纷的发生。

其次，对企业间的借贷行为，应采取核准制，并实行企业间借贷行为登一记制度。

法律禁止企业间的借贷行为，是因为企业间的借贷导致资金在银行体外循环，不利于国家统一调配资金，扰乱了国家金融秩序，为国家货币政策的准确制定设置了障碍。实际上，在市场经济体制下，企业间的借贷在本质上并不会与国家统一调配资金发生冲突，反而有利于筹集社会闲散资金，用于发展生产，以弥补银行资金的不足，同时有利于引进竞争机制，促进金融机制的改革。所以，我们对企业间的借贷行为不能一味地予以禁止。但无控制的企业间借贷行为对国家制定金融政策会带来一定的负面影响。如以固定资产投资为目的的企业间借贷、以借贷为盈利手段的企业间高利率借贷行为及国有企业间的借贷行为等。我们应将合法的企业间借贷定位在互相帮助以解决急需的临时性周转资金这个目标上，对不会给国家宏观经济政策产生不利影响的企业间借贷予以核准，并要求，凡是企业与企业之间发生借贷关系的，应签订书面借款合同，并在交付借款后，持合同到借款企业所在地的人民银行进行登记备案，将企业间的借贷纳入中央银行金融统计的管理范围之内，便于国家对金融的宏观管理。如果借贷企业未到人民银行进行登记备案，则对其利益不予保护，并处以相应罚款。

第六节　本章小结

本章结合主要国家和地区的民间金融法律监管经验，提出完善我国民间金融法律监管制度的构建应在立法和执法上突出强调以下监管重点：我国民间金融法律监管对象与标准的区分；监管中"政府适当干预"的程度把握；完善信用性风险和流动性风险监管机制；建立合规监管与风险监管相结合模式。并以此启示为基础进一步完成从形式监管到行为监管的系统性内源式法律监管体系。因此，根据不同形态的民间金融运行特点将其采用两种不同的监管方式：简单形态的民间金融采用公私法二元结构解决，无须采用专门方式和制定专门法律进行规制。如行为涉及私人利益则可以适用民事法规，行为涉及犯罪行为则可以适用刑事法规，行为涉及违法但还不至于构成犯罪则适用行政法规处理即可。而对于中、高级形态的民间金融法律监管则须采用分层监管的专门监管方式，即赋予银监会非现场监管的权力，同时构建以民间金融自律行业协会为主，地方银监局为辅的现场监管权力，加以各地司法机关相补充的分层式监管体系。改变传统的监管模式，运用行业自律协会与市场内部的天然亲近关系从而赋予实质的监督权，有利于引入监管的竞争机制，防止权力单一寻租现象出现。通过立法授予民间金融自律行业协会对民间金融活动的登记、信息采集和披露、资金运作和内部组织结构管理的审查等实质权力，并同时授予对民间金融组织市场退出的清理和组织重整的救济权力。而银监会的非现场监管权力实则是一种间接监管方式，主要运用其垂直管理的优势特点实现与各民间金融自律行业协会之间的监管合作以达到对各地民间金融组织合规性与风险性的间接性监查。司法机关的补充则属于对民间金融的监督权失灵时的事后救济方式。

同时，由银监会对民间金融主体进行市场准入的合规性审查，并对不同形态的民间金融主体适用不同的准入标准。这对接近于正规金融机构的高级形态的民间金融主体而言难度不大，可参照正规金融准入治理方法。关键在于对较为分散又未达到严密组织形式的中间形态的民间金融而言准入规则的制定难度较大，极有可能出现监管成本高，收益低，甚至监管不当侵害民间金融主体的经营权益。由此，对这类民间金融市场准入条件的监管应把握普遍矛盾和特殊矛盾同一性的思维方式，选择此类形态中具有代表普遍性特点意义的形式，如合会、民间合作金融和民间集资进行准入条件的设立标准模式，进而再由民间金融自律协会与银监会对其市场准入和退出、业务活动中的交易活动、风险流动和内部控制，以及经营行为法律规则的执行等方面进行监督。

法治作为人类文明社会的一种实质要素，其不仅包括设计精巧的制度规则，而且亦涵盖了法律主体的心理认同和信仰。民间金融监管是在现代市场经济条件下，对作为一种根源于民间的非正式金融制度安排的适度干预。民间金融监管是否能实现其目标，促进金融业的发展，内在的制约因素是法律主体对于民间金融法律制度的心理认同能否形成，外在的制约因素在于金融改革的方向和金融体系的完善程度。

从经济学的角度看，建立在血缘、亲缘、地缘等社会关系基础上的民间金融安排具有相当程度的有效性和合理性，可以在加强引导、监督并纳入法制管理的前提下，适当给予发展空间，以发挥其在金融体系中的补充和辅助作用。目前，我国金融领域二元结构比较明显，从规范我国民间金融的法律法规来看，民间金融与正规金融的关系是对立而不是互补的，主要表现在：一是对民间金融一律限制甚至禁止。二是人为地将正规金融与民间金融对立起来。这种思想和做法本质上是对民间金融的一种歧视。从发达国家的经验看，即使在经济发展到了一定水平，大银行、股票市场等正规的金融安排与非正规的金融机构、金融安排都是同时存在的，其服务于不同特点的不同对象。对民间金融的制度安排要考虑到我国经济发展水平，要放弃用正规金融一统金融市场的设想，正确认识正规金融与民间金融对经济发展的互补作用。要有条件地允许民间金融的合法化，为发展民间资本自主参与的各种民间金融，提供良好的环境条件。加入 WTO 以后，我国金融开放步伐进一步加快，2005 年 5 月，央行在其发布的《2004 年中国区域金融运行报告》中，首次承认民间融资具有一定的优化资源配置功能；2006 年以来，银监会相继出台《关于调整放宽农村地区银行业金融机构准入政策更好支持社会主义新农村建设的若干意见》《村镇银行管理暂行规定》《农村资金互助社管理暂行规定》等文件，有条件地开放民间资金进入金融市场；2007年4月银监会制定政策允许和鼓励股份制商业银行在县级设立分支机构。中国经济金融领域所发生的积极变化表明，随着我国改革进程的不断推进，金融体系必将日益完善，而我国民间金融的发展也将走上康庄大道。

第六章 民间金融的配套法律制度创新

我国要实现民间金融市场合法、健康和正当的发展，就必须首先要客观评价民间金融经济主体的行为，进一步对其行为实施法律方面的指引作用，使其朝着更规范化和合法化的方向发展。自然，健全完善民间金融法律制度成为经济法制建设的重点追求目标，核心的主体法律监管架构具有必须性，配套法律制度也必不可少，成为核心监管制度顺利执行的有力辅助力量。但是我国现在相关方面的法律仍然存在着相当大的缺陷，如破产人制度、存款保险制度和中小企业信用制度方面的立法仍亟待完善。

第一节 破产制度的缺失完善

目前，我国破产制度立法针对的对象是企业，并未涉及有关金融机构的破产问题和立法，且破产程度规定较为简单。然而，随着经济日益多元化与经济全球一体化的趋势，经济市场上早已不再只是传统国家经营模式，以个人信用为基础的经济和金融活动已在市场反应中日趋明显，这在改革开放后的中小企业雨后春笋般出现和民间金融组织逐渐渗透金融市场的趋势足以印证目前的破产制度立法早已不能满足市场的需要，亟须加以完善。

笔者认为建立在个人信用基础之上的民间金融活动，无论从其发展特点与自身内在需求而言，与正规金融活动的相异性都无法完全符合简单适用目前的破产制度。这就要求我们必须根据民间金融的不同类型进行不同的区分，适用不同的破产机制。对于高级形态的民间金融组织，可以参照适用相关的正规金融组织法律破产规定，但是对于中间形态的民间金融，如合会、合作组织与民间集资等则必须采用新的自然人破产确认方式，这点却也正是我国破产制度空白之处。尽管建立严密的个人信用制度是控制和减少个人信贷风险必不可少的方法，但是个人破产法律制度的建立，非债权人提供周全的法律救济，更是应构筑的最关键和最后的一道防线。个人破产制度的确立不仅对债务人提供财产保障，也能对债权人正当行使财产权提供界限，既有效规制民间金融组织的放贷行为，也能有效督促中小企业、居民和农户等借贷人的偿还行为，从而全民促进民间金融的合法化行为，保护相关人的合法权益。

在民间金融的个人破产制度设计方面，可参考国外的个人破产方式和程序经验，规定要求除个人生活所必须的物品之外的所有财产都必须纳入破产财产范围之内由法院进行破产清算，并对于破产的个人的消费额进行限制，禁止任何在破产清算中的不法私自处理财产的行为及对不法行为撤销权的设置。同时对于破产的个人提供救济措施，按照法律要求将可供破产清算的财产如实交出并履行相应义务的个人破产者，可在完成财产内的债务偿还之后，对于剩下的债务可予以免除，并可帮助破产的个人申请社会救济。这种制度方式的确立在宏观上有利于减少民间金融市场对于社会经济可能带来的风波，微观上有利于帮助民间金融组织危机时的困境解决，促进社会法律制度保障的信赖利益原则，避免无谓的制度外的不良因素介入，维护社会秩序的稳定。

由此，确有必要的对我国破产制度进行深层次思考与考量，制度的设计必须要符合时代精神的要求与价值，个人破产制度的提升以日渐提上日程，对于民间金融市场的合法化、正当性与良性循环具有重要的现实意义。

第二节　存款保险制度的完善

存款保险制度是一种金融保障制度，是指由符合条件的各类存款性金融机构集中起来建立一个保险机构，各存款机构作为投保人按一定存款比例向其缴纳保险费，建立存款保险准备金，当成员机构发生经营危机或面临破产倒闭时，存款保险机构向其提供财务救助或直接向存款人支付部分或全部存款，从而保护存款人利益，维护银行信用，稳定金融秩序的一种制度。此种制度的确立不但有利于保护危机时存款人的利益，也有利于社会公众对于民间金融组织的经济安全信心建立，形成市场退出时的有效机制，避免金融危机和社会危机，加强社会经济安全。

我国民间金融形式多种，资本规模较小和发展时间不长，内部结构管理机制较之不成熟，整个民间金融市场尚处于培育阶段，加之我国的存款保险制度属于隐形保险方式，即主要通过政府的公信力行政权威作为国有金融的保险方式，而非通过法律利益保障方式，因此造成社会公众对民间金融组织的信赖程度往往低于国有金融，一旦出现局部恐慌性钱荒事件，由信任危机导致的局部危机扩散至全社会整体危机，则将会有可能造成金融安全的隐患。因此，作为将来市场经济中小型企业等弱势群体的融资方式之一的民间金融，其存在的合理性以无疑证明，并且随着将来金融市场的逐步放开，为中小型企业服务的民间金融机构与日俱增，实行存款保险制度则有利于提高民间金融机构的信用度和市场的竞争力与生命力。

本书认为应该建立一套完整的存款保险制度，规定凡是符合市场准入，达到一定的交易额的民间金融主体都必须按照法律规定的比例向专门的存款保险机构缴纳一定的保险费用，并在问题主体出现资不抵债或债务危机时，由存款保险公司进行债务评估之后，提供贷款、资金救济或者赔偿保险金等措施，保障民间金融主体的资金偿还能力，也保障存款投资者的利益。

第三节　信用制度的建构

信用制度的建构应当包括两个方面的内容：第一、中小型企业的信用担保体系构建及相关立法建设。第二、民间借贷人担保方式的创新与相关立法建设。

一、中小型企业信用担保体系构建及相关立法建设

我国民间金融市场主要服务的对象是中小型企业的融资需求，而中小型企业之所以会求助于民间金融市场缘起于正规金融机构的高标准贷款要求，一般处于创业初期或者发展中的中小企业是无法也不可能达到这种要求。虽然这与企业本身的内部管理控制、财务管理和信息披露相关制度不完善有关，但是我国正规金融机构出于自身高风险规避的考虑，也不愿意在毫无保障的条件下选择信任具有前途却初期弱小的中小型企业。而我国目前尚缺乏如中小企业担保机构、中小企业的信用评级机构等社会中介服务机构。对中小企业信用制度发展也缺乏完善的法律、法规的支持保障，当前所拥有的立法也只是按行业和所有制性质分别制定政策性法规，缺乏系统规范性的中小企业立法，造成各种所有制性质的中小企业法律地位和权利的不平等。因此，以法律手段规范诚信行为是市场经济发展完善的国家信用交易和信用管理行业得以健康发展的基本保障，健全的法律体制以及成熟的法律款项共同构成信用管理体系健康运转的法律环境。

由此，我国必须构建完整的中小企业担保体系，应从建立健全的中小企业信用评价体系（信用征信制度、企业信用评估标准、企业信息查询和法律服务动态平台等方面入手）、担保对象的确立和规范（针对于符合法律允许担保条件的企业，杜绝以非法目的为不法活动的企业进入市场）、担保机构的内控管理模式的科学性设计（规范担保公司的内部管理制度，实行严格审、保、偿分离制度，建立担保限额合同审批、内部稽核、担保业务报告制度，以及对被担保的公司的业务监督、建立

风险保险金和坏账准备金制度等）、担保机构的资金风险补偿转移制度（资金风险的承担比例分摊、企业反担保的确定和担保机构资金风险的政府救济措施等）等方面内容着手构建制度框架，并加强和完善中小企业信用评价立法、信用行为立法、信用信息立法和信用担保立法等多项具体内容的立法工程，对现有的立法中多处涉及自相矛盾或者与现行的经济发展趋势不一致之初进行修订，清晰界定行为的边界，使经济主体预期行为具有明确性，实现逐步完善形成整体和谐性法律体系。

二、民间借贷人担保方式的创新与相关立法建设

目前，我国担保方式的选择与担保物的范围确定都是以法律限定形式为主的方式。其中，法律限定担保方式为保证、抵押、质押、留置和定金，法律限定的担保物主要体现于担保法第 34 条和 75 条规定之中。可以看出，这个早在 1995 年颁布的担保法在经济过岁月的蹉跎之后，随着市场经济的全面确定和金融市场的逐渐发展已体现出了它自身的市场局限性，无法满足市场中出现的新生经济现象，必须要进行制度的创新。我国民间金融在发展中亦体现此种规定的缺陷之处。

由于我国民间金融的服务对象主要是规模有限和内部治理结构尚处于发展的初期阶段或正在发展之中的中小型企业，而民间金融的贷款方式优越之处即在于贷款程序的便捷性与担保方式的灵活性。因此，结合企业自身实力的限制需求与贷款方便的特点，使得只要符合担保的物品，如存货、待收的款项、权证和预期的收益等各种可能的权益形式都可以作为担保物品。但是如果遵行现存的担保法规定，即发现大部分企业的担保方式和物品都属于违法行为，完全不符合担保法中所规定的担保范围，其后果往往造成企业的担保行为无效而告终，严重影响民间金融的借贷债权债务的实现。

因此，本书认为促使民间金融市场合法化与正当化发展的配套方案之一便是应当制定适合民间金融市场的担保体系和规则。我国立法应当适当扩大担保的范围和创新担保方式，如可将存货、待收的款项、权证、预期的收益、农产品的成品或半成品、设备和生产和经营权等多种认为适合成为抵押品之物增添进抵押物范围，灵活民间金融的借贷资金方式。同时，对于担保方式的创新应积极地肯定并确认目前我国各大银行和民间金融组织在借鉴国外经验基础之上的所实行的联保融资服务模式的合法性，并应尽快制定出相应的实施细则。这种方式的主要特点是需要借款的借贷人自发组成一个联合的贷款群体，通过这种联合的互保要约享受共同的借贷收益权，亦同时负有个体违约时的连带责任约束，旨在建立群体中的个体责任感以促进整个民间金融市场中的债权债务关系的有效实现，维护民间金融市场的良好秩序运行。但是在此需要声明的是根据资料显示，这种方式是通过借鉴国外的银行联合贷款经验进而植入我国民间金融体系，却在实际运行中有点依葫芦画瓢之意，因我

国在已经试点的小额贷款公司之中的此种方式似乎并不完全是自发组织的群体，有时并未真正考虑到企业间的实际情况，因此这种制度还需进一步进行试验和改良，以适合我国真正的国情需要和发展，适合具有我国特色的民间金融市场的发展与运行。

第四节　产权保护制度的完善

民间金融所包含的经济行为实际上是资金所有者之间按照经济契约转让使用资金的活动，体现的是资金的合法占有者对其所拥有的资金进行使用、收益和处分的权利，具体包括民间金融主体合法的占有所享有的资金、支配和使用自己资金的权利、按照个人意愿以自己的财产进行投融资的权利，甚至可以放弃自用而转让于他人所用的选择权利。因此，从行为所表现出的实质特征来看，民间金融活动得以实现的基础在于独立的财产权的享有和保护，它是公民人格权的一种延伸，是社会人参与社会化活动的理由，是社会发展进程中人类文明的基本价值体现之一。正如中国人民银行的副行长吴晓灵在关于放松民间金融管制的讲话中指出"出于对产权的尊重，国家应给资金拥有者以运用资金的自由，国家应在强化信息披露、严厉打击信息造假的同时放松直接融资的管制，让筹资人、投资人自主决策。"此话揭示出民间金融活动的财产权根本属性，即吴晓灵所说的"产权"。

因此，确定的财产权利的实现是民间金融主体行使其他合法权利的基础，是其组织主体参与市场经济活动，进行经济交易的基本条件之一，更是市场经济实行法制建设不可或缺的重要前提因素。作为市场经济发展中不可剥夺的自然权利，对财产权的承认和保护将阻止和防止来自外界其他各种不利因素对基本权利的侵蚀，特别是来自政府公权力的专断和强制手段。在保护和确认财产权的同时实际上是划定了公权利与私权利之间的界限，限定公权力的活动范围，使得政府权力有限化。正如哈萨克而言："如果不存在这样一种确获保障的私人领域，那么强制与专断不仅会存在，而且会成为司空见惯的现象。"在宪政社会里，权利与权力，尤其是公民权利与国家权力在很大程度上决定着社会政治生活的基本秩序，体现着社会政治关系应当遵循的运动规律。权利注重于公民私有权利的保护，而权力的核心在于控制政府公权力的行为边界。公权力的力量所在不应该是对权利存在的损害，相反，应该体现为个体权利让渡自我一部分权益的集合，为私有权利实现的一种内在保护而设立，其目的是为个体的权利提供法律保障，使其个体权利更加发挥出本身应有之义。当个体权益遭受来自公权力的侵害时，借由个体所拥有的自我生存价值保护的天然属性，理应试图寻找人类在构建社会架构中所共同制定下的规则支撑点，以保障自我的权益在社会中的存在性理由。

由此，作为市场经济发展的重要权益要素——财产权的存在与保障，将能充分满足于市场经济个体以财产加契约形式实现自我经济权益的行使，推动整个市场经济活跃指数与增加竞争力以提高经济效率的正面效应。通过修改并完善《公司法》《银行业监督管理法》《商业银行法》等相关法律，并制定《合会管理办法》等确立合会、私人钱庄、民间资金筹集者的产权构造。这些财产权的确认行为将促使权利主体的多元化，清晰地界定各个权利主体之间的所享有的权益区别，以此降低民间金融发展的不确定性。因而，我国民间金融主体契约行为中所包含的财产权的确认对目前混乱的民间金融市场中组织主体合法权利成立的条件、合法主体权益的分配，以及合法主体权利享有的范围等都具有重要的现实意义，进一步将此种符合市场发展要求的权益加以法律制度形式固定，即相当于提供了合法权利的存在标准，这对于肃清民间金融市场中的合法和非法的机构起到了一个重要的指导和威慑作用。但如果政府漠视人类社会生存的这一基本权利，导致拥有合法财产的个人与符合市场发展规律的民间金融组织主体的资金融通行为得不到相应的制度认可，也无法给予法律层面的保障使其组织主体正当规范成长，必定会增加民间金融市场发展的不确定与无序性，影响我国社会经济和整个金融市场的制度环境的秩序。

第五节　建立存款保险制度

这一制度主要是指那些符合金融法律规定的金融机构，在专业的保险机构交纳相应的费用，当金融机构出现危机时，存款保险机构可以保障银行的清偿能力并保护存款人的利益（如提供贷款、赔偿保险金等）。目前，我国还没有设立专门的存款保障机制，正规金融机构的经营风险长期由国家政府负担。与此相反，民间金融不具备专门的存款保障机制，又得不到国家财政支持，所以风险防范能力比较弱，当出现资金供给不足的情况，容易引起经济市场连锁反应，对民间金融机构的影响难以预料，也会影响社会经济发展。而建立存款保险制度可以尽力避免这类事件的发生，一旦出现情况也可以为当事人提供事后补偿，可见，存款保险制度具有事前管理和事后补救双重功能。因此建立存款保险制度可以为民间金融的有序发展提供条件，分散民间金融机构的风险。

建立一套完整的存款保险制度，规定凡是满足市场准入条件、达到一定交易额度的民间金融主体，都应按照法律规定向专业的保障机构预交相应费用，当其出现资不抵债等情况时，先由存款保险机构进行债务评估，然后为其提供资金支持、资金救济或进行保险赔偿等措施，一方面提升了经济主体抵御风险的水平，另一方面也保护了存款投资者的利益。

第六节　设立风险预警机制

要实现对民间金融活动的有效监管，健全的风险预警机制必不可少。通过建立民间金融监管体系，对区域内隐藏的风险和风险可能为地区经济带来的严重后果事先进行全方位的监测，并且持续追踪分析。具体的监测内容包括：借贷双方的融资规模、融资的方式、资金的流向及用途、贷款人经营情况及偿债能力等。第一时间对监测到的结果进行分析，对可能存在的风险做出甄别，按风险大小划分为正常机构、一般问题机构、严重违纪机构三类，并发出不同级别的预警。同时，凡参与过融资行为的个人和企业，均应在相关监管部门备案登记，对于资信差、偿债能力弱以及曾从事过违法融资活动的企业和个人，监管部门可将其列入"黑名单"。对于规模大、资金往来繁多的企业和个人要进行重点监测，做好相关记录。放款人在出让资金前，可到备案登记中心申请查阅贷款方的相关信息，以保障交易的安全。此外，政府相关部门还可利用媒体、网络等公共渠道公布风险信息，增强放款人的风险防范意识，提升自我保护能力。

设立风险预警机制可以为风险处理提供具体的标准和依据，将事中监管和事后监管转变为事先监管，被动监管转变为主动监管，将风险扼杀在萌芽阶段，即使在发生风险时，也可以高效有序地进行各项工作，遏制危机蔓延，最大限度减少经济损失。

第七节　健全民间融资信用担保体系

上文已述，民间金融担保模式单一，规范性不强，因此立法中应该健全信用担保体系，以此降低借贷风险。

民间担保公司为民间投资担保业务提供了新的模式，让投资变得更加安全，既规范了借贷行为，弱化了借贷风险，又间接创造了社会价值，因而对社会发展具有重要作用。此外，浙江泰隆商业银行实施的担保制度具有一定的操作性，超越了继往的借贷方法，实施群体保证和辅助担保。现实中，低收入人群物质生活较为贫乏，一般缺乏符合要求的物品做抵押，又很难找到有实力的人为其担保，针对此类问题，泰隆银行采取了联合担保方式，即接受多个保证人的担保。同时对于小型企业，泰隆银行按其股权特征，将还款责任分与大股东、企业的法定代表人等共同承担，即将法人的"有限责任"转变为自然人的"无限责任"。这对企业主和企业的管理人员提出了更高的要求，严格按照规定进行借贷活动，并及时归还贷款。因群体保证人需承担连带责任，这就督促保证人随时监督被保证人的经营活动，如其是否努力工作，投资是否安全，有无冒险行为等，这对因信息不完全所引发的风险起到一定程度的缓解作用。

其次，要规范民间金融担保体系，即使担保的实施过程更加合理。以民间投资担保公司为例，起初应制定一系列业务实施程序，然后对其进行梳理改进。法律规定中应按下列流程规定担保业务：（1）放款人到担保公司登记放款信息。（2）借款人向担保公司申报项目，提出借款申请。（3）公司调查、评审企业项目，通过后，通知借贷双方当事人签订借款合同。（4）担保公司与借款人签署反担保合同，借款人可以房产、汽车等财产做抵押。（5）担保公司为放款人提供担保，并与其签署保证合同。公司须全程监控借款人资金的使用情况，保障放款人资金的安全。同时，担保公司也可从中收取一定费用作为担保的服务费。为充分保证放款人的权益，担保公司应严格筛选借款用户，首先要谨慎考察投资项目的可行性，要求借款方提供充分抵押物做担保；其次应由评估机构对投资项目及抵押物进行评估，保证程序的合法性；最后还要全面整理各方面信息，决定是否为借款人提供资金。对担保公司来说，收益是第二位的，对风险的防范和控制才是其核心。

民间投资担保公司有了法律的规范，通过提供规范化的服务，为借贷双方融资提供条件，调查信息、控制风险，在很大程度上满足了借款人和放贷人的需求。可见对民间资金进行合理规划，能够推动社会经济资本的优化配置，使资金流向真正有需求的、科学合理的领域，也使民间金融活动变得更加规范化、合法化。

另外，不能仅依靠担保的方法降低借贷风险，还应考虑其他方法，例如通过调查收集借贷双方的信息，综合借贷双方的实际情况，排除可能干扰借款使用的因素，从而使借贷行为变得更加稳妥；强化对资金的使用监督，担保公司放款后仍应对钱款的使用去向进行监督，经常关注企业的运行状况。《贷款分类指导原则》将商业银行贷款按风险大小分成五种：正常、关注、次级、可疑、损失，其中后三类被认定为不良贷款。担保公司可以参考银行业制定的标准，按照贷款质量进行划分并适用不同的解决途径。金融从业人员提出，若要减少贷款风险，放贷人应借急不借难，因为前者的困难只是暂时的，贷款人风险不大，而后者往往是企业自身出了问题，风险会很大。当然，还有法律作为最后一道保障防线，考虑到法律的权威性，借贷双方对借款合同也会认真履行，在一定程度上减少了违约的可能。据此，再次凸显了亟待制定民间金融法律监管制度。

第八节　严格的市场准入和市场退出

金融业属于高风险行业，因此要求参与者履行严格的法律程序，对其业务领域、资本充足率等都有严格要求，而且在向正规金融机构转化时，要对民间金融组织进行综合考量，考察其继往是否有违规行为，是否存在损害存款者合法权益的现象，这些都应作为转型所需考核的因素。所以，合理规范的市场准入制度是必不可少的。在市场准入问题上，允许使用民间资金自发设立民间金融组织，凡发起人数量、登记资金、管理人资质等各项要求均达到有关标准，即允许其注册登记，但也要防止出现机构膨胀、"银行过度"现象。国家可以对非正规民间金融机构进行有效的规范，但也要杜绝其与正规金融间出现的抢夺资源现象。同时，对于那些资产确定并有一定影响力、资金运用体系完备、经营管理得当的非正规金融组织鼓励其改建成正规金融机构。

在市场退出问题上，民间金融组织是否需要退出、可不可以退出，是由金融经济环境决定的，对那些达不到法律法规要求的非正规金融组织，可根据相关规定对其进行合并或重组，有重大违规行为或者风险特别高的民间金融机构，可依法强制其清算、关闭，对相关责任人进行查处。

目前，我国的破产清算法律体系尚不成熟，金融组织作为债权人无法保障其合法利益。主要表现在以下三个方面：（1）已有的《破产法》只针对国有型企业，其他经济主体则只能适用民事诉讼法律制度，这为企业逃避金融机构贷款留了空子。（2）现行法律规定的破产清算程序须依申请方能启动，如果双方都未到法院提出请求，就无法开展破产清算流程，也在一定程度上为企业逃避欠款提供了便利。（3）一些破产企业的债务人提前获得偿付，导致银行的债权无法获得偿付，为银行带来巨大财物缺口。因此，应尽快制定包含多种主体在内的破产制度，如合伙、个体私营企业、自然人等，完善相关的法律规定。

第九节 本章小结

我国民间金融法律制度在进行自我内部重构之时，也应当关注其他配套法律制度运行对其实施的协调作用。但是我国现有法律制度中的个人破产制度规定的缺失、存款保险制度的缺失、中小型企业的信用担保体系、民间金融借贷人担保方式的限制，以及产权保护制度的缺失严重阻碍了我国民间金融法律制度的重构。因此，我国除了需要制定和出台一些专门的法律法规之外，如《放贷人条例》《民间金融自律行业协会管理条例》，也必须对现有法律中不合时宜的法律法规进行修订，如《合同法》《刑法》《破产法》《银行业监督管理法》和《担保法》等，确立合法的个人破产制度并加以规制完善，建立专门的存款保险机构，扩大担保范围和创新担保方式，确立民间金融主体的财产权，通过具有系统性和创新性特点的法律制度引导民间金融的健康可持续性发展。

结 语

　　民间金融作为我国传统的资金融通方式在新时期已经展现出新的特色和趋势，毋庸置疑地成为了我国现代金融体系中重要的一部分。过往所采用的只"堵"不"疏"的方式已不合时宜。因此，随着经济社会的发展，运用法律规制的方式已成为必要，要进行法治就必须完善法制。由此，本书得出以下结论：

　　1. 我国民间金融的存在并非是一种主观产物，而是具有客观必然性。由于所有制偏好与规模歧视下的利率差别化和信贷市场结构非均衡造成市场资金缺口加大，为民间金融的需求和营利动机提供了条件和机会。而我国所具有的乡土社会特殊信任结构的契合性也为其提供了广泛的社会基础。这就决定了我国民间金融不会因为政府的压制而消失，将在我国经济发展之中长期存在。同时，以其自身优势服务于我国市场经营主体和农村经济，有力地促进了我国经济的增速和信用体系的完善，构成我国金融市场中重要的组成部分。

　　2. 我国民间金融自身体系的脆弱性和市场失灵导致无法实现我国民间金融的规范发展，需要引入外部法律制度进行调整。但是，由于我国政府为追求自身利益必然需要满足垄断既得利益集团的经济要求，无形之中排斥了民间金融和非国有经济部门，未能很好地顾及到民间金融主体经济自然权利。而这种行为偏向中所出现的权力寻租和干预则造成我国民间金融主体的法律地位迟迟无法得以确认，立法和执法制度运行不合理性与滞后。因此，在我国民间金融法律制度重构过程之中，必须制定新的法律原则，体现出民间金融合法化地位确立的立法价值的意义，政府私人利益与民间金融主体利益之间的平衡，提高监管主体独立性和监管绩效水平，设置必要的约束机制避免监管者的权力滥用。

　　3. 我国当前民间金融的生存现状和法律框架成型于金融体制改革目标确定时，转折于市场经济制度深化阶段。虽然逐步开放的转折态度为民间金融的发展提供了较之前宽松许多的市场环境和制度空间，但是仍未制定真正适合民间金融的法律引导规范，解决其法律制度方面的困境。多年来的民间金融法制建设最终形成是大、杂、乱的法律框架，造成我国民间金融合法化地位确认缺失、法律权利与义务失衡、法律责任的过重承担格局、法律位阶协调性差、法律执法绩效低下、法律标准简单的缺陷、法律监管体系缺失。

4. 重构我国民间金融法律制度首先应该确立具有合理性和普遍性意义的法律指导原则，本文确立了四大原则：规范目标明确性原则，有利于正确处理民间金融和其他金融主体之间的市场关系；制度化系统监管原则，促使树立可持续监管的理念，协调立法、司法和执法过程之中的关系和权限；运用适度的监管原则，改变目前不合理的监管方式，建立新型的静态合规性和动态风险性审慎式监管方式；注重监管效率原则，使之监管所付出的成本与民间金融市场所产生的监管收益成正比。

5. 清晰确立民间金融的各形态准入模式，而准入模式的确立过程也是民间金融合法化过程，本书根据不同形态的民间金融的不同对象做出不同分析：简单形态的民间金融除了具有一对一关系的自然人之间借贷、自然人与企业之间的借贷可依其原行为模式运作即可之外也应当有选择性地予以认可企业之间的合法地位。中间形态的民间金融，如各种互助会，如合会、合作基金会、民间集资等形式因具有非营利的互助形式，应该保留期本身的非正式特点，不易转化为正规金融。高级形态的民间金融，如银根或银背、私人钱庄、典当行等组织形式，因其具有与正规金融机构特点和业务经营相接近特点，可建议将其转化为民营中小银行，以促进市场资源更为优化。

6. 本书根据不同形态民间金融的运行特点将其采用两种不同的监管方式：简单形态的民间金融采用公私法二元结构解决，无须采用专门方式和制定专门法律进行监管。中、高级形态的民间金融法律监管则须采用分层监管的专门监管方式，即赋予银监会非现场监管的权力，同时构建以民间金融自律行业协会为主，地方银监局为辅的现场监管权力，加以各地司法机关相补充的分层式监管体系。改变传统的监管模式，引入自律行业协会将有利于引入监管的竞争机制，防止权力单一寻租现象出现，并赋予自律行业协会对市场退出的首先管理权和交易活动监管权。银监会的非现场监管权力是一种间接监管方式，主要运用其垂直管理的优势特点实现与各民间金融自律行业协会之间的监管合作以达到对各地民间金融组织合规性与风险性的间接性监查，并实施市场准入监管。司法机关的补充则属于对民间金融的监督权失灵时的事后救济方式。

7. 我国民间金融法律制度在进行自我内部重构之时，也应当关注其他配套法律制度运行对其实施的协调作用。我国现有法律制度中的个人破产制度规定的缺失、存款保险制度的缺失、中小型企业的信用担保体系，以及民间金融借贷人担保方式的限制严重阻碍了我国民间金融法律制度的重构。因此，本书认为我国除了需要制定和出台一些专门的法律法规之外，如《放贷人条例》《民间金融自律行业协会管理条例》，也必须对现有法律中不合时宜的法律法规进行修订，如《合同法》《刑法》《破产法》《银行业监督管理法》和《担保法》等，确立合法的个人破产制度并加以规制完善，建立专门的存款保险机构，扩大担保范围和创新担保方式，通过具有系统性和创新性特点法律制度引导民间金融的健康可持续性发展。

　　民间金融的规范化发展有赖于对民间金融合法地位的确定，因此法律应赋予民间金融科学合理的定位；在监管体系上，明确监管主体及监管原则；在引导民间金融发展方面，国家应积极给予宏观层面的引导，因地制宜，尽量为民间金融活动提供公平的市场环境和合理的制度，为民间金融的发展搭建平台，推进民间金融与产业资本对接、对政府资本对接、与金融资本对接；同时完善其他的配套制度，共同推进区域经济的发展和产业结构升级，从而实现我国民间金融的规范、良性、可持续发展。

参考文献

[1] 马克思、恩格斯.马克思恩格斯全集第一卷 [M].中共中央马克思恩格斯列宁斯大林著作编译局.译.北京：人民出版社，1956.

[2] 孟德斯鸠.论法的精神 [M].张雁深.译.北京：商务印书馆，1961.

[3] 马歇尔.货币、信用与商业 [M].叶元龙.译.北京：商务印书馆，2015.

[4] 肯尼思·阿罗.社会选择与个人价值 [M].陈志武、崔之元.译.四川：人民出版社 2010.

[5] 道格拉斯·诺斯.经济史中的结构与变迁 [M].陈郁.译.上海：三联出版社，2011.

[6] 戈德史密斯.金融结构与金融发展 [M].周朔等.译.上海：三联书店，2011.

[7] 哈耶克.自由的秩序原理 [M].邓正来.译.上海：三联书店，2010.

[8] 乔治·J.施蒂格勒.产业组织和政府管制 [M].潘振民.译.上海：三联书店，2011.

[9] 道格拉斯·诺思、罗伯特·托马斯.西方世界的兴起 [M].厉以平、蔡磊.译.北京：华夏出版社，2010.

[10] 阿玛蒂亚·森.以自由看待发展 [M].于真等.译.北京冲国人民大学出版社，2012.

[11] 罗伯特.C.埃里克森.无须法律的秩序—邻人如何解决纠纷 [M].苏力.译.北京：中国政法大学出版社，2013.

[12] 博登海默.法理学—法律哲学与法律方法 [M].邓正来.译.北京：中国政法大学出版社，2001.

[13] 奥特弗里德.赫德·政治的正义性学说 [M].李张林.译.上海：译文出版社，2015.

[14] G·拉德布鲁赫.法哲学 [M].王朴.译.北京：法律出版社，2015.

[15] 萨托利.民主新论 [M].冯克利、阎克文.译.上海：人民出版社，2010.

[16] 费孝通.乡土中国 [M].北京：三联书店，2010.

[17] S. B. Redding.海外华人企业家的管理思想—文化背景与风格 [M].杨锡山等.译.上海：三联书店，2012.

[18] 卢现祥、李正雪 . 神秘的金融王国 [M]. 河南：人民出版社，2013.

[19] 姜旭朝 . 中国民间金融 [M]. 山东：人民出版社，2010.

[20] 周叶中 . 宪法 [M]. 北京：高等教育出版社，2010.

[21] 周道许 . 现代金融监管体制研究 [M]. 北京：中国金融出版社，2010.

[22] 江曙霞 . 中国地下经济 [M]. 福建：人民出版社，2011.

[23] 叶世昌、潘连贵 . 中国古近代金融史 [M]. 上海：复旦大学出版社，2011.

[24] 漆多俊 . 宏观调控法研究 [M]. 北京：中国方正出版社，2012.

[25] 鲁篱 . 行业协会自治权研究 [M]，北京：法律出版社，2013.

[26] 钱弘道 . 经济分析法学 [M]. 北京：法律出版社，2013.

[27] 张文显 . 法理学 [M]. 北京：高等教育出版社，2014.

[28] 虞政平 . 美国公司法规精选 [M]. 北京：商务印书馆，2014.

[29] 江曙霞 . 中国民间信用—社会、文化背景探析 [M]. 福建：人民出版社，2014.

[30] 胡必亮、刘强、李晖 . 农村金融与村庄发展—基本理论、国际经验与实证分析 [M]. 北京：商务印书馆，2015.

[31] 江曙霞、罗杰、张小博、黄君慈 . 中国金融制度供给 [M]. 北京：中国金融出版社，2016.

[32] 漆多俊 . 转变中的法律 [M]. 北京：法律出版社，2010.

[33] 吴越 . 经济宪法学导论—转型中国经济权利与权力之博弈 [M]. 北京：法律出版社，2010.

[34] 漆多俊 . 经济法基础理论 [M]. 北京：法律出版社，2011.

[35] 刘少军 . 金融法学 [M]. 北京：中国政法大学出版社，2011.

[36] 王琦、赵志强、曲士英 . 民间融资中的金融伦理 [M]. 浙江：浙江大学出版社，2010.

[37] 白建军 . 法律实证研究方法 [M]. 北京：北京大学出版社，2011.

[38] 焦宝乾 . 法律论证：思维与方法 [M]. 北京：北京大学出版社，2010.

[39] 白钦先、刘刚、郭翠荣 . 各国金融体制比较 [M]. 北京：中国金融出版社，2010.

[40] 漆多俊 . 法律价值、理念与原则 [J]. 经济法论丛，2010.

[41] 李丹红 . 农村民间金融发展现状与重点改革政策 [J]. 金融研究，2010.

[42] 杜晓山、孙若梅 . 中国小额信款的实践和政策思考 [J]. 财贸经济，2010，7：32-37.

[43] 人总行赴日美合作金融工作考察团 . 日本、美国合作金融情况考察报告 [J]. 中国农村信用合作，2010，8：14-16.

[44] 李德 . 金融监管失灵与监管体制问题分析 [J]. 金融研究，2011，7：84-91.

[45] 刘毅. 自由与管制：金融管制的历史变迁及其启示 [J]. 经济评论，2011，4：82–87.

[46] 邓大才. 制度变迁的类型及转换规律 [J]. 宁夏大学学报，2011，5：71–89.

[47] 贺力平. 合作金融发展的国际经验及对中国的借鉴意义 [J]. 管理世界，2012，1：48–57.

[48] 何田. "地下经济"与管制效率：民间信用合法性问题实证研究 [J]. 金融研究，2012，11：100–106.

[49] 史际春、李春山. 经济法的理念 [J]. 华东政法学院学报，2013，1：51.

[50] 熊继洲、罗得志. 民营银行：中国台湾的经验与教训 [J]. 金融研究，2013，2：12–21.

[51] 张忠军. 论金融法的安全观 [J]. 中国法学，2013，2：11.

[52] 张宁. 试论中国的非正式金融状况及其对主流观点的重大纠正 [J]. 管理世界，2013，3，53–60.

[53] 易秋霖、郭慧. 非正式金融探析 [J]. 金融理论与实践，2013，3：29–33.

[54] 刘民权、徐忠、俞建拖. ROSCA 研究综述 [J]. 金融研究，2013，2：120–132.

[55] 刁怀宏. 民营经济、民间金融与经济增长研究 [J]. 理论与改革，2014，2：87.

[56] 李成. 金融管制理论梳理与中国现实思考 [J]. 预测，2014，3：14.

[57] 刘燕. 发现金融监管的制度逻辑—对孙大午案件的一个点评[J]. 法学，2014，3：130–137.

[58] 姜旭朝、丁昌峰. 民间金融理论分析：范畴、比较与制度变迁 [J]. 金融研究，2014，8：102–103.

[59] 董春宇. 平等与不平等的再思考一种政治哲学解析的新维度 [J]. 广西社会科学，2014，11：59–60.

[60] 胡官德、陈时兴. 我国民间金融研究：文献综述与评论 [J]. 当代社科视野，2015，1：35.

[61] 韩晓莉. 新旧之间：近代山西的商会与行会 [J]. 山西大学学报：哲学社会科学版，2015，1：67–72.

[62] 高发. 中国民间问题研究 [J]. 金融与教学，2015，4：27.

[63] 江春、许立成. 金融监管与金融发展：理论框架与实证研究 [J]. 金融研究，2015，4：84.